理想之路

漫谈道路交通科学

官阳 著

机械工业出版社
CHINA MACHINE PRESS

汽车的出现，一方面给社会发展带来了契机与动力，另一方面则引发了很多有关道路交通安全和效率的问题与困惑。汽车社会下的道路交通运营管理水平，不仅直接影响汽车产业发展，还事关综合国力积累、人民生活水平提升及生态环境质量改善。

《理想之路：漫谈道路交通科学》用浅显易懂的语言和大量图片，以发达国家的道路交通发展历程为参照，梳理了当代道路交通科学理念和概念，列举了大量道路交通领域的经典工程技术和运营管理案例，审视并探讨了我国道路交通事业存在的问题与应对策略，相对客观地展现了如何一步步认识和解决以汽车为主导的交通流利用和管理问题。

本书可作为培养道路交通领域科学认知与技术意识的基础读物，适合道路交通和安全管理者、城市规划和行政管理者、交通运输行业从业者、汽车行业从业者，以及高等院校汽车、交通相关专业师生参考阅读。

图书在版编目（CIP）数据

理想之路：漫谈道路交通科学 / 官阳著. — 北京：机械工业出版社，2023.4
ISBN 978-7-111-72796-5

Ⅰ.①理… Ⅱ.①官… Ⅲ.①公路运输 – 交通运输管理 Ⅳ.①U491

中国国家版本馆CIP数据核字（2023）第047733号

机械工业出版社（北京市百万庄大街22号　邮政编码100037）
策划编辑：孟　阳　　　　　　责任编辑：孟　阳
责任校对：韩佳欣　陈　越　　责任印制：张　博
北京利丰雅高长城印刷有限公司印刷
2023年6月第1版第1次印刷
169mm×239mm·27.75印张·1插页·385千字
标准书号：ISBN 978-7-111-72796-5
定价：168.00元

电话服务　　　　　　　　　网络服务
客服电话：010-88361066　　机　工　官　网：www.cmpbook.com
　　　　　010-88379833　　机　工　官　博：weibo.com/cmp1952
　　　　　010-68326294　　金　书　网：www.golden-book.com
封底无防伪标均为盗版　　　机工教育服务网：www.cmpedu.com

谨以此书，
向奋斗在道路交通安全事业第一线的
交通警察和交通工程师们致敬！

自 序

这本书能出版很不容易，里面凝聚了很多人的心血。

从一开始，我就感觉书的名字很难起，经与编辑反复推敲，最终确定用我的系列讲座主题"理想之路"作书名，以直接表达出这本书的诉求。事实上，我并不能算本书真正的作者，只能算"搬运工"，把很多前人的发现和实践摘译或转述过来，加上一些个人的理解和思考而已。

这甚至不能算是在写书，我更愿意说是在读书，因为这本书收录的文章大部分是我的学习笔记。但我非常高兴把过去近八年时间写出来的这些内容集结成书，因为我觉得对很多人来说，这本书的意义远不止于技术和理念，它会让人们看到什么是1万小时定律，什么是日积月累，让人们看到一个纯粹的外行通过努力，在1万小时的积累后，可以学成什么样子。

在2005年年底因工作关系进入交通安全行业前，对于交通领域的各个专业门类，我都是纯粹的外行，仅有的优势，就是具备专业英语读写能力、尚算丰富的社会实践和用路体验。从1974年作为学龄前儿童学会骑自行车，到1995年拥有了人生中第一辆小汽车，我一路走着、骑着、开着，幸运地亲历了我国改革开放前后，特别是近二十年来的汽车社会化进程，以及交通工具与道路基础设施翻天覆地的变化。出于工作和生活的关系，我跑了不少地方，接触过很多行业，因此对国内外交通和社会发展有着更真切和丰富的认识。加之我的母校外交学院，教会了我用外语做调查研究和学习新事物，让我这个门外汉，在完全不受国内交通专业门第影响的情况下，带着几十年的社会实践和观察收获，以用路人和从业者的心态，去学习交通领域的专业知识。

这本书收录了我发表在各种媒体上的50多篇文章、约20万字，这是我自己都难以想象的数量。如果一路上没有很多赏识的慧眼和宽广的心胸，我是不可能在一个完全陌生的领域持续学习和写作了这么长时间的。

首先要感谢的，是公安部所属期刊《汽车与安全》的领导，是他们的鼓励和建议，让我拿起了笔，开始给《汽车与安全》投稿。在为交通行业写作之初，我就幸运地遇到了《汽车与安全》的编辑团队，他们有着很强的专业敏感度和文字统筹能力，很快发现我的文章与业内多数传统学术文章不同。我不是科班出身，写出的内容更具大众味道，而且多是新鲜的技术观点。因此，他们干脆启动了一个专栏，名曰"慢谈交通·'官点'系列"，给了我一个园地，让我从外行的视角，把一些内行的事情"慢慢道来"。这一"慢慢道来"，竟然坚持了八年，其间，更是获得了业内越来越多的支持和鼓励。

专栏文章陆续发表后，给我最强鼓励的，是公安部交通管理和研究领域的多位领导，是他们首先提议把这些文章集结出版的。在本书的策划阶段，国内知名驾驶培训机构东方时尚驾驶学校的许雄董事长，也给了我热情的鼓励和支持，督促我把所学所思贡献给社会。

还要感谢我曾经服务的3M公司交通安全事业部，能够在这个历史悠久的团队里长期工作，使我得以用更具历史观和技术观的视角，审视交通安全建设的方方面面。在过去的十几年里，与很多同事携手翻山越岭、风雨兼程，为改善祖国各地交通安全状况而奋斗，让我获得了宝贵的发现与实践。

诚切希望这本书能够帮助更多人，特别是很多像我一样的外行人，建立起专业技术意识，用更职业的态度审视和改善我们的道路交通安全条件，拯救更多生命。

在整理这本书的过程中，我脑海里不断浮现的，是全国各地成千上万听过"理想之路"交通管理技术系列讲座的交通警察、交通工程师和道路运行管理者们，大家渴望知识的目光，是对我的最大鞭策。

前　言

行，漫谈道路交通之始

汽车，是人类为改善出行条件、提高移动和运送能力而进行的伟大发明！它使人们获得了自由高效出行的能力。这种赋能，给人类社会带来了前所未有的强烈推动和冲击，是缩小城乡间物理距离和商业活力差距、提高个体劳动力自由流动能力、改善劳动力使用效率、增强经济流通力的关键。道理很简单，汽车可以高效地给任何一个地方带来丰富多彩的人流、商品和财富，汽车可以让一个人自由地在一天之内出现在相隔几百公里的任何通公路的地方。汽车是社会现代化的图腾，学会使用汽车不仅是个人出行的需要，也是社会发展和人类进步必须跨过的门槛。

衣食住行，是人类生活的基本需要。在人类文明的发展进程中，这些基本需要虽然都随着技术的进步有了很大改观，但衣为蔽体，食以裹腹，卧不过三尺，其发展边界都受到人类自身条件和需求承载力的制约。再怎么发展，一个人都不可能穿三个袖子的衣服、吃四个人的饭、睡五张床。唯独"行"，是以不断突破人类自身条件限制和挑战人类能力极限为特征发展的。这就是为什么我们会看到国际顶级汽车企业对赛车产业如此看重，这远不是表面看到的追求广告收益那么简单，无论长途拉力赛还是场地竞速赛，人类都在以竞技的方式不断探索着人力结合机械后"行"的能力极限。实践证明，这是一项永无止境的伟大的科学探索事业。

"衣、食、住"三个字都很好理解，"行"到底指的是什么？我们的书，就从探究这个"行"字的起点开始。

卝 朴 氕 非 㣏 行
① ② ③ ④ ⑤ ⑥

汉字中的"行",问世已经3000多年了。在中国的第一部辞典《尔雅》中,对"行"字有这样的释义:"室中谓之时,堂上谓之行,堂下谓之步,门外谓之趋,中庭谓之走,大路谓之奔。"其中的"行"字,显然是动词。但根据陈政先生所著的《字源谈趣》(广西人民出版社,1986年11月第1版),"行"字最初的样子如图①所示,形似十字路口。图②是甲骨文中的"行"字,图③是商周两代铸在钟鼎盘彝上的金文中的"行"字,二者都尚未脱离"十字路口"之形。秦统一六国后,"行"字变为图④所示的样子。之后的汉儒许慎则说,"行"字是"人之步趋也,从彳,从亍"。其中,"彳"和"亍"都是小步走路、走走停停的意思。图⑤和图⑥所示分别是汉隶和楷书中的"行"字。"行"字的发音有háng(名词)和xíng(动词)之分,也应该与上述演化过程有关。

通过"行"字的演化过程不难看出,人类从一开始,就把"行"的能力与路的条件放在一起考虑了。这说明古人早已发现,"行"的能力不仅在人力,还在道路条件,行既是运动状态,又是路径抉择,交相通达。然而,我们至今也没有为"行"字找到一个能在内涵和外延上都准确对应并有使用习惯共识的双音词,能既包括路,也包括人的移动和货物的输送。从移动和输送的角度看,与"行"强相关的当代汉语双音词是"交通"。那么,"交通"一词能有准确的定义和共识吗?

《象传》写道:"天行健,君子以自强不息。"意思是说大自然一直在强劲运动,君子也要不停地进取。战国时期的《管子·度地》则写道:"山川涸落,天气下,地气上,万物交通。"这时的"行"和"交通"就是你中有我,我中有你了。到了东晋时期,陶渊明在《桃花源记》里写道:"阡陌交通,鸡犬相闻。"进一步让我们在"交通"里看到了"行"的影子,交相通达与十字路口式的"行"互通象形，与人的运动生动融合。

随着生产力水平的进步，到了现代，赋予"交通"这个词的含义，特别是技术含义，就大为丰富了。现代汉语里的"交通"，不仅有古汉语的词义传承，还有技术进步带来的定义增加，甚至有了来自日语汉字这种舶来语的专业指向。现代汉语里的"交通"一词经过演化，越来越多地用在邮政通信和交通运输领域。康有为在《大同书》辛部第三章写道："大同之世，全地皆为自治，全地一切大政皆人民公议，电话四达，处处交通。"胡适在《国语文法概论》中提到："后来陆地交通有了人力车、马车、火车、电车，水路交通有汽船，人类交通更方便了，更稳当了，更快捷了。"显然，现代的"交通"一词，内涵越来越丰富，其外延开始出现专业技术级别的跨界了。

在我国，大家熟知的"交通运输部"，十几年前的名字还是"交通部"。这个改变，展现的就是一种技术意识的提升和进步。逐渐地，人们也开始发现，用"交通"来概括"行""交相通达""运送"等多种技术状态的语言习惯，遇到了越来越多的问题。特别是在我们引进使用发达国家的研究资料和学术论文时，出现了很多翻译难题。比如在如何把"Mobility""Traffic"这类英文单词翻译成准确且标准的汉语词方面，一直没能建立共识，导致在专业理解上出现了不少误会和混乱。如今，人们遇到交通拥堵等问题时，常常想用运输规划手段去解决交通工程问题，导致措施无效，这都与基础认知上的混乱有关。在分不清什么是运输规划专家，什么是交通工程专家时，这些专业人士就被统称为"交通专家"。

在唐代，"交通"这个词通过遣唐使漂洋过海来到日本，在日语汉字里流传下来。日本人把英语里的"Traffic Engineering"翻译为"交通工学"（日语汉字）。严格意义上讲，"Traffic"一词在汉语语境里应该翻译为"交通流"，它指的是一种动态现象，并不包括"交相通达"所涵盖的运输的含义和外延。也就是说，日语汉字的"交通"是不能和中文的"交通"划等号的。但正是这个看似简单和随意的翻译，给我们研究引进交通工程和运输规划领域的西学资料带来了不少困难，我们至今没有在专业书籍里明确区分交通、交通流、运输这些术语概念。

说回"行"字，迄今为止，在移动和输送能力的演化中，人类最伟大和最重要的发明就是汽车。自古以来，人们就赋予了"行"的能力各种幻想，也付诸了很多实践。从赵武灵王改战车为战马，推动胡服骑射以提高军队战斗力（这应该也是我国史书上有记载的最早的"洋务运动"），到秦始皇修建秦直道以提高行军和战争资源运送效率，从日行千里的赤兔马，到负重登山如履平地的木牛流马，从一个筋斗十万八千里的孙悟空，到穿墙而过的崂山道士，这些对人的移动和输送能力的伟大实践与浪漫遐想，其本质都是人们对"行"的能力的强烈渴望，反映出的是"行"的能力对人们生活的重大影响。每个人都希望自己有高度独立的、招之即来的强大的移动和输送能力，因为这种能力将极大改善生存能力和质量。

从科学和技术的角度讲，为提高移动和输送能力，人们才学会了训练马匹，以借助马力突破人力限制，学会了制作车轮，以利用杠杆原理提升人力和马力的负重输送能力，在杠杆原理的不断实践和升华过程中，人们发明了自行车和汽车。直到今天，驾驶汽车，依然是人类依靠个人能力在地球表面能实现的最高速度的运动形式，尽管依赖于机械装置和道路条件，但这种长距离持续进行的高速运动能力，仍然令人振奋！得益于汽车的赋能，人类的社会活动才发生了翻天覆地的变化。

事实上，人类在追求"行"的能力的无限提升之时，并不能完全脱离能力极限的制约。人们逐渐认识到，高速疾驰对人的承受能力也是一种巨大挑战。伴随着这种认识的逐步深入，才有了驾驶执照考核，才有了机动车安全行驶条件立法，才有了人行路是人行路、车道是车道这种深刻的交通工程认知，才有了交通工程领域一系列围绕安全和效率展开的研究、技术规范和设施创造。

本书的内容，就是围绕上面这些认识展开的。笔者希望从人文和技术的视角，引领读者重新审视我们对现代道路交通科学技术的认知，重新审视我们的政策制定和技术落地得失，看清前进的方向，走好脚下的路。

目 录

自序
前言

第一章 ▶ 对交通与社会的思考

01 从"交通工程0.5"谈起 002
02 摸着石头过河的美国早期公路建设 007
03 汽车工业推动美国社会城乡一体化 019
04 车轮子跑出来的美国农村"撤点并校"工程 025
05 美国道路能力与道路服务质量评价体系的演进 029
06 我国亟需完善和普及道路服务水平的技术评价概念 047

第二章 ▶ 交通安全意识与教育

01 什么是交通安全文化？ 060
02 交通安全文明意识的起点是社会契约意识 063
03 "零愿景"时代交通安全呼吁集体责任意识与职业精神 067
04 路怒症是需要专业应对的精神疾病 071

第三章 ▶ 驾驶人管理与考试培训

01 管窥美国机动车驾驶执照体系 078
02 由美国驾驶违章罚分体系思考驾驶行为干预重点 088
03 不能用交通执法代替交通控制 092
04 "新司机"为什么不敢开车上路 097
05 从驾培和驾考入手强化驾驶人风险和规则意识 100

第四章 ▶
交通工程与控制设施

01	铁戒指精神:交通工程师要具备使命意识	106
02	交通流如水:不容忽视的交通流动态特性	109
03	我国城市道路普遍存在的设计与管理缺陷	112
04	道路设计影响人的用路行为	139
05	主干道上的交通静化措施	147
06	穿村镇干线公路交通静化措施对比	174
07	车道宽度设置	190
08	道路接入管理的技术要素	198
09	交叉口上游接近路段设置导流线的作用	207
10	交叉口转弯车道设置	211
11	所罗门曲线对车速控制的启示	222
12	减速带的减速效果与技术问题	227
13	路面标线的作用	234
14	用标线引导驾驶人各行其道	246
15	英国标线与道钉维护规范引发的思考	255
16	停车标志的作用与应用原则	261

第五章 ▶ 交通管理理念与技术

01 新城市主义与传统道路交通管理理念的碰撞   266
02 优化道路交通管理需要科学财政观   270
03 倡导公交优先需要情怀更需要专业   274
04 统计寿命价值概念   278

第六章 ▶ 交通拥堵治理

01 解决城市交通拥堵的第一步   284
02 交通治堵要建立"量"的概念   290
03 城市交通治堵的 10 项基本任务   297
04 城市治堵不能只靠智慧信号灯   302
05 排队管理对交通拥堵治理的启发   306

第七章 ▶ 交通事故对策

01 预防交通事故要做好人因分析   314
02 预防交通事故的关键概念   318
03 减少交通事故需要设置专业交通工程管理部门   322
04 美国的低成本交通安全对策   325
05 美国交通事故成本构成元素   335
06 审视我国高速公路的安全通行条件   344
07 我国亟需健全交通事故数据统计体系   348

第八章 ▶ 行人、自行车与低速电动车管理	01 全向行人过街与巴恩斯之舞	354
	02 美国中小学区的步行安全审计制度	359
	03 自行车道设置基础知识	367
	04 低速电动车管理考验行政智慧	384
	05 荷兰应对电动自行车和老年代步车出行需求的策略	388

第九章 ▶ 停车管理	01 从停车方向思考交通管理优化空间	394
	02 从路侧停车管理审视城市服务水平	397
	03 完美的停车场布局设计	403

第十章 ▶ 道路货运管理	01 左侧快车道保护和货车专用道使用规则	408
	02 货车道路安全通行条件保护建议	417
	03 重视职业货车司机的收入情况与发展趋势	420

后　　记 ▶		423

推荐阅读 ▶		424

理想之路

第一章

对交通与社会的思考

01 从"交通工程0.5"谈起

我们正处在一个不断被新名词鼓舞的时代,名词创新的速度也越来越快。前几年还在尝试为"智能交通"寻找有价值的内涵和外延,现在"智能"一词基本算是落后了,智能交通论坛已经不如智慧交通论坛那么绚丽夺目了。但就在很多人都还聊着"大数据",适应着"智慧道路"这个新高度的时候,"城市大脑"就拍马赶到了,这个高度差点儿让大家"缺氧"。原来的"视频监控",现如今的叫法是"智能感知","交通信号灯"变成了"智慧信号灯","可变信息板"美其名曰"智慧诱导屏",就连"标志视认性优化",也要说"超时空超视距车路协同技术"。总之,听着都像未来世界的黑科技。在这股全行业热衷于为老概念造新名词的浪潮里,交通工程的第二春也踏浪而来,一些地方开始探讨"交通工程2.0"了,按照从智能到智慧的演变速度,"交通工程3.0"的出现还会有多久?

然而,我还是想先聊聊100多年前,可以算是"交通工程0.5"的那些事儿。自那时起,大洋彼岸交通领域的"大聪明们",就一直在为道路交通的通畅和安全悟道了,最后大家形成了一个重要的技术共识,可以叫作"交通流如水"。这几个字说起来简单,但这个悟道的过程是艰难曲折的。

所谓实践出真知,从汽车社会的发展过程来看,不开上几十万公里的车,琢磨车辆的运动特点,只坐在办公室里冥想,骑着自行车观察校园到家的那条小路,坐在车上甚至飞机上看着手机日行千里,想真的理解"交通流如水"这句话,实在有些难!这也是为什么本来只是交通流控制失败导致的很多交通困境,却被很多专家学者归结到运输规划问题上的原因。

一说到交通拥堵,最常见的理由就是路不够、人太多、人口密度太大,很少有人说一个现实问题,就是很多"大马路",50%甚至更多的面积和时间都空在那里,只有早晚高峰的路口堵得水泄不通,而且这种视而不见的情况甚至糟糕到连信号灯到底导致了多少浪费都不愿意琢磨一下。看到路口秩序乱的也有,但又把责任甩给了老百姓的不守规矩和素质低下,责怪老百姓出门就爱开车不愿意骑车或者坐公共汽车,却没人关心多远的通勤距离才可能骑车,也没人关心公共汽车的乘员密度承受力和人们的通勤时间承受力,更别提公共汽车进出站的那些糟糕设计和延误,以及那些"宽如天堑"的过街设计了。这种把交通工程专业和运输规划专业混为一谈来回聊的思维方式,导致很多管理机关和领导摸不清脉络,人越管越乱,路越建越错。

我们经常会有这样的体验:好不容易组织了一个专家讨论会,要解决交通拥堵问题,结果大家一发言,背景展望都是分析地区人口密度和汽车数量,对策方法全是什么手机信令、车路协同、智慧斑马线、智慧感知诱导屏……我的天,但凡有一个能把每条车道上的流量特征说清楚,告诉你哪条车道是废的、哪个路口的断面不对、哪个路口的转弯半径错了的人,都让人觉得靠点儿谱。每次参加这种讨论会,我就会想一个问题,交通运输规划和交通工程是怎么被掺和到一起的?

这种混乱,甚至影响到了交通工程专业的招生。如今,经济快速发展、汽车迅速普及,这本该是交通工程师大展拳脚的时代。从发达国家的发展过程看,交通工程师本该是一个在全社会所有政府基层管理机构都有配置的岗位,是一个为交通流质量向城市管理者献计献策的重要专业角色,承担着提升老百姓生活幸福感和安全感的重要工作,现在居然面临着后继无人的窘境。

在人类的历史长河中,"衣食住行"这四件事,是雷打不动的生活刚需。

其中，"衣食住"这三件事，都是以满足人类承受力的可匹配需求为核心诉求来发展的。衣以蔽体，食以果腹，卧不过三尺，人的承受力极限就是设计需求的底线和极限。简单说，人只有两条腿，设计出三条腿的裤子是没用的。食物可以车载斗量，但一个人的食量总是那么多，吃多了会撑死。唯独"行"这个需求，看起来好像恰恰相反，人类在发展"行"的问题上，是以无限突破自身能力和无限扩大空间覆盖范围为诉求的。人们学会了走就要跑，跑不够就要飞，自己的力量不够就骑马，马不够就造了车，车不够还有船和飞行器，运载工具太小，就要往大了造。总之，"行"的发展过程，是人类一直在寻求突破运送能力极限的过程。可能就是这种无边无际的关于运送能力的憧憬和超越人的自然能力的表象，迷惑了大量专业从业者？让很多人摒弃了历史唯物主义精神，丧失了逻辑思维能力，迷失在新技术的浪潮中。

事实上，如果回头看看交通工程专业知识和技术体系构建之初，人们是怎样开始认识并解决问题的，我们就会发现，"行"的关键，并没有脱离研究人的承受能力这个基础。交通工程知识与技术体系的演进过程，就是围绕探索人类承受能力展开的。人使用道路的能力的提升，就是人更好地承载出行任务，处置路遇难题，改善交通流质量的基础。简单说，就是研究人为完成出行任务所要承载的负荷和人因（可以理解为研究人们为什么会在运动中无法自我克制地犯错误的学科），以及如何在道路上利用设施来回应这种任务需求。

无论是走路、骑车，还是开车，运动速度都会挑战人们处置风险的能力，挑战人们与其他道路使用者相互谈判的能力和质量，挑战人们操作机械的能力。在这种挑战下，选择什么样的路径，人、车、物相互之间都保持什么样的纵向间距和横向间距，以什么样的秩序共处，用什么样的顺序依次通过，会直接影响道路的通顺度和人与货物的安全。简单说，是运动速度和运动参与者的数量和表现影响了运动的质量，这是一种挑战。

面对这种挑战，路上的人们需要获得帮助，而这种帮助，主要就来自交通工程师，是交通工程师根据法律和技术规范布设的各种充分考虑了人性自然特征、道路基础条件和车辆性能的交通控制设施，向道路上的人们传递着如何使用道路的规则和指令，告诉人们在哪里可以直行，哪里有弯道，哪里要减速，哪里要停车，哪里要让行，哪里是改变行驶轨迹的操作点。总之，是指导信息传递的质量和效率，影响着人们处理信息、完成任务的质量。

因此，我们才会看到交通控制设施需要颜色规则，以提高向人们传递必要交通控制指令的效率；我们才会看到标志标线的标准规范里提到了字体的高度和图形的格式，以确保人们能及时准确地看到且不出偏差地理解其内容；我们才会发现标志标线的设置技术伴随车辆照明技术共同发展，以确保人们能全天候读取标志标线。简单说，向道路使用者传递的信息要确保一致性和充分的劝服力，要确保及时、准确和清晰，这都是科学，也是交通工程的重要使命。

这些科学和使命的研究与发展过程，并不是一蹴而就的。其发生、演进和完善的过程，就是"交通工程0.5"的那个时代。对当代道路交通运行管理产生重要影响的技术积累和进展期，基本起步于20世纪的头40年，发展壮大于之后的40年。如果我们给"交通工程1.0"断个代，那么现在就是"交通工程后1.0"时代。这段时间有很多里程碑级的事件发生。

1914年，福特汽车生产流水线的问世，使汽车生产成本大幅下降，让汽车进入了寻常百姓家，从此掀起了"非专业司机社会化普及"的浪潮，对道路建设和交通管理提出了全新的要求。此后，美国越来越多的州开始要求并完善驾驶执照审核体系。1920年，美国建立了全国公路研究顾问委员会（National Advisory Board on Highway Research），这家机构在1925年更名为公路研究委员会（Highway Research Board），这就是如今大名鼎鼎的交通运输研究委员会（Transportation Research Board，TRB）的前身。公路研究顾问委员会赞助的第一个审议与道路能力有关问题的小组是公路交通流分析委员会（The Committee on Highway Traffic Analysis）。公路交通流分析委员会在1927年制定了一套公路能力理论估算体系。在此基础上，美国在1950年发行了首版《公路能力手册》（*Highway Capacity Manual*，HCM）。这部手册后来几度更新扩充，与《统一交通控制设施手册》（*Manual on Uniform Traffic Control Devices*，MUTCD）一道，对全世界的交通工程发展产生了深远影响。MUTCD是1927年发布的交通控制设施设置标准，在1935年形成第1版出版物并全国发行。类似这样的历史事件和影响深远的文件还有很多。

在"交通工程0.5"时代，越来越多的专业人士乃至全社会的有识之士逐渐意识到，驾驶机动车需要专业和科学的训练，需要考取驾驶执照，道路上需要为机动车划分车道，车与车之间需要保持合理距离，修建道路需要考虑交通流量，人们使用道路需要建立秩序和规则，人们要学会在什么情况下超车，学会在自己的速度比路上其他人慢的时候如何选择车道并避让他人。由于人们相互谈判路权的能力是有限的，在路上谁让谁必须靠法律来决定，必须靠交通控制设施来告知，人们理解标志标线、信号灯的内容时，需要这些设施的形式是统一的，传递的信息是清晰、准确、及时的，需要这些内容全天候可见，需要在接近操作点时获得充分的引导和提示。这一系列的相互关联的科学发现和措施逻辑，都是交通工程的基本功课。

其实，要想了解我们今天的道路交通到底出了什么问题，只要看看我们交通工程专业到底出了什么问题就可以发现不少端倪。去看看我们今天的交通工程专业教科书吧，里面有多少"交通工程0.5"的内容，有多少把交通工程与运输规划混为一谈的内容，就能大概找到些答案了。

对我们来说，要管好道路运行，要让国人学会使用道路，要让交通工程师学些有用的本领，要让这个专业兴旺发达，当务之急是完善"交通工程0.5"的学习内容，否则的话，所谓的"城市大脑"再强大，面对汽车、自行车、电动自行车和行人共存的道路环境，也不会有什么好办法。这是科学，谁也跳不过去。

02 摸着石头过河的美国早期公路建设

美国拥有目前世界上最大的公路网和最发达的公路运输体系，以及相应的汽车生产和运行管理体系。一个建国只有200多年，缺乏历史文化和技术积累的国家，在摸着石头过河的情况下，是如何实现从无到有的呢？本文收集整理了一些相关资料，帮助读者管窥这个公路运输强国的早期发展历程。

美国本没有路

在美国建国初期，各地区之间的长距离交通主要是靠水路，人们要离开自己的城镇和村庄，穿越旷野，只能靠步行、骑马或者乘马车，但那时并没有道路服务于长途旅行，只有一些零星的崎岖不平的小径，摸着石头过河是寻常事。

美国建立联邦政府后，领导层开始意识到国家需要提供一个运输网络，以便将松散的殖民地编织成一个有凝聚力的国家，见图1。随着美国国土开始向西扩张，这种需求也变得更加强烈。关于建立技术规则统一的路网的认知，就是在这种

图1 美国的早期建路场景

需求下逐步形成，并陆续在经济需求的推动下付诸行动的。

私人收费公路

直到18世纪末期，美国几乎所有的道路都是由地方政府修建的本地道路，以满足城镇内的交通需求，并没有跨区域的公路网。当时的地方政府也难以支付所需的筑路和维护费用，修路主要靠劳役制度，要求身体健全的男子服劳役来修建道路。再后来，劳役演变为可以用支付费用购买他人劳动服务的形式来替代。

慢慢地，越来越多的乡村地区需要道路来服务于农业生产和农产品运输，而建成的连接城镇的道路也需要持续养护和改善。商人们抓住机会修建和运营收费公路，那时的收费公路叫"Turnpike"，这个词由两个单词合并而成，即"Turn"（转动）和"Pike"（长矛），现在美国的收费高速公路还有一些沿用了这种称呼。它借鉴了英国私人道路上的收费站形式，在道路上用一根长杆挡住过路人，收费后才会把长杆抬开，很像现在收费站前的抬臂栏杆，见图2。大多数早期的收费公路只是穿过荒野的小路，路面由压实的泥土构成。

美国第一条私人出资修建的收费公路出现在宾夕法尼亚州，在费城（Philadelphia）与兰开斯特（Lancaster）之间穿越了62英里（约100公里），

图2　美国弗吉尼亚州布鲁蒙特的早期收费公路

占用的是公有土地，用两年时间建设完成。宾州政府没有花钱建设，而是于1792年把这条公路包租下来。在这个时期，大家发现修路可以给商业带来跨地区的市场，投资公路有利可图，于是不少私人资本纷纷投入建路的生意。这与我国20世纪80年代提出的"要想富先修路"的认识形成阶段非常相似。

19世纪中叶，全美修建了1500多条私人收费公路。这些公路大部分并不怎么赚钱，但是给道路沿途和附近的居民与企业带来了巨大的间接利益。到19世纪中后期，蒸汽轮船和铁路的出现，以及国家在河道上的建设投资，严重冲击了私人收费公路的盈利能力，加之筑路技术尚有缺陷，这些公路大量陷入恶劣状况。许多私人公路被股东们放弃，交给国家或地方政府来控制。这个过程中，人们也建立了一个重要的认识：道路是有生命周期的，需要花钱维护。耐久性是道路工程的一个重要技术要素，而道路经济效率则是关键要素。

19世纪中叶，美国的私人收费公路大约有16000公里，使用了一种称为"Plank Roadway"（木板路）的筑路技术，就是先在道路两侧夯实泥土，再在上面铺设纵向木梁，然后把木板横向铺设在木梁上，这应该算是用木板稳定道路物理状况的初步尝试，见图3。这种木板路通常有18~22英尺（5.5~6.7米）宽，算是当年高技术等级的道路。木板路的建筑费用很高，因此通行费也高，而且在一些原本对本地人免费开放的地方，这种道路也不免费。这很像我国现在的一些穿越市郊的高速公路，对本地交通流也收费。造价问题

图3　早期的木板路

直接影响了这种木板路技术的推广。美国大约有5万~8万公里的公路上都修建过这样的木板路。这种几乎不计成本的筑路方式的缺陷，应该是美国人在实践中的又一个重要的经济学认知。

总体而言，美国各地修建的私人收费公路并没有确切数量的统计记录。后来，随着公众对私人收费公路和公路收费的不满呈增长趋势，各地政府逐步收拢了道路的建设和运营权。其实从19世纪20年代起，处于运营状态的私人收费公路就已经不多了，大部分公路的建设和维护工作已经移交给州、县政府。也是在这个时期，联邦政府首次介入了道路网络的供应工作。

早期国道与责任权属

19世纪初，俄亥俄州建立并快速发展起来。这是英国殖民者在北美东海岸建立的十三州之外，向西部腹地发展的第一个中东部州，要穿越东海岸平原西侧的高山才能到达，这使得连通东海岸和西部辽阔地区道路的必要性越来越显著。为了将被大山阻隔的传统水运商道打通，1803年，美国国会提议利用出让俄亥俄州土地所筹集的部分资金修建一条"国道"，起点是马里兰州坎伯兰（Maryland，Cumberland），终点是弗吉尼亚州惠林（Virginia，Wheeling，现在的西弗吉尼亚州惠林），以便连接两条重要的商业水道。经过大量的讨论和争论，时任美国总统杰斐逊于1806年5月29日批准修建该公路，并为此提供了3万美元的联邦资金。这条公路1811年动工，1819年建成，是美国第一条路面用碎石满铺的公路，相比以前的道路具有更高的耐久性。国会在1820年和1825年又批准该公路向西扩建。

在国道建设领域，还有一个重要的事件对后世影响深远。1830年，时任美国总统安德鲁·杰克逊否决了《梅斯维尔公路法案》（*Maysville Road Bill*）。梅斯维尔公路虽然是国道的一部分，但完全位于肯塔基州。杰克逊表示，联邦政府不能资助任何无法使"整个国家"受益的公共项目，尤其是不能资助完全位于一个州内的公路。他宣布，如果需要用联邦资金为某个州单独修路，就需要修改宪法。这一否决对后世产生了持久影响，并有效阻止了联邦政府直接建设、维护和管理美国的道路。这次否决后，美国国内形成了共识，即道路的建造和维护是州政府的一项职能。尽管随后的最高法院裁决（Wilson诉Shaw案，1907年）宣布联邦政府可以根据《美国宪法》商业条款的规定建造和管理州际公路，但认为修路属于州政府职能的观点仍然一直占上风。

杰克逊总统反对的是出资修建一条仅位于单个州内的道路，并不反对出资修建跨州国道，因此他同时批准为该路线的跨州路段追加资金。国道的建设在联邦政府的支持下持续到1838年，当时这条路的西部终点到达了美国中部五大湖区的伊利诺依州万达利亚（Illinois, Vandalia）。从19世纪30代开始，国道的各个路段都移交给各州政府进行维护和管理。

19世纪后期，美国国道因维修不善而陷入废弃状态，其各个部分被转移到州和地方辖区。原来的国道路线大部分是现在的40号州际公路⊖的一部分，见图4。

图4 美国40号州际公路加利福尼亚州路段的路侧路名组合标志

⊖ 40号州际公路是美国州际公路系统的一部份，横穿整个美国，西起加利福尼亚州巴斯托（与15号州际公路交汇），东在北卡罗来纳州威尔明顿与117国道和北卡罗来纳州132公路交汇，全长2555.10英里（4112.03公里）。

好路运动

"好路运动"(Good Roads Movement)是一个民间基层组织发起的运动,旨在倡导国道系统团结一致的理念,见图5。这与我国现在呼吁的交通管理需要建立共识如出一辙。这项运动是以自行车手为主,由美国自行车联盟领导发起的。该联盟于1880年5月成立,发行了一本名为《好路》(Good Roads)的杂志,以谴责农村和社区间道路状况不佳的内容为主。这次运动影响很大,美国农业部也积极响应,于1893年发起了一项道路研究行动,调研全国的道路状况。

图5 美国密西西比州的车主们在1913年举行的"好路运动"游行

国径运动

"国径运动"(National Trails Movement),是美国国道建设的又一个里程碑级事件。所谓国径,指的是穿越美国多个州的旷野,连接遥远城市的原始技术公路,见图6。

图6 1915年5月的美国《旅行》(Travel Magazine)杂志上的国径地图

林肯公路是美国第一条有正式名称的横跨北美大陆的汽车公路，是后续许多类似公路的模板，见图7。这条公路充分利用已有的道路，把它们连接在一起，汇成一条连续的路线。这很像我国长城的建设过程。它最初从东向西贯穿美国12个州，将东海岸的纽约时报广场与西海岸的旧金山林肯公园连接起来。这条路线由林肯公路协会推广，企业家们也投身其中，因为它为沿途的企业带来了很多利益。沿线各州和地方政府都参与了道路的改善工作。这条路线在20世纪10~20年代先后发生了一些改变，最终穿越了14个州、128个县和700个地方辖区。

林肯公路的成功，促使其他州的地方政府和商业协会推广了更多的公路，这些公路成为"国径运动"的一部分。在众多的国径中，著名的"黄石小径"连接了马萨诸塞州和华盛顿州西雅图，东西向横穿美国北部地区，还有南北纵贯美国的迪克西公路（Dixie Highway），连接了伊利诺伊州芝加哥和佛罗里达州迈阿密。正是在创建和升级各种跨地区的公路期间，人们逐渐认识到，需要建立一个更加有序的组织来统筹规划和建设国家公路系统，而且这个系统不能仅仅依靠民间力量，需要各州和联邦政府的参与。

图7　1913年，内布拉斯加州林肯公路旁的筑路工人

联邦公路管理局的演进

1893年，美国国会历史上第一次设立了道路调查办公室（Office of Road Inquiry），归属农业部。该办公室的任务是让农业部部长能够调查全美的道路管理系统，调研最佳筑路方法，并授权部长协助农业研究院和实验站传播有关道路的各种资讯。

从归属关系可以看出，该办公室针对的是乡村道路及其对农业的影响（我国的农村公路带有行政色彩的定义，严格讲，美国的Rural Road应该翻译为乡村公路，并不是国内理解的农村公路的概念）。道路调查办公室的出现，标志着美国建立了第一个使命与道路系统有关的正式联邦机构。本杰明·哈里森总统任命罗伊·斯通将军（General Roy Stone）为办公室首任主任。该办公室的年度预算为1万美元。

1905年，道路调查办公室更名为公共道路办公室（Office of Public Roads），洛根·沃勒·佩奇（Logan Waller Page）任办公室主任。佩奇担任这一职务13年，直到1918年去世，他是美国道路改善的主要倡导者，在促进道路发展方面加强了联邦政府的作用。佩奇扮演了"技术革新者"的角色，在路面改善技术研究领域成就斐然。在他的协调下，美国建立了国家公路官员协会（Association of State Highway Officials，AASHO），该协会于1973年11月13日更名为国家公路与运输官员协会（Association of State Highway and Transportation Officials，AASHTO），成为美国联邦政府面向各州实现公路系统一系列技术标准的开拓和共识推动主体。直到现在，全美最重要的道路技术标准和规范，仍主要由AASHTO背书。1916年，在佩奇的积极游说下，美国第一部联邦援助公路法案颁布，该法案为各州的公路设计和建设提供了美国历史上第一笔联邦财政支持。

1915年，公共道路办公室改制为公共道路局（Bureau of Public Roads，BPR），1949年该局正式划入美国商务部，显示了道路对经济的重要作用已经不限于农业范畴。1966年，该局改制为联邦公路管理局（Federal Highway Administration，FHWA），归属于新成立的美国交通部。因此，在1966年之前,美国重要的公路技术文件还没有FHWA的参与,更多的是AASHO等一批协会/委员会在发挥作用。上述机构的持续演进,使得美国联邦政府具备了制订国家公路计划的行政和技术能力。

汽车的出现与国家公路系统的需求

1914年,亨利·福特(Henry Ford)推出了革命性的汽车装配流水线,使得汽车生产的规模大幅提高,成本大幅下降,人类历史上首次开始生产普通劳动者能买得起的汽车,见图8。这一变化造就了一个快速发展的时期,使得汽车逐渐成为美国的主要交通工具。汽车的规模化生产,使得对更好且更广泛的国家公路系统的需求变得愈加显著。

1893年成立的隶属农业部的公路调查办公室,完成了第一次关于全国公路状况的国家调研。调研发现,最初由公路旅行爱好者发起的"国径运动",让国家利益得以加速实现。根据这些调研,美国联邦政府在1916年首次提出了《联邦援助公路法案》,这是美国联邦政府的第一个正式筑路计划,旨在向各州和其他管辖区提供联邦援助,用于公路发展。该法案要求每个州都建立一个负责监督本州公路系统的机构。1921年的修订版《联邦援助公路法案》中有一项条款,明确指出"主要或州公路"要满足某些资格要求才能获得

图8　早期的福特汽车装配流水线

联邦资助，同时要求农业部部长在1923年之前编制一幅"主要或州公路"地图，并每年发布更新。

1922年，出于国防需要，公共道路局授权约翰·潘星将军（John P. Pershing）绘制了一幅国家公路地图。这就是著名的"潘星地图"，它成为定义美国"主要或州公路"系统的起点。

上述内容展现了美国联邦公路系统的早期历史足迹。

1944年，时任美国总统罗斯福向国会递交了一份具有历史意义的报告，提出了"地区互通公路"概念。这份报告的起草单位是国家地区互通公路委员会，报告概述并建议了一个全国的互通公路系统，这是一个超过33000英里（约5万公里）的全国公路系统，将人口30万及以上的所有城市直接相互连通起来。虽然1944年的《联邦援助公路法案》授权建造这一公路系统，但并没有颁布拨款法案。1956年的《联邦援助公路法案》最终为该系统的实施提供了授权和拨款。美国联邦公路网络的大发展，由此拉开序幕。

"最凸出的石头"与三部重要技术文件

如前文所述，在最初的100余年发展过程中，美国主要面临着是否需要建设公路，建设多少、多大、什么样的公路，由谁出钱建设，联邦政府与州政府如何分工，如何行使管理权和履行维护责任等问题。在文献记载中，有关道路交通安全管理、道路服务水平评价的材料还没有形成系统和规模。

事实上，这一时期，美国联邦政府一直试图制定统一的"车辆法"（类似于我国的《道路交通安全法》），但没有成功。1926年，在商务部部长赫伯特·胡佛（Herbert Hoover，后成为美国第31任总统）的监督下，全国统一交通法和条例委员会（National Committee on Uniform Traffic Laws and Ordinances，NCUTLO）制定了第一个全国车辆法，但并没有形成真正意义上的联邦统一车辆法，特别是在停车规范等问题上，各州一直在尝试达成一致。直到1968年，文件经过全国统一交通法和条例委员会修订，正式成为《统一车辆法》(Uniform Vehicle Code)和《规范交通条例》(Model Traffic Ordinance)。

在道路交通管理和安全技术方面，发展较早并形成系统的主要是关于标志、标线和信号灯的规定文件，即后世熟知的《统一交通控制设施手册》(Manual on Uniform Traffic Control Devices，MUTCD)。美国从1927年开始推行有关标志标线统一设置要求的技术文件，并在1935年形成第一版全国统一的技术实施手册，这与美国的联邦交通法早期意识出现是同步的，见图9。其他的早期交通安全类资料，更多的只是面向道路使用者的宣教内容，局限于报刊上的一些报道和宣传教育，在驾驶人的训练规则和执照要求等方面，并没有更多深入研究。

很多交通安全技术的早期研究资料都始于20世纪50年代中期，比如著名的"所罗门曲线"，诞生于1955年开始的一项关于车速与安全关系的大规模研究项目，涉及3万名驾驶人，这些都是美国公路网初步完成后的新任务。

在彻底解决了是否建路的问题后，加上从20世纪20年代开始的陆续的、尚未成规模体系的研究和探索，20世纪50~60年代，美国的公路系统终于涌现出一批对后世有深远影响的技术报告。

在美国道路运输和交通管理史上，对世界道路运输领域最有影响力的有三部文件：

图9　美国早期的限速标志，文字意思：麦迪逊市规定，限速20英里/时

①《公路能力手册》(Highway Capacity Manual，HCM)，1950年第1版问世，经过多次修订，已更新至2010年第5版（截至本文成稿时，第5版又有了部分更新，但尚未推出第6版）。

②《乡村道路几何设计准则》(A Policy on Geometric Design of Rural Roads)，1965年第1版问世，多次修订，后更名为《公路和街道几何设计准则》(A Policy on Geometric Design of Highways and Streets)，在业界以"绿皮书"著称，已更新至2018年第7版。

③《统一交通控制设施手册》(MUTCD)，1935年问世，已更新至2009年版。

这三部文件，分别从道路能力和服务质量评价方法、道路几何线型和路侧空间等安全条件、标志/标线/信号灯等基本交通流控制方式与规则传递效率的角度，全面阐述了应该建设什么样的道路，如何评价道路的服务水平，如何让道路更安全，如何管理和控制用路人的行为的各种技术路径。这三部文件从问世到不断完善的过程，展现了一个汽车运输大国在不断地流血和失败中，发现问题、否定自我、持续完善，逐步走向汽车运输强国的技术脉络。这三部文件经过不断修订，演化为篇幅浩大、内容丰富的技术巨著，被翻译为多种文字广泛传播，仅HCM第1版就被翻译为9种文字，成为世界级交通管理和道路建设经典文献，为后来要过河的人，提供了可靠的石头乃至桥梁。

03 汽车工业推动美国社会城乡一体化

缩小城乡差别，构造城乡一体化的经济循环能力和协同发展的消费能力，是我国的一项重要国策。在这方面，道路运输能力、人员便捷流动能力和经济合理性是至关重要的。研究美国社会早期发展过程可以发现，美国的城乡一体化社会进程离不开汽车工业和公路网的大规模发展。回首汽车进入美国社会的百年历程，有很多耐人寻味的故事，特别是其中很多进程，我国在近二十年里都在经历。

技术进步让汽车进入寻常百姓家

1914年，福特汽车推出了第一条汽车装配流水线，开始大规模生产汽车，这一进展使得汽车的产量、制造成本和售价走向大众化，是让美国普通老百姓拥有汽车的第一步，也是美国城市开始摆脱马粪困扰、道路逐渐摆脱"马路"思维的开端，更是全面塑造"美式"城市生活的重要一步。在最初的20年里，美国开始出现驾驶执照管理，出现了统一的交通控制设施技术标准，出现了最基本的交通工程技术学科，并开始研究车辆运动的科学规律，比如车辆在道路上的行驶间距和对道路宽度的需求等。这个时间点，比我国的汽车开始进入寻常百姓家早了80~90年。

城市因汽车普及确立郊区带概念

随着汽车的普及,老百姓的汽车拥有权给美国城市带来了巨大变化。

这一变化,是从20世纪20年代开始的,加速于第二次世界大战后。为躲避城市中心区的交通拥堵,拥有充足的免费泊车空间,方便有车的中产阶级消费,越来越多的杂货商店、汽车零售商,以及一些其他商业实体开始从市区搬往郊区。这些在郊区带上的商业区域,使购物消费和驾车泊车得以无缝衔接,共同构造了一幅繁华的郊区街景,让拥有汽车的消费者感觉可以在这里买到几乎所有需要的东西。商业生活从中央商务区搬到了郊区带,导致了市中心经济的下滑。伴随着这种趋势,越来越多的人开始搬到郊区居住,导致郊区带成为社会生活的中心。

像很多在第二次世界大战中蓬勃发展起来的城市一样,波特兰市的郊区带也得到了开发。街道两侧商铺林立,商品琳琅满目,服务项目丰富多样,对拥有汽车的中产阶级极具吸引力。桑迪大道(Sandy Boulevard)在20世纪40年代快速发展,1949年,华莱士·别克(Wallace Buick)搬到了桑迪大道,成为郊区带里众多与汽车有关的店铺之一,见图1。郊区带的消费人数和消费量持续增加,许多波特兰居民干脆从城里搬到了新郊区。

图1 桑迪大道

也就是在这一阶段,道路概念中已经有了明确定义的"主要街道"(Main Street),街道设计迎合了驾驶人和行人的需要。不断增长的汽车交通流量,使这类郊区带成为购物带,服装、电器、家具、乐器等商店应有尽有,汽车经销商、餐厅、剧院和汽车旅馆也陆续涌现,很多单体商店随着汽车保有量的增长而演变为连锁店,规模越做越大。

波特兰市1949年开业的弗雷德·迈耶玫瑰城购物中心(Fred Meyer Rose City Shopping Center),是美国较早出现的百货零售连锁店之一,其巨大的招牌标识和免费停车场在桑迪大道上召唤着过往的驾驶人。

在太平洋沿岸的美国西北地区,波特兰桑迪大道是最繁忙的郊区带之一。到20世纪40年代末,波特兰的主要高速公路、林荫大道旁,都点缀着各种小商店、加油站和房子,直到大型购物中心、超市和汽车经销商在这里出现,才改变了这一景观。这些汽车友好型商业形式,吸引了来自城市和郊区的消费者。

以车型的不断丰富助推汽车经济和消费文化发展

为创造更多市场和消费机会,美国的汽车厂商们绞尽脑汁不断推出各种车型和配套产品,满足并创造着各式各样的需求,让汽车给人们带来的便捷和舒适感不断增加,持续强化着极其坚实的物质享受体验和价值观走向。

皮卡(Pickup)

自20世纪20年代起,皮卡开始承担起重要的推动社会演进的角色,见图2。在农业、建筑、家庭娱乐和购物方面,皮卡一直是多功能的辅助工具。第二次世界大战后,皮卡受到广大农村地区居民的欢迎,在帮助建设郊区,并搭载农

图2　1930年款福特Model A皮卡

民到新出现的城郊零售带兜售农产品和购物方面起到巨大作用。可以这样说，在城乡融合的发展过程中，皮卡发挥了无法忽视的作用。

长途客车

20世纪30~40年代，乘坐城际长途客车旅行是一种时尚的旅行方式，给人以舒适、摩登的体验感，见图3。各种有关长途客车的广告和电影不断强化着人们的出行选择倾向。与时俱进的流线形外观和车身艺术装饰进一步提高了长途客车的视觉吸引力。第二次世界大战时期，由于民用车生产几乎停滞且汽油紧缺，依托长途客车的出行量达到了巅峰。但进入20世纪50年代后，更多的长途旅行者开始选择自驾车或者乘飞机出行，一辆辆沿公路疾驰的长途客车，已经不再能昭示未来了。从此，长途客车成了那些负担不起其他交通工具的旅行者的选择。

图3 "灰狗巴士"（Greyhound Bus）长途客车

摩托车

20世纪30~50年代，踏板摩托车在美国中学生里颇为流行。有不少地方骑踏板摩托车上路不需要驾驶执照，因此很多学生依靠这种交通工具上学、社交和打工。美国青少年就是在这样的高速移动体验下，获得了驾驶动力装置出行的自由和愉悦感，建立了无法磨灭的文化观和价值观。

第二次世界大战后，摩托车流行开来，那些在战争中骑过摩托车的退伍军人对摩托车更是情有独钟。"哈雷机车"和"印第安机车"主宰了20世纪40

年代的摩托车市场。从那时起，摩托车已经不再是单纯的运输工具了，而是附加了很多体育、休闲和生活方式的含义。我国在汽车大规模进入普通百姓家20年后，也出现了"重机车"发烧友和摩托车休闲消费群。

改装车

20世纪50年代，汽车改装成为年轻人中的一种时尚。很多人开始尝试为汽车添加个性化装饰，或者提升性能，这使得汽车工业开辟出一个全新的市场。一方面，炫酷的外观、"喷火"的排气管、更高的车速，都迎合了年轻人叛逆且特立独行的需求，但也使交通安全问题日益严峻。这是美国在20世纪60年代出现交通事故死亡峰值的背景之一，也正是在那个年代，美国建立了车辆与道路交通安全管理局，针对交通事故正式成建制地展开了旷日持久的"全面斗争"。另一方面，年轻人开着具有个性化外观的高性能汽车招摇过市，四处闲逛，也为社会经济活动增加了很多意想不到的商业机会。

带有汽车改装内容的文学作品也助推了汽车改装产业的发展。20世纪50年代的一本美国畅销小说《改装车》(*Hot Rod*)，其封面中的高速飙车、惊险和死亡元素，都预示着危险驾驶带来的道路交通安全问题即将显现。

汽车是生意更是生活

第二次世界大战结束时，大众对新车型的需求超过了市场供应能力，汽车销售商的日子非常好过，根本不需要推销。但随着新车型的增加和产能的提升，人们对汽车的功能、外观和价格开始挑剔起来。汽车销售商雇佣了更多的销售员，并把他们送到汽车厂进行培训。有经验的销售员知道如何让他们要卖的汽车更有吸引力，并与竞品比较，以最终完成销售任务。这一过程中，销售技巧有时极具进攻性。到20世纪50年代，汽车厂商已经授权了大量的汽车销售商，为这些销售商设定了任务指标，并大力开展广告宣传。

汽车与生活方式

在第二次世界大战后的美国社会中，汽车被提升到了反映车主个人形象和生活状态的高度。这大概就是在汽车全民普及二三十年后发生的，与我国现在的情况很相似。很多人认为，买什么样的汽车会反映出购车者的社会地位、影响力和个性。喜欢赶时髦和展现个性的购车者，会选择具有新颖华丽外观的车型。旅行车代表着家庭生活，运动轿车和敞篷车宣扬着青春活力。汽车制造商的广告通常与这些消费倾向挂钩，阶层、品位、舒适、财富、性别等等，都成为激发消费热情的元素。

20世纪50年代，越来越多的人搬到郊区后，开始需要第二辆车，当然也有很多人只是想要辆新车。这种趋势，随着美国全国范围的收入增加，以及极具诱惑力的广告战不断升级，而愈演愈烈。现在，大部分美国家庭都有两辆或更多辆车，很多家庭的第二辆车是皮卡或者SUV。

研究汽车进入美国社会的百年历程可以发现，美国利用汽车工业的技术进步，将整个社会的活动形态锚定在汽车刺激消费和提高社会流动能力上，借助"车轮子"塑造了独特的消费经济模式和工作、生活、居住方式，实现了整个社会的生活品质升级和繁荣发展。一个依托"车轮子"、发达路网和便利泊车场所的城乡高度融合的现代化国家，就这样跑在了大多数国家的前面。这一过程中，人们经历了高速运送能力带来的惊喜，感受了交通事故造成的伤痛，体会了交通拥堵和拓宽道路治理交通拥堵的失败，建立了分析和研判驾驶任务负荷的科学研究体系，逐步学会了利用交通控制设施规范用路人的行为和优化交通流质量，学会了如何科学建造道路和分配车道构建路网，整个社会对汽车的发展和使用从迷恋转向理智，对汽车的制造、使用和控制也越来越科学、成熟。

04 车轮子跑出来的美国农村"撤点并校"工程

农村地区的基础教育资源分布不均，是很多国家和地区所面临的问题。如果根据居住地就近建立学校，则很容易出现生源不足、运行成本高、无法配套完整师资力量和校舍等难题，这就导致很多地方出现了不同年龄孩子在一间教室由一位老师授课的农村小学。

为解决农村地区的上学难题，20世纪90年代后期，我国在一些地区经过试点后，于2001年全面启动了在农村地区建立中心小学的工作，即"撤点并校"工程，这对于集中教育资源和提高教学质量是有很多好处的，但学生们用什么方式上下学，也就是如何提供运输保障一直是个难题，这也导致"撤点并校"工程实施了10年后，在一些地方被叫停。就上下学而言，难题也不仅仅是在广大农村地区，即使是发达国家的城市，如何为上下学提供运输保障，如何解决上学路上的交通安全和效率问题，也一直很有挑战性，很多国家都存在公立学校按学区划片入学的硬性操作和学区房的市场需求。

在美国国家历史博物馆里，有关于因校车问世而启动和加速推进"撤点并校"工程的展示内容，让我们从一个侧面看到，很多今天认为是中国特有的难题，其实只是人类社会发展历程中一个必然经过的阶段，地区和时间也许会有不同，但这种社会活动水平晋级的台阶，是人类必然会遇到和需要跨越的。

20世纪20~30年代的美国，公路网尚不发达，第一条大规模汽车生产线

1914年才由福特推出。那时，美国的驾驶人培训和驾驶资格管理、交通工程控制技术和相关标准等，都处于初创时期，人们还在逐渐适应汽车带来的高速运输能力变化。从某种意义上说，汽车更多地还只是富人的代步工具，甚至是玩具。在地域辽阔的农村地区，村镇之间的往来沟通还很困难，孩子们只能在本地上学，人很少，因此很多学校只有一间教室，称作"One-Teacher School"或"One-Room Schoolhouse"，所有年龄的孩子在一起上课，只有一位老师，这种状况直到20世纪30年代才有所改观。那时，聪明的汽车制造商发现了一个商机，就是打造更专业的汽车运送孩子们去上学，校车应运而生。为了让政府和校方有胆量和意愿推动家长们把孩子送上校车去更远的地方获得更好的教育，从一开始，这种专为学生们定制的运输工具就保持了高水平安全配置，校车可以说是当时路上最安全的运输工具。

随着校车的出现，勇于进取的教育工作者们逐渐找到了提高农村教学质量和降低办学成本的方法。借助校车，学生们可以去更远的地方上学。这个变化，在美国引发了范围广泛的、以地方机构为主导的"并校"工作。"并校"有一些很明显的好处：能让学生们在分年级的教室里、跟随不同的老师、学习不同的内容，降低办学和教育成本，节省资源，提高效率。到1932年，美国全境已经拥有了63000辆校车。学生们每天带着午饭，一早在村边的公路上搭校车去学校，下午放学后再搭校车回家。

随着校车的出现，校长们看到了集中教学资源、提高教学质量、降低办学成本的方法，于是开始主动合并学校，关闭单间教室学校。但他们最初遭到了一些家长的反对。家长们担心会因此增加经济负担和税赋，甚至导致无法参与孩子们的教育。还有些家长认为，村子里的单间教室学校也是社区的教育、社交、文娱活动、政治和宗教中心，不能取消。这些不同的声音，成为促使校车制造商追求更高安全标准和更高便利性的动力。最终，各路反对意见都没能阻止并校趋势，农村人口的减少和越来越好的运输条件，使单间教室学校成为历史。1920年时，印第安纳州有4500所单间教室学校，而到1945年时，就只剩下616所了。

1923年,印第安纳州关闭了3所单间教室学校,合并成了马丁斯堡学校(Martinsburg School),见图1。在之后的20多年里,随着杰克逊镇(Jackson Hole)人口的减少和校车的实用化,有更多的单间教室学校关闭后并入了马丁斯堡学校。1940年,在镇政府购买了道奇牌(Dodge)校车后,当地的最后一所单间教室学校也正式关闭。马丁斯堡学校的道奇牌校车率先采用了出于安全考虑的重深橙色(Double-Deep Orange)涂装,这一涂装色在1939年成为校车的标准涂装色,并逐渐为世界上很多国家所采用,见图2。

图1　印第安纳州马丁斯堡学校

图2　1936年款道奇牌校车(准乘32人)

有意思的是,当时的校车驾驶工作是由一位农夫兼职承担的。他每天早上挤牛奶的同时会起动校车热车,然后带着女儿驾驶校车沿途接上其他孩子去学校,每天单程大约要开10英里(16公里),正常天气下需要1小时,一路上要接12个孩子。在寒冷的季节,他会用火烤热一块砖头,再用报纸包上,让女儿抱着暖手。由于路途遥远,回家吃午饭是不可能的,这催生了"饭盒"生意,孩子们每天要带着家长做好的午饭去学校,当时比较流行的午饭是饼干、煮鸡蛋和三明治。

涂装醒目的大块头校车，搭载着美国的"未来"，在路上奔跑了近百年时间。它们已经成为地方行政机关推行义务教育、公平教育，以及不惜代价培养"国家未来"的政策化身和宣传工具，传递着这样的信息：上什么学，我来定，上不了学，我来接，孩子的安全我们负责！

说到护送学生上学和并校的努力，还有一个耐人寻味的故事，就是美国民权运动史上著名的"小石城中学事件"，当时不仅动用了校车，还动用了军车。

20世纪50年代，美国民权运动日盛，种族隔离受到了越来越多的批评，黑人学生与白人学生分校已经被最高法院禁止，但一些南方州依旧坚持，甚至宣布不接受联邦法院的裁决。1957年秋季开学时，有9名黑人学生试图冲破重重阻挠，进入阿肯色州小石城高中这所当时只有白人学生的公立学校上课，大批白人家长抗议合校，在学校外围堵黑人学生，州长派出州国民警卫队维持秩序，并以保障学生安全为由阻止黑人学生入校。在随后的几天中，斗争愈演愈烈，最终，美国总统艾森豪威尔派出1200名101空降师官兵用军车和刺刀护送黑人学生进校上课，并且全程守护，以确保他们能安全学习和离校。一些白人家长随后以路远为由拒绝送孩子再来学校完成义务教育，而政府给出的解决方案是会用校车接送每一个孩子，迫使白人家长接受了合校现实。这9名勇敢的黑人学生，史称"Little Rock Nine"，后来成为民权运动的代言人，各个事业有成。

事实上，如何更好地为中小学生提供上学运输条件，是很多国家和地区的政府在持续努力解决的问题。今天，北美地区开展的"安全上学路行动计划"（Safe Road to School，SR2S），对中小学生上学路线进行标准化的安全审计，成为很多地方交通管理部门的重要职责。美国法律要求校车所到之处，只要停车接送学生，途经车辆（包括后面和对向驶来的车辆）就必须停车等候，直到校车再次行驶后才可继续行驶。

伴随着汽车的快速普及和人口流动的加快，我国对学龄儿童上学路线及运输安全工作的关注也在不断加强，校车正逐渐为社会所重视，越来越多的人开始意识到，孩子们上学的路，就是人类通往光明未来的路。

05 美国道路能力与道路服务质量评价体系的演进

应该修建什么样的道路,如何评价道路通行能力和道路服务水平,多少条、什么功能的车道才能合理满足交通需求,这些问题一直困扰和吸引着公路交通工程行业从业者,他们也在不断寻找和尝试各种评价和测算方法。

在这一领域,有一部非常著名且影响力巨大的专业工具书,《道路能力手册》(*Highway Capacity Manual*,HCM)㊀,对回答上述问题有着举足轻重的技术贡献。这部手册历史悠久,并且仍在不断演进发展,已经从最初的147页扩容到现在的3000余页。为帮助大家对道路能力评价技术有初步的了解,本文摘选一些相关资料,来展示这部著作的形成和发展历程。

《道路能力手册》是美国国家科学院(科学、工程学和医学的集合体)交通运输研究委员会(Transportation Research Board,TRB)的主要出版物。在决策道路建设规模、分析道路运输能力和评价道路服务水平方面,它已经成为美国和其他很多国家使用的最重要的技术指南。在美国,《道路能力手册》强制应用于所有使用联邦援助资金的公路项目。它由美国道路能力和服务质量委员会(Committee on Highway Capacity and Quality of Service,

---

㊀ 该手册的最初用途主要是公路评价,因此Highway一词沿用至今,但实际上其内容早已经突破了公路概念,涵盖了所有类型的道路,更准确的中文称谓应该是"道路能力手册",而非"公路能力手册"。

HCQSC）编写和维护。至今,《道路能力手册》已经更新到第5版,囊括了权衡道路建设资源、评价道路服务水平、解决交通拥堵、提高道路运输效率的所有必要知识。

道路能力和服务质量委员会的成立

20世纪20年代,美国已经出现了关注道路使用效率和质量问题的研究。这种关注与美国最初在道路建设方面筹措资金,特别是利用商业资金的传统有关。筹资建路和商业运行模式,需要对投资规模、回收和经济效益"斤斤计较",尽量节省和可持续发展。HCQSC的最终形成,与这种评价机制的需求有关。

美国于1920年建立了全国公路研究顾问委员会（National Advisory Board on Highway Research）,1925年更名为公路研究委员会（Highway Research Board）,这就是如今大名鼎鼎的TRB的前身。之所以采用委员会的形式,主要是因为工作人员都来自各州的不同道路交通机构,并不是固定雇员,大家都是因为业务需要而走到一起的。这些机构的出现,为HCQSC的建立打下了基础。

公路研究委员会资助的第一个审议与道路能力有关问题的小组是公路交通流分析委员会（The Committee on Highway Traffic Analysis）,它在1927年制定了一套道路能力理论估算体系。

1941年,时任美国总统罗斯福建立了全国地区互通公路委员会（National Committee on Interregional Highways）,以解决各州之间的公路互通问题。这种机制和任务形成了对道路能力分析的现实需求,此时最需要回答的问题是:到底应该修建多少公路来实现地区的互通?

当时的联邦政府公共道路局（Bureau of Public Roads）专员托马斯·麦克唐纳（Thomas H. MacDonald）当选为全国地区互通公路委员会主席。麦克唐纳从公共道路局指派了几名专业人员在委员会全职工作,其中包括对之后的道路能力研究产生巨大影响的奥拉夫·诺曼（Olav K. Normann）。

诺曼利用自己开发的设备提出了一种估算多车道道路能力的创新方法。他研究了前后一对车辆之间的速度关系，并得出结论，当两车以35英里/时（56公里/时）的速度行驶时，两车间的"时间间距"至少要达到约2秒。在更高或更低的行驶速度下，他观察到车辆之间的"时间间距"会增加，因此公路的通行能力约为1800辆/时/车道。单车道每小时通行1800辆车的基础能力概念，也从这个时期开始逐渐成为世界交通工程师需要建立的基本常识。经过大约七八十年的研究和实践，美国交通工程师如今依旧把单车道每小时通行1800辆车作为一个基础数据概念。

伴随着人们对国家公路系统的兴趣逐渐上升，并认识到需要新的、更好的和更统一的设计和分析方法来估算各类公路的能力，公路研究委员会在1944年设立了道路能力委员会（Committeeon Highway Capacity，CHC）。得益于在这一领域的突出地位，诺曼被任命为委员会的首任主席，委员会当时有10名成员，都来自基层公路运输和顾问机构。这些人都是诺曼尊重和熟悉的人，他们的共同特点是有丰富的处理日常工作的经验，这种经验在测算不同道路设施服务能力上非常重要。委员会目标明确，就是编写一份文件，用来帮助从业人员估算各类道路的能力。公共道路局还分配了一些支持人员协助他们完成这项工作。

《道路能力手册 第1版》的大多数内容，就是在这一背景下，由诺曼和沃克（Powell Walker，公共道路局公路工程师秘书）编写的。委员会其他成员负责审查和核校。随着工作的推进，CHC又增加了8名成员，依旧是各级基层单位从事具体工作的工程师。当时的委员会中没有来自大学的学者，因为大学学者在这方面的研究兴趣刚刚萌发，并没有接触实际工作。

《道路能力手册 第1版》（1950年）

《道路能力手册 第1版》于1950年出版，实际上汇编了从1949年开始发表在《公共道路》（*Public Roads*）杂志上的一系列文章。托马斯·麦克唐纳坚持这样做，而公共道路局对手册的编辑也有巨大贡献。

《道路能力手册 第1版》虽然只有147页，但提供了一套用于测算各种公路设施能力的标准方法，并首次正式界定了道路的"能力"（Capacity），最初有三个层次的能力：基本能力（Basic Capacity）、可能能力（Possible Capacity）、实际能力（Practical Capacity）。

这三个层次的能力是通过间接方式解决道路服务质量问题的早期尝试。"基本能力"实际上是理想条件下可以达到的最大小时车流量。"可能能力"是在现有通行道路和交通状况下所能达到的最大小时车流量。"实际能力"是指在不造成任何不当延误或交通流干扰的情况下可以提供的最大小时车流量。

尽管《道路能力手册 第1版》从基础上为从业人员估算各种类型道路的能力提供了条件，但它主要应用于设计阶段，旨在回答一个基本问题：应该修建多大的路？进一步的，它使从业人员能计算出需要多少条车道才能满足不同级别的交通需求。

必须注意的是，《道路能力手册 第1版》主要应对的是在不间断流动下运作的长距离道路，见表1。信号灯控交叉口、交织路段、匝道和匝道终端的处理方法等，相对于道路整体而言只占了非常少的部分。此外，交织路段、匝道和匝道终端的测算方法也并不限于高速公路，而可以应用于多车道和双车道的公路，以及某些情况下的主干道。

表1 《道路能力手册 第1版》涵盖的道路类型

双向双车道公路	信号灯控交叉口
双向三车道公路	交织路段
多车道公路	匝道
	匝道终端

《道路能力手册 第1版》最重要的贡献是实现了统一性。它问世后，让全美各地的公路工程师在考虑为新建和重建的道路设施提供多少车道时，都使用了一套通用的方法和标准。它取得了巨大成功，销量超过26000册，被翻译为9种文字，广泛传播到其他国家。

《道路能力手册 第2版》（1965年）

公路研究委员会在发布《道路能力手册 第1版》后的两三年里处于休会状态。随着道路能力新问题的出现，以及相关研究和方法的兴起，委员会于1953年重启，诺曼继续担任主席，并增加了新成员。

诺曼在1957年成为公共道路局负责研究的副局长，仍然投入大量时间开展与手册相关的工作。委员会的其他成员也一样，在保持自己专业职位的同时，继续为手册投入大量时间和精力。虽然大家都意识到有必要对手册进行修订，但依靠志愿者的方式导致这项任务在时间和资源方面都遇到了挑战。

重启后，公路研究委员会做了两项重要努力：

① 1954年，委员会面向全国交通官员进行了一次详细调查，分发了具体的表格和说明，以寻求关于灯控交叉口的实践数据。这项调查获得了1600个灯控交叉口的控制方法和数据。公共道路局对这项调查的结果进行了详细分析。

② 1957年，委员会资助出版了《公路研究公告167》（*Highway Research Bulletin* 167）。公告载有6篇关于道路能力分析和建议方法的论文，这些论文基于专业人员的广泛研究，诺曼或沃克作为作者参与了其中4篇的撰写工作。

《公路研究公告167》通常称为"道路能力手册1.5版"，在出版后的10年间它为业界所广泛使用。到20世纪60年代初，面对有限的资源，公路研究委员会明显感到仅依靠志愿者的努力已经很难完成手册的修订工作。1963年，公共道路局指派了5名员工全职开展修订工作，仍由诺曼指导。修订工作推进过程中，公路研究委员会经历了长时间的激烈讨论，在1963年正式投票决定用单一且更明确的定义方式取代《道路能力手册 第1版》中的三个能力层次。这就催生了道路服务水平的概念，可以用它来描述在保持某些定义清晰的操作特征（指道路使用者使用道路时的操作状态）的情况下，道路可以容纳的有效最大流量，具体如下：

- 服务水平E，旨在复制《道路能力手册 第1版》中定义的"可能能力"概念。这时的车流密度已经很高，随时可能中断。
- 服务水平D，旨在反映日常情况中观察到的最大可持续交通流的服务水平。
- 服务水平C，旨在复制《道路能力手册 第1版》中定义的"实际能力"概念。
- 服务水平B，代表在农村地区人们可以期望获得的"实际能力"。
- 服务水平A，是在新泽西州收费公路首席工程师查尔斯·诺布尔（Charles Noble）的提议下引入的。诺布尔指出，他的工作是设计收费公路，因此他想提供高于"实际能力"的服务水平。根据诺布尔的意见，工作组引入了服务水平A作为门槛，也就是完全自由流车速的一种操作状态。

有一种观点认为，应引入服务水平F作为"全面类别"，用以涵盖在因某种故障导致的交通流中断的区域内可能发生的任何操作。

需要注意的是，服务水平概念的总体结构主要是为不间断流量开发的，特别是考虑到高速公路。这一概念随后经修改并应用于其他类型的道路，例如灯控交叉口。

服务水平概念吸引了大量讨论乃至争论。关于服务水平是5个级别还是6个级别，人们争论的焦点在于是否有必要设置服务水平F。《道路能力手册 第2版》中的参考文献支持这两种立场。

诺曼在1964年5月去世，没能看到最终成果。《道路能力手册 第2版》实际上于1966年年初出版。鉴于诺曼对道路能力研究领域和手册编写做出了巨大贡献，《道路能力手册 第2版》的扉页特意注明了"献给诺曼"。

《道路能力手册 第2版》提供了很多新资料，篇幅增加到411页，建立并实施了服务水平的概念，见表2。基于运营方面的一系列新认知，将高速公路视为一个单独的类别进行了能力评价论述。关于灯控交叉口、主干道和市中心街道的能力评价有了新资料，交织路段和匝道领域也得到了广泛更新，还增加了关于公共汽车服务水平评价的新内容。

表2 《道路能力手册 第2版》涵盖的道路类型

高速公路	平面交叉口
多车道公路	交织路段
双向双车道公路	匝道
双向三车道公路	匝道终端
主干道	公共汽车
市中心道路	

同以往一样，交织路段和匝道终端等方法可应用于高速公路上的相关设施，以及其他类型的道路。对平面交叉口的处理范围得以扩大，包括了无信号交叉口和信号交叉口的一些资料。

《道路能力手册 第2版》也获得了巨大成功，迅速成为公路研究委员会在公路领域发行规模最大的出版物，被翻译为多种文字。

《道路能力手册 第3版》（1985年）

《道路能力手册 第2版》问世后，公路研究委员会依旧非常活跃，但其存在形式，以及修订手册的方式开始发生变化。尽管道路能力的行业关注度持续增长，但公共道路局没有再安排全职人员参与手册的修订工作。

有赖于联邦、州和地方公路机构的广泛使用，《道路能力手册 第2版》在美国国内得到了广泛普及，并为多数从业者所接受。服务水平的概念也开始流行，成为沟通公路设施服务质量评价时使用的标准语言。随着《道路能力手册 第2版》使用者人数的不断增加，审视其质量的力度也加大了。这时出现了新问题：尽管服务水平的概念得到了实质性接受，但用于界定服务水平的业务措施是否适当等问题还存在很多争议，特别是灯控交叉口的问题。人们发现，《道路能力手册 第2版》用承载因子参数（Load Factor Parameter，指路口的车辆数量）的方法来评价路口能力，是很难解释和测量的。于是，有人建议使用基于时间参数（Time-Based Parameter，指通过路口需要的时间）的方法来测算。这一变化非常重要，在我国，至今还有很多不考虑延误时间，而只因路口排队车辆多就认为路口是瓶颈并盲目拓宽路口的现象，这都与上述认识差距有关。很多时候，路口排队车辆多是信号延误时间长所致，并不一定是车辆多，因此正确的评价标准是延误时间。

工程师们分析和设计路口上下中断流量的需求，让《道路能力手册 第2版》的使用量成指数级增长，但也暴露出其对主干道和市中心街道的测算方法存在严重问题。1965年引入的"公共汽车"一章，增加了从业者的研究兴趣，让他们开始关注其他交通方式的测算方法，特别是行人和自行车的道路能力问题。

20世纪60~70年代，是美国道路交通管理和技术研究发展的一个重要阶段，很多研究获得了实质性进展，相关机构也经历了一系列演变，公路研究委员会改制为交通运输研究委员会（TRB），联邦公共道路局改制为联邦公路管理局（FHWA），道路能力委员会改制为道路能力和服务质量委员会（HCQSC）。

1977年，极具影响力的交通工程师、交通工程学者和教育家詹姆斯·凯尔（James H.Kell）被任命为道路能力和服务质量委员会主席，他随后开始推进手册的修订工作。在委员会与各政府机构，特别是国家公路合作研究计划（National Cooperative Highway Research Program，NCHRP）和联邦公路管理局（FHWA）的合作下，制订了新的研究方法和计划，见表3。

表3 《道路能力手册 第3版》中的国家资助研究项目

研究项目	其他编号	项目支持单位	研究机构	首席研究员	完成时间
新版《道路能力手册》	3-28(B)	NCHRP	PINY TTI	Roger P. Roess Carroll J. Messer	1986年
制定改进的《道路能力手册》	3-28	NCHRP	JHK TI	William R. Reilly Ronald P.fefer	1980年
交织路段操作研究	3-15	NCHRP	PIB	Louis J. Pignataro	1971年
城市信号灯控交叉口能力	3-28(2)	NCHRP	JHK TI	William R. Reilly Ronald P.fefer	1983年
双向双车道乡村公路能力	3-28A	NCHRP	TTI KLD	Carroll J. Messer Bdward B. Lieberman	1983年
高速公路能力分析流程	DOT-FH-11-9336	FHWA	PINY	Roger P. Roes	1979年
城市主干道交通流质量第一阶段研究		FHWA	AMV	David W. Shopper	
城市主干道交通流质量第二阶段研究		FHWA	PRC-V	Steven R. Shapiro	
瑞典《公路能力手册》翻译		FHWA	Teansmatics	D. Luflen Lars Nurdin	
交叉口和城市主干道能力研究协调与审核		FHWA	DSB	Donald S. Berry	
交织路段设计和分析流程结题	DTFH61-82-C-00050	FHWA	JEL	Jack E. Liesch	1984年
交通流特征		FHWA	MinnDOT	Perry C. Plank Matthew J. Huber	1984年
新版《道路能力手册》的交织流分析	DTFH61-83-C-00029	FHWA	JHK	William R. Relly	1984年
主干道能力分析流程的优化和验证		FHWA	DSB	Donald S. Berry	
城市快速路乘用车等值测算	DTFH61-80-C-00106	FHWA	IFR	E. L. Seguin	1983年

(续)

研究项目	其他编号	项目支持单位	研究机构	首席研究员	完成时间
乡村公路乘用车等值测算	DTFH61-80-00128	FHWA	HGW TTI	Wiley D. Cunagin Carroll J. Messer	1982年

注：1. PINY：Polytechnic Institute of New York，Transportation Training and Research Center（纽约理工学院交通训练研究中心）。
2. TTI：Texas Transportation Institute，Texas A&M University（得州运输研究院，得克萨A&M大学）。
3. TI：The Traffic Institute，Northwestern University（西北大学交通学院）。
4. PIB：Polytechnic Institute of Brooklyn（布鲁克林理工学院）。
5. JHK：JHK & Associates（美国著名的交通工程咨询公司，创始人是詹姆斯·凯尔）。
6. KLD：KLD Associates。
7. AMV：Alan M.Voorhees & Associates。
8. PRC-V：PRC Voorhees。
9. DSB：Donald S.Berry，Consultant。
10. JEL：Jack E.Leisch & Associates。
11. Minn DOT：Minnesota Department of Transportation（美国明尼苏达州交通局）。
12. IFR：Institute for Research。
13. HGW：H.S.Whyte Associates。

到20世纪70年代末，道路能力和服务质量委员会针对各种关键议题的编写审查了大量新材料。由于新版手册尚需多年才能问世，委员会发布了TRB"第212号公告"，题为"道路能力的临时资料"（Interim Materials on Highway Capacity），其中很多内容随后收录在《道路能力手册 第3版》中。

在"制定改进的《道路能力手册》"的研究中，为信号交叉口、无信号交叉口、公共交通和行人提出了至关重要的改进方法。《道路能力手册 第2版》的所有方法中，关于信号交叉口的测算方法受到的批评最多。"第212号公告"引入了通过基于关键移动分析（Critical Movement Analysis）的流程来测算信号交叉口能力的方法，并大获成功。这种方法得到了广泛应用，而且沿用至今。在无信号交叉口的测算方法方面，则借鉴了瑞典的一种方法，并根据美国的应用需要进行了修订。

"第212号公告"还对交织路段的能力分析等提出了新建议,并在此后的几年里达成了更广泛的共识。

《道路能力手册 第3版》于1986年1月出版发行。与前两版相比,《道路能力手册 第3版》有了几个明显的变化:

- ◆ 第一次使用了合同制资助研究机构的研究结论。
- ◆ 第一次以活页形式出版,初衷是在未来的持续更新中,便于一页一页地添加某些内容(后来发现不可行)。
- ◆ 第一次包含了一些高难度方法,以至于用人力测算会非常耗时。为此,联邦公路管理局资助开发了道路能力软件包(HCS package),以减轻计算负担,特别是信号交叉口的能力测算。
- ◆ 最后一次由道路能力和服务质量委员会全体成员审查所有章节和方法。《道路能力手册 第3版》共有506页,这一篇幅尚能让每一位委员会成员都通读一遍并深入理解。
- ◆ 《道路能力手册 第3版》出版后不久,道路能力和服务质量委员会为(手册的)每一部分(篇章)都设置了一个永久性分会。这些分会负责审核手册使用者的反馈和评价,向委员会提出修订建议,以及审查相关的研究结论,为下一步修订提供方法。分会的成立,让大批专业人士能够正式参与手册修订工作,同时也减轻了委员会成员的工作负荷,他们的主要任务变成了审查来自各分会的建议,而不是直接参与修订。随着时间的推移,委员会的成员们越来越专注于手册里与自己专业和兴趣相关的某一个领域。此后,委员会的一部分成员只会在特定的时间针对相关部分和对应资料展开讨论和审查。分会成立后,已经不再有人会通读手册,而只会关注部分篇章和内容。

1985年之后的更新

《公路研究公告167》(1957年),是《道路能力手册 第1版》(1950年)与

《道路能力手册 第2版》（1965年）间的桥梁，而"第212号公告"（1980年）则在《道路能力手册 第2版》与《道路能力手册 第3版》（1985年）间发挥了桥梁作用。

到《道路能力手册 第3版》时，由于大量研究力量的加入，资料更新的速度大幅加快。但这种海量研究资源的涌入，也导致再次完成修订需要付出更大努力，而委员会向专业人员征求意见和出版发行则要耗费更多时间和人力物力。

制作《道路能力手册 第3版》时，考虑到更新工作可能在出版后立即展开，委员会采用了可以自由增减篇幅的活页装订方式。但后来发现这实际上是不可行的，主要障碍是用户在实际工作中无法同步更新页码并建立一致性。而委员会要确保每一部手册的用户都使用统一的、同步更新的内容，如果更新频繁发生，则很难实现步调一致。《道路能力手册 第3版》甫一问世，一种新的测算多车道道路能力的方法便投入开发，业界都认为不可能等到15或20年后再通过新版手册来发布此类更新。

1989年，小阿道夫·梅（Adolf D. May Jr.）被任命为道路能力和服务质量委员会主席。他领导的新团队，极具进取和合作精神，获得了NCHRP和FHWA的官员们对优先研究项目的资金支持，迅速解决了两个问题：

① 为修订手册而开展的一系列优先研究项目在1991年以"第371号公告"的形式发布，同时将新版手册的出版时间定在2000年。
② 与交通运输研究委员会合作，确定委员会可以直接发布临时更新，但更新材料必须以"新篇章"或"更新篇章"的形式印发，而不是在原有篇章内新增页面或段落。

对《道路能力手册 第3版》的第一次更新于1994年发布，有一半的内容（14章中的7章）被替换或者更新，涉及的章有：定义和概念、交通流特征、基本高速公路段、匝道和匝道交叉段、多车道公路、信号交叉口、非信号交叉口。

另外还有一个进展，个人计算机的普及使很多人认为依靠人工来实施一些更新过于低效，这对《道路能力手册 第3版》的修订和使用产生了深远影响。因此，伴随着每一个方法的更新，道路能力软件包也必须同步更新。于是，委员会与佛罗里达大学的 Mc Trans 计算中心有了更密切的合作，该中心一直负责道路能力软件包的存储和维护工作。

1995年，约翰·泽吉尔（John D. Zegeer）成为道路能力和服务质量委员会主席，随即主导了对《道路能力手册 第3版》的第二次更新，计划在1997年完成。1997年更新的内容，于1998年年初面世，包括全新内容和更新篇章，涉及高速公路基础段、信号交叉口、无信号交叉口和城市主干道。1997年的这次更新遭遇了一个始料未及的困难，《道路能力手册 第4版》原计划2000年推出，但很多机构不情愿在较短的时间里两次改变工作方法。而软件开发会比出版物的更新滞后一年，与《道路能力手册 第4版》的问世时间更接近，这就导致在短期内变更两次官方测算方法的问题进一步凸显。事实上，即使是通过官方渠道强制使用新规则，也需要一些时间，再考虑各地的规则差异，就会难上加难。委员会也意识到，将最新研究成果付诸实践的热情，必须与各机构和个人用户更新其官方和非官方测算方法的实际能力相平衡。

《道路能力手册 第4版》（2000年）

到2000年《道路能力手册 第4版》出版时，道路能力和服务质量委员会已经处于"持续生产"模式，大部分时间都在开发和审查全新和更新的材料。负责信号交叉口的分会尤其活跃，不断提出更新并增加测算方法。

《道路能力手册 第4版》与前几版有了很大不同，修订时考虑了潜在用户的广泛性。因为除了作为传统使用者的操作层面分析人员和设计师外，在规划层面使用手册的人员也大幅增加。《道路能力手册 第4版》针对规划层面的需求制定了很多标准流程。此外，手册的覆盖面也得到了扩展，增加了对多种类型的设施、通道和系统的评估,见表4。在这些领域,虽然仅限于通用模式,但已经包括了一些分析流程和方法。《道路能力手册 第4版》还触及了仿真软件问题,包括如何使用这些仿真软件补充或者评价手册的方法。《道路能力手册 第4版》的篇幅扩充到1100多页,版面也有了新的展示形式和注释,还配套有光盘(其中包含全部文字内容,以及多媒体内容、网页链接资源、仿真教材和示例问题等)。

表4 《道路能力手册 第4版》涵盖的道路类型和更新时间

设施类型	最后一次更新时间
城市道路	1997年
灯控交叉口	1997年
非灯控交叉口	1997年
行人	1985年
非机动车	1985年
双车道公路	1985年
多车道公路	1994年
高速公路	新方法
高速公路基础段	1997年
高速公路交织路段	1985年
匝道和匝道交义口	1994年
互通立交匝道终端	新方法
公交车道	1997年
多类型设施综合体	新方法
通道分析	新方法
区域分析	新方法

《道路能力手册 第4版》在篇章组织形式上发生了重大变化。全手册共有五个部分,第一部分是手册介绍,分为6章,讲解了使用手册的方法,定义了服务水平、应用原则、决策方法、术语和符号等。《道路能力手册 第3版》(包括后续更新内容)的"方法"部分,在《道路能力手册 第4版》中被分成了两部分:概念和方法。不同设施的介绍内容分别编入了手册第二部分"概

念"和第三部分"方法"中。手册的第四部分是针对通道和区域分析的新资料，第五部分是仿真软件。由于当时美国立法要求将单位制式由英制转换为公制，《道路能力手册 第4版》包含了两种单位制式，即英制和公制。虽然美国国会后来在单位制式问题上有所退缩，不再强制要求使用公制单位，但有些州已经完成转换，而大部分州沿用了英制单位。

在1994年和1997年研究得出的新方法，仅经过很小的编辑改动就纳入了《道路能力手册 第4版》。更早期的很多方法，则依据NCHRP和FHWA资助的研究项目结论，做了明显的改写和更新。

《道路能力手册 第4版》的一个特殊变化，是介绍了一种分析高速公路基础段、交织路段和匝道能力的新方法。这套方法相当复杂，计算几乎不可能由人力完成，而且没有用户友好型软件，因此大部分手册使用者都没有选用。这也说明要进行复杂计算，具有用户友好型软件是非常重要的。

《道路能力手册 第5版》（2010年）

2001年，道路能力和服务质量委员会主席一职由理查德·道灵（Richard G.Dowling）担任。在经历了第3版与第4版间的更新热潮后，委员会最终决定放弃对手册进行临时性的碎片化更新，转而筹备第5版的修订工作。这是手册两版之间时间跨度最短的一次。

此时，各方面研究的进展还在加速，2000年后，由NCHRP资助的9个研究项目和FHWA资助的2个项目相继完成。在委员会的支持和督导下，除手册外，突破性地发布了一个重要文件《道路能力手册实施指南》（*The Highway Capacity Manual Applications Guidebook*）。该指南通过提供综合且详细的案例研究，来诠释如何运用手册和其中的方法进行复杂的案例分析和测算。同时也指出，在使用手册时，有些情况需要结合其他模式进行测算。指南的成功发布，给委员会带来了一个新问题，即每次更新手册时，还要更新指南。

《道路能力手册 第5版》表5的篇幅超过了3000页，收录的新资料包括但不限于：

- ◆ 各种不同形式的互通立交匝道终端的分析方法。
- ◆ 各种环岛的分析方法。
- ◆ 将多模式通行纳入城市街道和交叉口分析，这种分析方法还包括了预测道路使用者对服务质量的看法。
- ◆ 一种分析高速公路交织路段的新方法。
- ◆ 开发用于规划应用程序的综合默认值集，以便在一些所需数据无法获得的情况下使用通用数据。
- ◆ 为规划使用开发基于日平均流量的道路服务流量数据。
- ◆ 关于使用替代工具和模型分析道路能力及服务质量的附加指南。
- ◆ 一种共享道路的新分析方法（行人和非机动车）。
- ◆ 为提高道路能力和服务质量而实行主动交通流管理所产生的影响。
- ◆ 将《道路能力手册实施指南》列为手册的一部分。

《道路能力手册 第5版》的篇章组织和发行方式与以往有根本不同。手册包含四个单独卷，其中三卷有印刷版，采用的是分离式活页夹形式，第四卷仅有电子版，在官方网站（www.HCM2010.org）上发布。只有购买了印刷版的用户，才能获得电子版。

《道路能力手册 第5版》的内容非常丰富，篇幅超过3000页，对比147页的第1版，在60余年的修订更新周期里，其研究投入之巨大，可见一斑。如此一部大型工具书，已经不可能再要求任何人通读和了解全部细节了，这就是所谓术业有专攻的体现。更值得关注的是，从2010年起，美国道路能力和服务质量委员会已经在策划继续对手册进行更新，同时批准了NCHRP资助的"行程时间可靠性研究"（Travel Time Reliability，NCHRP Project 3-115）等研究计划，这些后续的研究计划将充实到第6版中。截至2019年，《道路能力手册 第5版》的部分篇章已经有了更新版，但并不是完整的全篇章更新。现在还面临一个很大的挑战：如此浩繁的工具书，牵涉部门众多，要用什么样的机制才能保证可持续的有效更新和使用同步，这是值得思考和探索的问题。

表5 《道路能力手册 第5版》内容介绍

卷	内容
第一卷：概念	第1章　手册使用指南 第2章　应用 第3章　模式特征 第4章　交通流和能力概念 第5章　质量和服务水平概念 第6章　手册和可替代的分析工具 第7章　手册和可替代工具结果之间的换算 第8章　手册概要 第9章　词汇表和符号
第二卷：无干扰交通流	第10章　高速公路 第11章　高速公路基础段 第12章　高速公路交织段 第13章　高速公路合流和分流段 第14章　多车道公路 第15章　双车道公路
第三卷：干扰交通流	第16章　城市街道设施 第17章　城市街道路段 第18章　灯控交叉口 第19章　双向主动停车控制交叉口 第20章　全方向主动停车控制交叉口 第21章　环岛 第22章　互通匝道终端 第23章　行人和非机动车设施
第四卷：应用指南	第24章　概念：补充资料 第25章　高速公路设施：补充资料 第26章　高速公路和公路路段：补充资料 第27章　高速公路交织段：补充资料 第28章　高速公路合流和分流：补充资料 第29章　城市街道设施：补充资料 第30章　城市街道路段：补充资料 第31章　灯控交叉口：补充资料 第32章　停车标志控制交叉口：补充资料 第33章　环岛：补充资料 第34章　互通立交匝道终端：补充资料 第35章　主动交通流管理释义 案例研究 技术参考图书馆

采集并整理上述资料，是希望展现美国这个第一大汽车和公路国，在建设道路和评价道路水平，以及治理交通拥堵等问题上，是如何摸着石头过河，一步步打造出一套完整的科学建设和运行评价与治理体系的。不断地扬弃和自我否定，是科学研究必须具备的态度和精神，只有敞开胸怀，广泛合作，不断否定过去的发现，才能让更科学的方法和技术得以发扬光大，真正打造出强大的道路交通运输网络。

我国亟需完善和普及道路服务水平的技术评价概念

随着我国机动车保有量的增加、路网的完善以及城市的扩展，道路通行效率对国民经济和老百姓生活的影响已经愈加显著。在这种大背景下，很多人都在谈论"公共交通优先"和"城市交通拥堵"话题，但在众多意见中，很难看到有关道路服务水平、道路能力的技术数据或概念，经常是一句"密度太大"或"超过设计能力"就含糊作罢。事实上，在缺失了一系列科学评价工具的情况下，我们很难找到问题的关键，更遑论做出正确的判断。本文依托美国的《道路能力手册》（Highway Capacity Manual，HCM）来探讨这一话题。注意，这里的英文单词"Highway"泛指道路，并不带有行政权限属性，涵盖了我国的"公路"和"城市道路"概念。

《道路能力手册 第1版》问世于1950年，有147页，被翻译为9种文字广泛传播，此后几经修订和再版，对国际交通运输界影响很大，是交通工程师估算道路能力和服务水平的工具书。它的初始宗旨就是解决一个问题：到底该修建多大的路？

评价道路运行管理的水平，是不能脱离道路使用强度概念的，具体的评价指标，就是道路能力和道路服务水平。这两项指标，都指向了交通流的质量和效率（有时间范围的数量）。道路基础设施建设完成后，提供流畅且高质量的交通流，是交通工程的核心任务，因此"Traffic Engineering"更准确的翻译，应该是"交通流工程"。这是道路运行和交通管理机构的重要任务。道路使用强度，其实就是交通流的强度，如果没有这一强度概念，很多评价就未必能反映出问题本质。在交通事故数据上，我国往往只有万车事故数据，而没有带行驶里程的百万车公里事故数据（也会用亿车公里事故数据），因此不能全面反映道路运行的真实安全水平。例如，经济不活跃、车辆行驶里程低等情况，都会造成事故总数少的结果，但这并不是道路安全条件的真实反映。在道路能力和道路服务水平这两项指标的建立和使用上，我们与发达国家间存在一定差距，尚未建立起科学有效的长期采集和评价体系。

道路服务水平的基本概念

道路服务水平（Level of Service，LOS），是一个权衡道路综合服务状态要素的动态体系，考虑要素包括密度、速度和饱和度，以及用路感受（城市道路）。其中，用路感受主要指道路使用者对速度、效率和舒适性（以人均占地表述的密度评价为主）等关键指标的感受。道路服务水平的初始分级依据，是机动车驾驶人的驾驶状态，包括是否必须跟随前车行驶，是否被迫降低车速或变换轨迹等。道路服务水平不仅面向机动车，还面向非机动车、行人和公共交通使用者。

道路能力（Capacity）是LOS的一个重要组成部分和评价要素，是指在单位时间的定义路段里交通流通过的数量。其中，交通流可以是机动车、非机动车、行人和公共交通车辆。

无论道路服务水平还是道路能力，都是为道路运行管理者提供管理政策方向的重要技术工具。建立了LOS概念，我们才有可能了解道路是不是真的"饱和"了，是需要增加道路资源，还是需要提升道路运行管理水平，或改变人们的出行方式和需求。

针对不间断交通流的道路服务水平评价，核心要素如下。

- **密度**：平均单位长度里每条车道上的车辆数量（一般以等值小汽车为单元，如果是大型车辆，则折算成4或5辆小汽车）。密度越大，车辆间距越近，车辆变换车道或维持稳定高速的难度越大。在评价快速路和多车道道路时，密度是经常使用的概念。

- **速度**：反映了驾驶人可以用什么样的速度在道路上行驶。驾驶人在不受干扰的情况下，在低流量快速路上使用的车速称为自由流车速。驾驶人感受到低于自由流车速的驾驶状态时就是延误，这种状态会在交通流需求接近或超过道路能力的情况下出现。评价所有不受干扰的流动的道路时，都会使用速度概念。

- **跟随时间百分比**：专门测算双车道公路的指标，反映了自由操作和旅程的便捷性与舒适度。具体内容是统计在特定行程里必须跟在前车后行驶的时间的百分比。这时前面有车辆的速度比自车低，但自车无法超越，只能跟随。

- **饱和度**（Volume-to-Capacity ratio，*v/c*）：反映了流量与道路能力的比率。饱和度是一个早期形成的概念，后来有所演进。直接从定义上看，道路交通流的数量是不能大于道路能力的，这就是国内常说的道路能力。但实际上，有关能力更准确的说法应该是"需求与能力的比率"，即Demand-to-Capacity (*d/c*)。如果饱和度超过1.00，则说明有更多数量的车要使用道路，而这一数量超过了道路能承受的数量。道理是这样的：我们平时在一段道路上能观察到的，其实只是在现有条件下可以通过那段道路的那部分交通流数量，这一数量可能受到上游瓶颈的影响，有些需求无法在这一时间段进入这一路段。我们要考虑需求数量，因为需求数量反映的是没有瓶颈时，可以观察到的交通流数量。如果分析统计没有计算这一需求数量，就可能导致预测不准，甚至未来在使用道路时发生问题。交通需求超过道路设计能力，很可能是我们要面临的第一个问题。

公路的服务水平

自《道路能力手册 第2版》问世后，人们一直使用服务水平（LOS）分级来表达道路交通条件，共分A、B、C、D、E、F六级，而且针对不同道路（公路、快速路、城市道路）有不同的考虑因素和依据。针对公路的LOS，主要是不间断交通流评价，其数据包括车道数量、车辆密度、车辆类型、行驶速度、流量和饱和度、道路地形、接口数量等。总体评价角度如下。

- A级，车速最高，驾驶人可以不受干扰地使用自由流车速行进。这是优于一般水平的道路条件，设置之初考虑的就是收费高速公路。
- B级，接近自由驾驶，但偶尔会受干扰。
- C级，一般是接近自由流车速的极限（快速路上是70英里/时，约110公里/时；公路上一般高于50英里/时，约80公里/时），此时，车辆密度已经需要引起注意。
- D级，驾驶人的操作已经受到路上车辆的干扰，车速开始下降。
- E级，车辆密度已经很不稳定，接近道路的饱和能力，此时车速明显达不到自由流车速，但仍然处在可接受的相对高速范围内（快速路上不低于49英里/时，约80公里/时；普通公路，如果自由流车速是45~60英里/时，则会下降约10%，即42~55英里/时），流速干扰已经随时可能出现，但此时的交通流密度明显提高。
- F级，会出现车流中断，比较典型的原因是事故和车道减少导致的交织流干扰。

上述围绕速度的观察，并不是独立考虑的，还要结合一系列影响速度的路况元素来梳理。表1反映了车速与道路能力的辩证关系（E级车速明显降低，但通过车辆的数量是自由流车速A级的3倍多）。

表1 《道路能力手册 第2版》列举的多车道公路上的服务水平数据

车速/ （英里/时）	车道数	地形	服务水平				
			A	B	C	D	E
自由流60	2	平原	1120	1840	2650	3400	3770
		起伏	1007	1760	2520	3240	3590
		山路	980	1610	2310	2960	3290
	3	平原	1690	2770	3970	5100	5660
		起伏	1610	2640	3790	4860	5390
		山路	1470	2410	3460	4450	4930
自由流50	2	平原	940	1540	2220	2910	3430
		起伏	890	1460	2120	2780	3260
		山路	820	1340	1940	2540	2990
	3	平原	1410	2310	3340	4370	5140
		起伏	1340	2200	3180	4170	4900
		山路	1230	2010	2910	3810	4480

注：假设公路自由流车速是60英里/时，每英里有8个接入路口；50英里/时，每英里有25个接入路口，车道宽度3.6米，路肩宽度大于1.8米；高峰小时流量因子PHF=0.88；有5%的车流是货车；常规通勤车流特征。

除车速、车道数和流量外，还要考虑道路沿途接入路口的数量、车道宽度、车流方向、高峰特征、车型和通行特点等。如果没有考虑这些元素，则计算出的流量和速度都会缺乏实用性。不实用的数据，会慢慢被遗弃，这就是我国虽然形式上存在道路服务水平的概念，但实际操作中基本不会使用的主要原因。

公路的服务水平评价方式有很多种，特别是针对交织路段的专门评价、针对沿途接入口和交叉口的能力评价等，围绕的核心都是交通流的变化和运行状态。这也是交通工程对策实施的主要对象。出于经济性考虑，一般情况下，道路的设计参数，是围绕C级与D级的临界指标展开的。

城市道路的服务水平评价体系

城市道路的服务水平评价，比公路复杂得多，主要包括对机动车模式服务水平（速度与通过数量）、行人模式服务水平（感受与步行空间密度）、自行车模式服务水平（交叉口聚集数量）、公共交通模式服务水平（间距、时间与感受）的评价四大类，见图1。

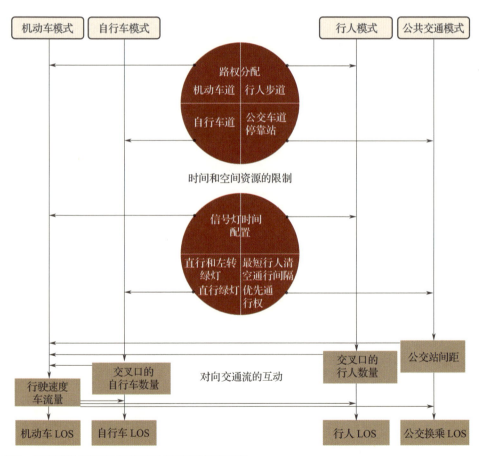

图1　城市道路多模式交通的服务水平评价元素示意

城市道路与公路的最大不同是交叉口数量多。因此，在评价LOS时，更需要首先建立"点"和"线"的概念。"点"指的是交通节点，交叉口就是典型的交通节点，因此交叉口区域需要做单独评价。"线"指的是两个交叉口边界之间的路段。此时，道路服务水平需要分方向、分节点、分路段评价。

围绕节点的评价需求，催生了延误时间和交通流数量的统计逻辑。延误的时间和被延误的数量，就成为评价的关键。对交叉口而言，延误不同的时间，人们的用路感受是不一样的。而延误不同的时间，机动车、自行车和行人的聚集数量也是不一样的。再进一步，能在延误的时间里聚集多少机动车、多少自行车、多少人，就与这些交通流在上游的行进速度有关，与这些交通流在运动中的间距有关，与这些交通流在上游遇到的干扰因素有关。

因此，与公路能力主要关注路段的速度、密度和饱和度不同，城市道路上，存在很多对节点延误状态的评价逻辑。在表2中，大于80秒的延误是F级，这是超级延误，需要解决。我国不少大城市，信号灯红灯等候时间超过80秒的比比皆是，这种长时间停顿，是导致路口聚集大量机动车和非机动车的主要原因，这类超级延误必须解决。

表2 美国常用的交叉口机动车LOS评价表

服务水平	每辆车延误（秒）		情况描述
	信号灯控路口	无信号灯控路口	
A	0~10	0~10	自由流动，延误极少
B	>10~20	>10~15	稳定流动，偶尔延误
C	>20~35	>15~25	稳定流动，周期型延误
D	>35~55	>25~35	流动受限制，延误频发
E	>55~80	>35~50	运能极限，延误延长
F	>80	>50	强制型流动，超级延误

计算道路能力、评价道路服务水平，就是把这些要素逐一梳理出来，有针对性地进行验算，并在日常的道路运行管理中，不断观察和采集相关数

据，不断完善数据，最终建立一套实时跟踪交通流状态的评价体系。当LOS里的指标出现负面趋势，比如车辆的交通流减速、密度增大，LOS从C级降到D级时，就需要分析交通流增加以及导致车速下降的原因，并考虑如何使LOS恢复到C级，或让D级的用路感受更稳定和可接受。从交叉口延误评级看，如果道路按照C级服务水平设计，那么稳定、均匀、周期型延误的低速交通流就是正常的，并不是所谓的"城市病"。

城市道路的机动车模式服务水平

美国的城市机动车服务水平评价，主要针对信号灯控路口、双向主动停车路口、四向主动停车路口和环岛型交叉口展开，见图2。可以把灯控交叉口理解为一个立交的匝道终端。在这些点之间的路段上，要评价机动车的通行能力，就必须掌握速度、密度和饱和度数据，这是LOS的第一步。对路程中多个点的评价，逻辑是一样的，只是增加了节点位置的延误时间，要测算停顿和再起动的时间。

有了实际车速和基础自由流车速，就有了比较的条件，计算出实际车速与基础自由流车速之比的百分数，就可以得出机动车服务水平的分级，见表3。

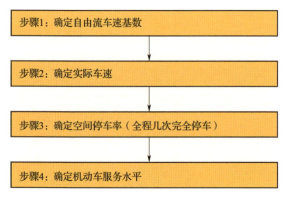

图2　机动车服务水平评价流程

表3 城市道路基于基础自由流车速的百分比进行LOS分级

实际车速与基础自由流车速之比（%）	根据饱和度定义的服务水平	
	≤1.0	>1.0
>85	A	F
>67~85	B	F
>50~67	C	F
>40~50	D	F
>30~40	E	F
≤30	F	F

当实际车速小于或等于基础自由流车速的30%时，意味着交通流已经中断，是F级。如果一段道路的基础自由流车速是70公里/时，或限速是70公里/时，而实际平均车速只有21公里/时，则是F级。尽量减少这段道路上的各种延误，特别是信号灯延误，能使平均车速达到35公里/时，就是比较理想的设计能力，即C级。在表3中，道路服务水平以饱和度表示，用统计路段的直行交通流数量与路段下游交叉口的到达交通流数量进行比较（即有多少要通过的车辆在单位时间里能到达下一个交叉口），当这里的交通流超过到达下游路口的车流数量时，饱和度大于1，这段路是F级。这一逻辑也说明，通过在上游扩大道路资源的方法来解决一条通道的拥堵问题，可能会因下游瓶颈或交叉口延误导致F级，是完全错误和浪费的计划。

表4和表5反映的都是四车道、六车道、八车道的城市快速路日道路能力（单位是1000辆/日），分平坦和起伏两种路况，针对的是关键路段的服务水平。因此，对每一条交通通道的评价，都要按关键路段的统计原则做一致性调整。其中，K值指的是每天发生在高峰时段的交通流占比，D值指的是高峰方向的交通流占比。表4中，双向双车道（四车道快速路），道路能力为C级的平坦道路上，即使全天有11%的交通需求集中在高峰时段，也可以达到42300辆标准小汽车的数量，到E级，则高达60900辆。针对这一数据还要考虑的要素包括：货车通行5%、公共汽车0、高峰小时因子0.95、平均每英里有0.2个匝道接口、车道宽度3.6米、路肩净区1.8米。数据不代表特殊路段情况，其中的

表4　城市多车道快速路日服务车流量　　　　　　　　　　（单位：辆/日）

K值（每天发生在高峰时段的交通流占比）	D值（高峰方向的交通流占比）	四车道快速路服务水平				六车道快速路服务水平				八车道快速路服务水平			
		B	C	D	E	B	C	D	E	B	C	D	E
平坦地形（Level Terrain）													
0.08	0.50	54.2	75.5	94.1	108.9	81.3	113.3	141.1	163.4	108.4	151.1	188.1	217.8
	0.55	49.3	68.7	85.5	99.0	73.9	103.0	128.3	148.5	98.6	137.3	171.0	198.0
	0.60	45.2	62.9	78.4	90.8	67.8	94.4	117.6	136.1	90.4	125.9	156.8	181.5
	0.65	41.7	58.1	72.4	83.8	62.6	87.2	108.5	125.7	83.4	116.2	144.7	167.5
0.09	0.50	48.2	67.1	83.6	96.8	72.3	100.7	125.4	145.2	96.4	134.3	167.2	193.6
	0.55	43.8	61.0	76.0	88.0	65.7	91.6	114.0	132.0	87.6	122.1	152.0	176.0
	0.60	40.2	56.0	69.7	80.7	60.2	83.9	104.5	121.0	80.3	111.9	139.4	161.3
	0.65	37.1	51.6	64.3	74.5	55.6	77.5	96.5	111.7	74.1	103.3	128.6	148.9
0.10	0.50	43.4	60.4	75.3	87.1	65.1	90.6	112.9	130.7	86.8	120.9	150.5	174.2
	0.55	39.4	54.9	68.4	79.2	59.1	82.4	102.6	118.8	78.9	109.9	136.8	158.4
	0.60	36.1	50.4	62.7	72.6	54.2	75.5	94.1	108.9	72.3	100.7	125.4	145.2
	0.65	33.4	46.5	57.9	67.0	50.0	69.7	86.8	100.5	66.7	93.0	115.8	134.0
0.11	0.50	39.4	54.9	68.4	79.2	59.1	82.4	102.6	118.8	78.9	109.9	136.8	158.4
	0.55	35.8	49.9	62.2	72.0	53.8	74.9	93.3	108.0	71.7	99.9	124.4	144.0
	0.60	32.9	45.8	57.0	66.0	49.3	68.7	85.5	99.0	65.7	91.6	114.0	132.0
	0.65	30.3	42.3	52.6	60.9	45.5	63.4	78.9	91.4	60.7	84.5	105.3	121.8
起伏地形（Rolling Terrain）													
0.08	0.50	51.7	72.0	89.7	103.8	77.5	108.0	134.5	155.8	103.4	144.0	179.4	207.7
	0.55	47.0	65.5	81.5	94.4	70.5	98.2	122.3	141.6	94.0	131.0	163.1	188.8
	0.60	43.1	60.0	74.7	86.5	64.6	90.0	112.1	129.8	86.2	120.0	149.5	173.1
	0.65	39.8	55.4	69.0	79.9	59.7	83.1	103.5	119.8	79.5	110.8	138.0	159.7
0.09	0.50	46.0	64.0	79.7	92.3	68.9	96.0	119.6	138.4	91.9	128.0	159.5	184.6
	0.55	41.8	58.2	72.5	83.9	62.7	87.3	108.7	125.9	83.6	116.4	145.0	167.8
	0.60	38.3	53.4	66.4	76.9	57.4	80.0	99.7	115.4	76.6	106.7	132.9	153.8
	0.65	35.3	49.2	61.3	71.0	53.0	73.9	92.0	106.5	70.7	98.5	122.7	142.0
0.10	0.50	41.4	57.6	71.8	83.1	62.0	86.4	107.6	124.6	82.7	115.2	143.5	166.1
	0.55	37.6	52.4	65.5	75.5	56.4	78.6	97.9	113.3	75.2	104.8	130.5	151.0
	0.60	34.5	48.0	59.8	69.2	51.7	72.0	89.7	103.8	68.9	96.0	119.6	138.4
	0.65	31.8	44.3	55.2	63.9	47.7	66.5	82.8	95.8	63.6	88.6	110.4	127.8
0.11	0.50	37.6	52.4	65.2	75.5	56.4	78.6	97.9	113.3	75.2	104.8	130.5	151.0
	0.55	34.2	47.6	59.3	68.7	51.3	71.4	89.0	103.0	68.4	95.2	118.6	137.3
	0.60	31.3	43.7	54.4	62.9	47.0	65.5	81.5	94.4	62.7	87.3	108.7	125.9
	0.65	28.9	40.3	50.2	58.1	43.4	60.4	75.3	87.1	57.8	80.6	100.4	116.2

注：城市快速路日服务总量单位是1000辆/日。

货车和公共汽车，都可以转换为标准小汽车来测算具体数量。另外一个要素是驾驶人的组成，城市快速路一般认为是1.0，假设驾驶人都熟悉道路。如果有不熟悉道路的驾驶人，则依据具体驾驶人的知识等情况，在0.85~1.0间取舍。上述要素都是计算流量时使用的，这里只做概念性介绍。

在实际道路上，不可能不出现事故或车辆故障阻塞车道等情况，这时道路能力会严重下降。计算和统计事故对道路能力的影响，也是一项重要内容。对此，首先要考虑阻塞车道的时间。美国的一份研究报告显示，事故的平均延误时间在37分钟左右，有50%的交通事故车辆会在30分钟内撤离现场，有82%的交通事故车辆会在1小时内撤离现场。表5反映的是突发事件/情况导致1条或多条车道受阻时，对道路能力的影响率。

表5　事故状态下高速公路路段通行能力的余力比

车道数（单向）	路肩不全	路肩事故	1条车道受阻	2条车道受阻	3条车道受阻
2	0.95	0.81	0.35	0.00	N/A
3	0.99	0.83	0.49	0.17	0.00
4	0.99	0.85	0.58	0.25	0.13
5	0.99	0.87	0.65	0.40	0.20
6	0.99	0.89	0.71	0.50	0.26
7	0.99	0.91	0.75	0.57	0.36
8	0.99	0.93	0.78	0.63	0.41

对于单向三车道，如果2条车道阻滞，则道路能力只有17%。对于单向双车道，如果1条车道阻滞，则道路能力只有35%。据此，是否能反思一下我国城市道路上的频繁换道现象及其导致的减速问题，还有在上游增加1条车道，但下游没有相应增加车道（等于阻滞1条车道）导致的道路能力下降问题。有时候，我们的路其实是被错误的治堵措施堵住的！在不考虑路段饱和度变化的延续性的情况下，盲目增加路口宽度，会陷入越加越堵的死循环。对于多车道路段，要尽量减少转弯车辆对直行车辆的干扰，尽量减少变换车道的行为，这些方法的治堵效果要比增加车道数量显著得多。

在城市道路上，不仅存在机动车的服务水平问题，还涉及行人和自行车的服务水平问题，这些方面要考虑的因素更多，比如行人的人均步行空间、行走条件满意度，自行车的平均空间、速度、满意度等，本质上都是密度、速度和饱和度问题，见表6、表7。

表6 行人服务水平评价模式

行人服务水平分值	根据人均占地面积判定服务水平/(英尺^2/人)					
	>60	>40~60	>24~40	>15~24	>8.0~15	≤8.0
≤2.00	A	B	C	D	E	F
>2.00~2.75	B	B	C	D	E	F
>2.75~3.50	C	C	C	D	E	F
>3.50~4.25	D	D	D	D	E	F
>4.25~5.00	E	E	E	E	E	F
>5.00	F	F	F	F	F	F

注：1英尺^2≈0.09米^2。

表7 行人打分分级

服务水平	服务水平分值
A	≤2.00
B	>2.00~2.75
C	>2.75~3.50
D	>3.50~4.25
E	>4.25~5.00
F	>5.00

总之，"达到道路设计能力""超过设计能力""机动车饱和""城市病""密度太大"等，都不应该成为交通专业人员和运输规划人员分析和解决拥堵问题时的"惯用语"。这类表达太过笼统，无助于挖掘问题关键点，甚至可能误导施策方向。我们的交通运输行业，需要更准确的数据、更专业的视角，如此才能有效分析问题、提出合理对策。

第二章

交通安全意识与教育

01 什么是交通安全文化？

"文"与"化"并联使用，最早见于战国末年的《周易》："刚柔交错，天文也；文明以止，人文也。观乎天文，以察时变，观乎人文，以化成天下。"意思是，星辰风云这些天象的交替运行是天做之"文"，人类的各种行为活动是人为之"文"，通过观察星辰风云这些天象的运行规律，可以了解天气时节的变化；通过观察人类活动的特征，可以因势利导地治理天下。这段话看起来不太好懂，以至于时至今日还有很多人搞不清到底什么是"文化"。

其实简单归纳，这段话里的"文"，指的是典章级别的科学发现记录，规则就是一种典章；而"化"指的是这种典章形成共识并普及的过程，合在一起用现代汉语来表述，文化指的就是达成了社会共识的典章级别的社会规则，或者叫社会主流意识存在。因此，文化建设的核心，第一步是"文"的建设，第二步是"化"的建设。前者重在典章的合理构造和质量保障，后者重在传播渠道和方式。具体到交通安全文化建设上，可以简单归纳为两个环节：交通规则和安全对策的建设，交通规则的普及与安全意识的培养。

交通规则是什么？其实就是社会契约。安全对策是什么？其实就是保障规则能落实的措施和方法。道路使用者出现在公共空间里，要考虑到自己身处的已经不是私人空间，核心是要与他人互动，在遇到利益冲突时要依据规则行事，而不是自主博弈。因此，交通安全文化建设在"文"这个层面的两个重点，就是提升交通规则的制定水平和质量，完善安全对策。这也是为什么这个专业需要研究人的行为特征，要分析哪些是自然规律、客观存在，哪些是主观因素。这些规律的发现，就构成了交通控制措施的三大阶段：引导、指示和控制。由此，交通规则的制定和安全对策的形成，要考虑人的需求和能力，这不是一个反人类和无视人类行为特征的"文"，而是一个充分认识和理解人类行为特征的"文"。这个认识和理解的过程，是一个科学发现的过程，一定不是一蹴而就的，而是循序渐进、不断修正的。交通规则和安全对策都是需要持续完善的，这是交通安全文化建设里最基础的一环。这个部分做不好，违反科学甚至人类特征，后果可想而知。

至于"化"，指的是各种各样的围绕着"文"的普及过程，也就是建立社会共识的过程。在这方面，同样需要考虑受众的特点和能力，不同生理特征和生活经历的人，对这些规则的接受方式和能力都是不同的。因此，"化"的手段和途径也是建立在科学发现的基础上的，是一个需要持续优化的过程。举个简单的例子，考驾照背100道题和背1000道题，其质量和效果会因人的能力差异而有显著区别，况且真背了1000道题，就一定能合格吗？这正是国际交通安全领域很早就开始研究如何向用路人传递有效信息的原因，比如标志和标线，其实就是用来"化"众的措施和途径。由于人类是无法完全凭借记忆完成高质量的高速运动的，高速运动一定需要实时的参照物和实时的引导指示，高僧讲："时时勤扫佛，不叫染尘埃"，其实路上的标志和标线就像我们看到的那些招贴画和大标语，都是要用"看见"的方式来提醒人们注意交通规则的行为方式。在关键点位的各种提示、预告和引导，能大幅降低人们犯错误的概率，改善交通安全环境。

具体到目前阶段的"交通安全文化"建设，笔者认为有"五个一"可以作为重点工作方向：

第一个是"一部法"，就是我国的《道路交通安全法》和实施细则需要修订和完善。目前的法规里还有很多不完善的地方，有些考虑是不周全和不符合科学规律的。比如对靠右行驶没有更进一步的要求和规定，没有在什么条件下必须是慢行靠右、从左侧超越等的规定。而这类细节的缺失，是导致现在很多交通事故的主因。再比如，我国对非机动车的分类尚欠科学，明明是电动车（机动车），却被归入非机动车范畴，这样的分类导致了大量的管理难题和安全问题，也直接影响到"化"的效果。

第二个是"一套书"，就是一套针对不同人群的交通规则和行为方式指南。有了"一部法"，如何向人们传递和普及这部法呢？儿童、少年、青年、老师、家长、城市居民和农民，等等，也包括专业人士，都有不同的教化方式和学习接受能力。针对不同的人群，交通规则意识的表述和传授方式需要有针对性的规划，其核心是对社会契约精神的培养。

第三个是"一堂课"。幼儿园和小学，应该像文化课和体育课那样，将交通安全规则教育成制式地纳入教学体系中。这种教学不应该局限在教室里，而应该放在道路环境里，进行实际操作和训练。这方面成功的案例不少，不难学习，关键是要通过制度来保障实施。

第四个是"一项制度"。就是应该建立一项交通安全文化培养制度，将交通安全教育和研究领域的各种工作制度化，以确保资源投入和可持续发展。这项制度不应该仅仅针对教育，还应该包括持续的科学发现和投入的机制保障。

第五个是"一个平台"。我国以前是有地区安委会的。这套机制不应该取消，而是应该加强。当然，工作重点不应该再是管人，而是育人。在各个社区和建制村，都应该有专门的功能植入，这个平台可以是电子化的，也可以是实体的，具体看地方条件。一个覆盖全国所有行政区域和社区的交通安全教育平台是很有价值的。

上述工作内容庞杂，只能点到为止，但这些方向是务实和相对容易操作的，其核心是"文"，如果"文"不对，那"化"也不会明。

02 交通安全文明意识的起点是社会契约意识

2003年，英国交通部发布了一篇发人深省的儿童交通安全教育研究报告《将儿童纳入道路使用的社会契约》（Bringing Children into the Social Contract of Road Use），旨在为5~8岁的儿童制订一项交通安全教育计划，包括评估为儿童家长编写的《交通安全教育手册》，希望借助家长的力量，培养儿童的交通文明意识，向儿童传授道路使用技能，让儿童在日常生活中能主动使用这些技能。这篇报告有一个很大的亮点，就是阐述和总结了英国的一系列有关儿童安全行为干预的研究。本文摘译了报告中的一些基础共识性结论，希望能起到抛砖引玉的作用。

儿童交通安全技能，是社会观念发展变化的战略级干预措施之一。它建立在早期对行人行为培育变化的基础研究之上，是各种儿童发展项目中的一项必要内容。保障道路交通安全的内容之一，就是保障儿童安全，主要目标是从"避免损害"（Damage-Avoidance）转变为"避免错误"（Error-Avoidance），主要方式是向儿童传授有关道路使用的安全技能，并培养其社会契约意识。

家长是儿童安全教育最重要的资源和渠道。设法为家长们提供帮助（比如提供一本高水平的实用技能手册），让他们学会如何向自己的孩子传授交通技能，提高孩子的相关认知水平，引导孩子建立避免错误和适时使用交通技能的意识与能力。

控制儿童在道路上的注意力是一项战略级道路安全任务，可以使儿童的交通安全意识产生明显发展和变化（Tolmie等，1998年）。这些变化主要产生于儿童在路边的行为决策过程（Whitebread & Neilson 等，1998年）和建立认知后的行为控制过程（Lewis等，1998年）。相似的结论还包括，有针对性的干预措施可以改善儿童的注意力策略和决策，并在道路安全教育中占据重要地位。此外，尽管交通技能的提高与儿童自发的交通危险意识改善无关，但培养儿童避免错误的意识与其自发的交通危险意识提高有显著关系（Thornton等，1998年）。

对事故责任方的判断能力，是人的成熟度的重要评价指标，对实现安全目标有重大意义。不同年龄段的儿童在解释道路上的事件，以及判断事故或险情的责任时，会有不同的结论（Thornton等，1998年）。在判断事故责任时，年龄较大的儿童（约8岁）的观点更成人化，他们会去看是谁的行为导致了事故中的一系列事件，并将责任分配给肇事者。而年龄较小的儿童在分配责任时，会忽略因果顺序，只关注直接造成损害的人。以一个交通事故场景为例：一个孩子步入机动车道，车辆为避让他而冲撞了路边摊位，年龄较大的儿童会认为是步入机动车道的孩子导致了驾驶人进行转向操作，而年龄较小的儿童则会归咎于驾驶人，因为他撞坏了路边摊位。一个人对责任的分配方式反映了他对行动的解释方式，这就意味着年龄较小的儿童和年龄较大的儿童作为行人具有不同的行为目标。年龄较大的儿童寻求避免可能导致事故的行为或错误，而年龄较小的儿童则只寻求避免直接损害。因此，可以说年龄较大的儿童对事故有"避免错误"的观点，而年龄较小的儿童则趋向于"避免损害"。

研究人员最初认为，产生"避免损害"与"避免错误"这样的认知差异，是探寻交通事故因果关系过程中的一种寻常思维，例如车辆在运动和停止能力方面的自然属性，或儿童对驾驶人心理条件和能力（反应时间、注意力等）的理解。然而，后续研究（Thornton等，1998年）发现，产生这一认知差异的始作俑者，其实是儿童对道路交通安全的社会互动过程的理解差异。

现在的共识是，道路交通安全是一个社会互动的过程，也是一个感知认知的过程。成年人不会仅仅依靠自我认知或感知判断过程来保障自己在道路上的安全，而是会通过各种社会互动过程（与其他道路使用者进行"谈判"，包括考虑其他道路使用者的意图和期望）来保障安全。从"避免损害"到"避免错误"的意识变化，也诠释了社会互动属性是道路交通安全的天然属性这一认知。年龄较大、知道要避免错误的儿童明白，他或她的行为会影响其他道路使用者的行为，所有道路使用者的行为都必须协调。如果自己的行为与其他道路使用者的期望或行为相冲突，则可能引发灾难。年龄较小的儿童不关心其他道路使用者的行为，他们没有意识到自己的行为会影响其他道路使用者，更没有意识到有必要与其他道路使用者协调，以保障自己的安全。因此，年龄较小的儿童在解决道路安全问题时表现得像是一个孤立个体，不会考虑其他道路使用者的需要。而年龄较大的儿童实际上被纳入了一个社会系统，这是一种契约模式，是对所有道路使用者的行为的共同期望。

这一观点为儿童乃至成人的道路安全教育提出了一个重要命题："避免损害"和"避免错误"，在道路安全方面占有不同的"问题空间"。在做决定时，人们可能会关注不同的因素，并对基本交通技能的功能有不同的理解。人们确定特定技能何时与自己相关、何时应该使用的依据可能有所不同。因此，能够与其他道路使用者协调的儿童可能更容易理解，在某些情况下，搜索危险的策略是最重要的，并且要根据情况了解应该关注的方面。相比之下，不能与其他道路使用者协调的儿童，会更多地受到环境物理特征（路缘、交叉点等）的干扰，而不是社会特征（其他道路使用者的位置、行动）的影响。实际上，有避免错误意识的儿童，能了解道路安全为何重要，以及交通技能如何发挥作用，而只有避免损害意识的儿童，没有这种认知。总之，有避免错误意识的儿童更有可能以自发的方式有效且适当地使用交通技能，而不是总需要靠提醒才能付诸行动。

在日常的具体的交通安全教育实践过程中，旨在单纯提高交通技能的学习计划并不一定能促进从"避免损害"意识向"避免错误"意识的过渡

（Thornton等，1998年）。这可能与交通技能培训发生在社会环境中有关。例如，在培训某一个群体时，很少关注社会互动元素对道路安全任务的影响。很多安全技能培训往往只强调儿童在选择安全地点和时间时的个人策略，而并不强调做出此类决策时，与驾驶人的期望和意图之间是如何相互作用的，更不会强调驾驶人或行人的行为会因此类决策而发生什么变化，意即不关注对方此时的需要、期望、意图和发出的信号。因此，那些"循规蹈矩"的交通技能培训很难把"避免错误"的意识传递给儿童。

对交通安全教育而言，要设法增加向"避免错误"意识过渡的机会。不仅要提高儿童的基础交通技能、优化其注意力策略和决策质量，还要制定从"避免损害"意识向"避免错误"意识过渡的干预措施，并持续观察和评价相关措施对改善交通技能培训的影响。用《交通安全教育手册》中强调的三个道路安全行为准则来总结，就是要让每一个人都"知道做什么""知道为什么""知道如何做"。

这篇研究报告，看似是专为儿童交通安全教育所做，但其中的很多观点，特别是有关社会契约意识培养的观点，又何尝不是治愈自私、鲁莽的交通行为"巨婴症"的一种有效理念和技术路线呢？如果我们能在交通安全教育中，融入更多的互动意识培养，让人们不仅学会自己该怎么做，还学会关注别人怎么做，那么，我们的交通安全文明意识必将迈上一个新的台阶。

03 "零愿景"时代交通安全呼吁集体责任意识与职业精神

每每发生重特大道路交通事故时,行业内就会出现很多声音,有分析问题的,也有讨论责任归属的。其实,人类社会进入汽车时代后,有关交通事故的责任到底该由道路使用者承担,还是该由道路设计者和管理者承担的研判和争论就从未停止过。1997年后,有关这一话题的争论逐渐在国际交通安全领域销声匿迹,因为大家终于认识到,交通出行是人类的基本生存需要,多样化的驾驶任务需求考验并挑战着人类的承受力,交通事故的责任需要全体道路使用者和道路交通系统设计者共同承担。

"零愿景"的意义

1997年,瑞典议会通过了交通部提出的一项道路交通安全法案,即"零愿景"法案(Vision Zero),使道路交通事故的责任和应对理念产生了颠覆性改变,得到了联合国和世界道路交通工程界的广泛认同和响应,自此形成了根本性的国际共识:让全世界的道路使用者和道路交通系统设计者以协作的精神共同面对交通事故的威胁。

将交通事故责任上升到道义层面

"零愿景"法案没有对零伤亡提出具体的时间目标,但提出了理想的、安全的道路交通系统概念,即道路交通系统的终极目标是没有人会在系统中失去生命或遭受严重伤害。"零愿景"法案提出:从道义层面讲,人们在道路交通系统中移动时重伤或死亡是永远无法接受的。这一高度超越了法律和行政纪律,通过把交通事故责任上升到职业操守与道义层面,让全体道路交通系统设计者与道路使用者共同承担责任。

道路交通系统设计者也要对安全负责

在"零愿景"法案出台前,人们普遍认为,道路使用者应该遵循规则以避免交通事故。因此,在所有道路交通系统中,交通安全责任几乎全要由道路使用者承担,执法机关只会对违反规则的道路使用者进行处罚。而"零愿景"法案指出,不应该由道路使用者单独承担交通安全责任,道路交通系统的所有设计者也要承担相应责任。

对此,"零愿景"法案提出了三个重要观点:

- 道路交通系统的设计者,永远要对道路的设计、运营和使用负责,因此也要对整个系统的安全水平负责。
- 道路使用者要按照道路交通系统设计者制定的规则使用道路。
- 如果道路使用者因缺少知识、无法接受或能力不足而没有遵守道路使用规则,一旦发生伤害,道路交通系统设计者就必须采取进一步措施消除导致重伤或死亡的因素。

道路交通系统设计者应遵守两条操守准则

在关于道路交通系统设计者如何承担责任方面,"零愿景"法案提出了两条操守准则(Ethical Rules),这不是我们通常理解的纪律或法规:

- 生命和健康是无法用其他社会利益来交换的。
- 只要有人死亡或受重伤,就必须采取必要的措施以避免类似事件再次发生。

如何将"零愿景"应用于我国道路交通安全管理

承认人是不可能不犯错误的

"零愿景"法案之所以向道路交通系统设计者提出了职业道义方面的要求，是因为这是一个技术层面的、需要实事求是的话题，涉及人的能力问题。无论是道路使用者，还是道路设计者和运营管理者，都是会犯错误的。人类是在不断犯错误的过程中前进的，强制要求人们完全避免犯错误，就会导致人们的无为，社会就无法进步。因此，在研判设计中的失误和认识上的不足时，"零愿景"法案更多强调的是职业操守和道义，强调设计者要秉持珍视生命和人民健康的初心去行使使命。

在"零愿景"职业精神的召唤下，我们在理解道路交通事故时，首先要具备的职业素养就是承认人是不可能不犯错误的，而道路交通系统的设计原则应该是尽可能避免人犯错误，减少人犯错误所导致的事故，降低人犯错误导致的伤害程度，以建立"零瑕疵"道路交通系统为目标。

从职业道义角度审视道路交通系统的问题

面对道路交通事故，首先要认识到，研究和分析交通事故的目的并不是把事故责任推给某个人、某些机构，而是应该本着全体道路交通系统设计者与道路使用者共同承担责任的职业共识，从珍视生命的角度去审视道路交通系统存在的问题，探究有待改善的方面；其次，不能以道路使用者不遵守规则或自己无能为力为理由，拒绝分析和研判事故，不能以规范和经济条件等为"挡箭牌"，阻碍他人分析和研判事故。我们要时刻谨记，一切都是在发展变化的，一条路往往要使用几十年，这期间，人、车、路都在发生变化，所有道路交通系统从业者和道路使用者都有责任和义务去设法改善，哪怕是面对能力很差的人、性能很差的车，"零愿景"也要求道路交通系统从业者从职业道义角度出发去设法拯救，降低伤害程度。

响应"零愿景"对职业操守的号召，我们在审视交通事故时，就会有不同的角度和态度。2018年兰海高速"11.3"重大交通事故中，肇事驾驶人因频繁采取制动措施导致车辆制动失效，但并没有选择驶入遇险后经过的5个紧急避险车道。此时，我们应该思考的是，肇事驾驶人为什么没有选择驶入避险车道？是他不会用？不敢用？还是其实想用，但已无法控制车辆？确定原因后，就要去研究，驾驶人的避险能力不足与道路条件有没有关系？与驾驶培训有没有关系？与车辆性能有没有关系？总之，我们应该用更职业的态度去审视并探究这些问题。

"零愿景"法案还提出，任何追求经济发展和效率的理由都不应当以牺牲生命和健康为代价。法案问世后，瑞典开始进行大规模的路网限速调整、加大交通标志尺寸、提升交通标线水平、进一步改善路侧安全，很多发达国家也陆续跟进，推出了越来越多的交通安全改善措施，使道路交通安全状况总体趋向健康。

汽车在我国实现全民普及仅20余年，驾驶人总数却已经超过了4亿。因此，道路上的情况越来越复杂，这是20年前根本无法想象的。道路交通安全条件已经今非昔比，这需要我们用更高的技术水准和职业操守去面对和解决问题，而建立行业的道义意识与责任感，改变目前让个人承担事故责任的思维方式与机制，让全体道路使用者和道路交通系统设计者共同承担责任，是我们努力的起点。全体交通行业从业者，无论层级，无论领域，都应该一起努力，直面挑战，这样才能打造出真正的交通强国！

04 路怒症是需要专业应对的精神疾病

如今,由路怒引发的交通事故和治安案件时常成为新闻热点。我们驾车时遇到的很多"小摩擦",例如刻意提速阻挡他人超车并线、超车后故意降低车速阻挡后车、鸣笛或闪远光灯催促前方车辆,都是常见的路怒行为。随着汽车的快速普及,人们的生活节奏大幅加快,路怒症已经成为全球性的精神疾病和安全威胁,需要交管部门采取更为专业系统的措施加以应对。

路怒行为严重危害道路交通安全

中国科学院物理研究所曾在2015年随机选取北京、上海、广州三个城市的900位驾驶人进行问卷调查,结果显示约35%的驾驶人承认自己属于"路怒族"。如果按这一比例来推算,全国4亿多驾驶人中路怒人群的规模可能超过1亿。

美国的路怒行为比例远高于我国。据美国汽车协会(American Automobile Association,AAA)交通安全基金会2016年的统计数据,近80%的受访驾驶人在过去一年内至少有一次是在愤怒中开车,或有过攻击性驾驶行为,或在驾驶过程中暴发了路怒症。

另据美国国家公路交通安全管理局(National Highway Traffic Safety Administration,NHTSA)数据,全美与攻击性驾驶行为相关的致命车祸,从2006年的80起上升到2015年的467起，增加近500%。美国一家名为"追踪"（The Trace）的报道枪支暴力事件的非营利性新闻机构通过调查发现，驾驶人以挥舞枪支形式表达威胁，或向另一名驾驶人或乘客开枪的事件数量，从2014年的247起上升到2016年的620起。该机构在2017年上半年就追踪到325起类似事件，换言之，就是几乎每天都会发生两起。

美国有线电视网（CNN）2019年9月初的一则报道称，威斯康星州一位正教孩子开车的母亲，因为与一辆路过的车发生了轻微碰撞而与对方驾驶人激烈争执，最终对方驾驶人开枪打死了她的孩子。这类事件几乎每个月都在上演。

暴力行为和危险驾驶是常见路怒症表现形式

通过美国汽车协会交通安全基金会的调查数据（2016年）可以发现，路怒症经常表现为带有暴力倾向的行为：

- 51%的受访驾驶人曾故意尾随、紧逼前方车辆。按这一比例推算，全美有1.04亿驾驶人曾有此类行为。
- 47%的受访驾驶人曾对其他驾驶人大喊大叫或出言不逊。按这一比例推算，全美有9500万驾驶人曾有此类行为。
- 45%的受访驾驶人曾在愤怒或烦恼中有意鸣笛。按这一比例推算，全美有9100万驾驶人曾有此类行为。
- 33%的受访驾驶人曾对路人（包括儿童）做出过下流手势。按这一比例推算，全美有6700万驾驶人曾有此类行为。

除此之外，有些路怒症还表现为危险驾驶行为：

- 24%的受访驾驶人，即约4900万驾驶人，曾试图阻止另一辆车改变车道，其中一半驾驶人实际上故意切断了另一个驾驶人的路线。
- 4%的受访驾驶人，即约800万驾驶人，会出于愤怒下车与其他驾驶人争执。

- 3%的受访驾驶人,即约600万驾驶人,会故意撞击另一辆车。

驾驶人路怒的原因

驾驶人产生路怒行为的原因十分复杂,有些是驾驶人自身的原因,也有些是道路或交通管理的原因。

情绪压力过大

美国相关研究发现,路怒严重的驾驶人往往平时就很冲动易怒,习惯用攻击性方式表达感情。负面情绪大多源于生活或工作,这会导致他们在开车时超速、近距离尾随前方车辆、快速变更车道、插队,进而引发交通事故。易怒的驾驶人往往更倾向于把错误归咎于他人,而不是检讨自己的行为。

还有一部分驾驶人经常处在情绪失控边缘,一些不幸的生活遭遇,像失业、人际关系危机、个人经济困难、药物导致的辨别能力下降等,可能会导致驾驶人心理失衡、情绪失控。处在情绪失控边缘的驾驶人,置身于驾驶室这个相对封闭的隔离空间中,与他人保持着一种天然的距离,一旦偶遇不顺心的状况,就更容易做出一些平时与他人面对面时不会做出的行为。

睡眠严重不足

路怒症的另一个主要诱因是睡眠不足,这与现在快节奏的生活方式所带来的压力有很大关系。有统计发现,三分之一的美国人睡眠不足,他们在疲劳状态下开车上路,往往会引发灾难性的结果。据美国汽车协会交通安全基金会的研究,睡眠时间比正常水平少1~2小时的驾驶人,其风险控制能力与血液酒精含量超过法定限值的驾驶人处在同一水平,这会导致事故风险增加一倍。

这项研究还发现,困倦导致的交通事故数量比美国联邦公路管理局的估计高8倍,由此得出结论:保证睡眠充足是一项保障安全驾驶的重要手段。

反观我国，在经济困难时期，曾为职业驾驶员群体专门准备了临时休息的宿舍，这其实是一项重要的安全措施。随着汽车的全民普及，驾车早已不是一项高级技能，但为职业驾驶员提供适宜休息条件的好传统也丢了，甚至忽视了预防疲劳驾驶的制度和条件。

其他原因

独处封闭空间这一状态，本身就容易导致路怒行为。当人们面对面相处时，并不容易做出粗鲁行为。然而，很多驾驶人在开车时，会下意识地认为是车辆而非自己在做粗鲁行为，不需要为自己的粗鲁行为而尴尬地面对对方的目光，因此自然放松了行为约束意识。

此外，从道路和交通管理角度讲，长时间等待信号灯、拥堵导致的侵犯他人路权行为，以及缺乏有效预告、解释和疏导手段的临时交通管制措施等，都可能刺激情绪不稳定的驾驶人，使其做出路怒行为。

避免路怒的建议

研究发现，路怒症是一种突发性精神疾病，需要更专业的应对。对驾驶人而言，避免路怒的具体做法很多，以下列出几点较专业的建议：

- 保障充足睡眠。
- 预留充裕的出行时间，避免出行时出现紧张情绪。
- 不要忽视其他驾驶人的存在和需要。
- 再着急也不要强行插队。
- 开车时永远不要分心，在严重拥堵和车速极低的情况下更如是。
- 夜间跟随其他车辆行驶或会车时，不要使用远光灯。
- 如果对方激烈威胁，最好的方法是把车开到慢车道上让对方通过，不要降下车窗或下车与对方争执。
- 不要让路怒冲突升级，退一步海阔天空。

对交管部门而言，不要想当然地认为是驾驶人的法律意识淡薄导致了路怒行为，应该从更专业的角度去审视导致路怒的原因并采取相应措施。

- 采取措施减少道路或管理原因造成的驾驶人焦躁和愤怒情绪。进一步完善交通法规，比如禁止被超车辆突然加速阻碍他人超车的行为；临时交通管制时进行更积极的引导和互动劝解；优化信号灯配时；利用更完善的标志标线进行交通流控制等。
- 利用科技手段和专业方式发现并治疗路怒人群。人工智能和信息技术的发展已经大幅提升了交管部门捕捉路怒行为和研究相关规律的能力，因此，应该利用科技手段关注路怒症人群，结合课堂教育和网络教育，用更专业的方式去干预这类人群的心理和行为。例如，美国汽车协会交通安全基金会研究发现，让高危路怒症驾驶人接受认知行为训练（Cognitive Behavior Retraining，一种心理干预疗法），比如重塑负面场景，再辅以减压工具等训练手段，可以调节他们因无助而绝望的心理状态，有效改善他们的行为模式，降低路怒行为发生概率。

第三章

驾驶人管理与考试培训

01 管窥美国机动车驾驶执照体系

机动车成为人们的基本生活工具不过100余年。从机动车实用化，到出现与操作机械高速运动有关的技术要求，以及道路交通工程管理意识萌芽，这一初步认知阶段持续了40~50年。此后，意识先是逐渐形成理念，然后普及深入形成共识。今天，人们关注的是如何通过人因分析、交通工程以及机械优化，来降低高速运动对人身安全造成的威胁。

我国用短短20多年时间，就让4亿多人拥有了机动车驾驶执照，并仍在以每年新增3000多万驾驶人的速度快速发展，这是史无前例的。

与我们隔海相望的美国，也拥有过亿规模的机动车驾驶人和过亿辆机动车。梳理美国的驾管发展历史和要点，有助于思考我国驾管体系的完善路径，这不仅是道路交通安全管理工作的需要，也是事关老百姓生活质量和生存能力的要务。

总体而言，美国的机动车驾驶执照体系历史悠久、种类丰富，管理和使用方面独具特色。与我国明显不同的是，美国的驾驶执照是由各州和管辖地独立签发并管理的，联邦政府并不参与其中，这与其政治体制有直接关系。驾驶人驾驶机动车需要持有所居住州的合法驾驶执照，各州对符合年龄要求的非本州居民的驾驶执照有互认机制，也可以因违章驾驶而剥夺违章人的驾驶权利。大部分州的驾驶执照分级是一致的，而商用驾驶执照的分级标准是由联邦政府统一制定的。

早期历史

20世纪初，在机动车规模过万的背景下，美国各州政府和很多地方政府开始为机动车和驾驶人授权，见图1、图2。1901年，纽约州率先对机动车实施注册登记管理制度。自1918年起，所有州都要求机动车所有人为机动车注册牌照，但此后的近20年里，对考取驾照一直没有做强制性要求。到1935年，对驾驶人能力不足的担忧已经广泛存在，有39个州开始为驾驶人核发驾照，但强制要求考取驾照的州并不多，见图3。

图1　波士顿市政府1899年签发的一份机动车驾驶执照

图2　芝加哥市政府1901年核发的机动车牌照，要求驾驶人别在胸前，作为合法驾车上路的凭证，芝加哥市所在的伊利诺伊州从1907年开始对全州机动车进行注册管理，1911年开始统一核发机动车牌照

图3　加利福尼亚州的1934年版金属质机动车牌照，该州从1904年开始对机动车进行注册管理，1914年开始统一核发机动车牌照

早期，美国人主要通过机动车销售机构、教会组织等渠道学习驾驶机动车，当然也包括家庭成员和友人之间互相学习（这一点类似我国低速电动车的管理现状，没有相关安全法规，没有驾驶人培训和驾照考取机制，直接由生产厂家或销售商教授驾驶方法，驾驶人没有经过道路交通规则认知训练就能上路）。直到20世纪30年代，美国的一些中学才开始提供驾驶培训课程。

常规和特种驾驶执照基本分类

无限制驾驶执照（Unrestricted Licenses）

无限制驾照是大部分美国人驾车上路前必须拥有的驾照。不同的州在常规驾照和特种驾照上存在差异，例如，田纳西州把D类驾照定义为常规驾照，把M类驾照定义为摩托车驾照，把H类驾照定义为困难家庭驾照。

困难家庭未成年人驾驶执照（Hardship Licenses for Minors）

困难家庭未成年人驾照是为独自驾车往返于学校和住所间，年龄在14~15岁（有些地方是18岁以下）的未成年人核发的一种驾照，要求申请者家庭确实存在非常困难的实际情况，例如财务或医疗困难，且申请者有必须驾车工作或上下学的理由。这种驾照不同于因驾照被撤销或扣留而申领的困难户驾照。

临时驾驶执照（Provisional Licenses）

临时驾照在功能上与常规驾照一致，但主要核发给18岁以下（14~17岁）的新驾驶人。除南达科他州外，其他州都有对新驾驶人毕业驾照的临时期要求，在期限和基本限制规则上，各州存在较大差异。相关限制主要包括以下两类：

驾驶宵禁，指夜间在无成年人陪伴的情况下，不允许单独驾驶机动车（年满18岁或完成线上考试测试者除外）。各州开始实施驾驶宵禁的时间点不同，例如，北卡罗来纳州从晚上9点开始实施，宾夕法尼亚州从晚上11点开始实施，威斯康星州从凌晨1点开始实施。有些州会支持例外情况，例如纽约州，允许驾车的例外情况包括从学校或打工地回家、接送家庭成员以及有就医需要。

对乘员数量及其年龄的限制，例如，加利福尼亚州规定，未成年人获得驾照后的365天内，不得搭载20岁以下的乘员，除非乘员是其家庭成员（兄弟、姐妹、表兄妹、侄子、外甥等）或乘员拥有驾照超过1年。

这种面向未成年人的学习型驾照，利用较长的持有时间和严格的限制条款，不仅能抑制"学车作假"问题，还能形成心理暗示，让持有者切身感受到驾驶资格的来之不易，从而产生敬畏感，并深刻认识到自己的驾驶行为是受社会监督和控制的。全民交通安全约束，就是通过这些点点滴滴的细节积累实现的。

受雇司机驾驶执照（Chauffeur Licenses）

受雇司机驾照在功能上与小客车常规驾照一致，不同的是它授权持有者受聘驾驶出租车、豪华专车（Limo）或其他被租用的由穿制服司机驾驶的机动车（Livery Vehicle）。这种驾照的另一个称谓是"制服型驾照"（Livery Licensing），因为很多雇主要求司机穿着样式特殊且便于识别的制服。受雇司机驾照的授予要求相对复杂，它不同于商业运营驾照和职业司机驾照，将常规驾照转为受雇司机驾照一般不需要参加新路考。有些州要求进行简短笔试，内容通常是出租车驾驶法规或背景调查，并要求申请人年龄必须超过18岁（实际上很多出租车公司出于保险要求只雇用25岁以上的司机）。受雇司机驾照一般归为"E类驾照"。有些州不专门核发受雇司机驾照，只在常规驾照上附加背书，也有些州对驾驶出租车和豪华专车不做特殊要求。不管各州、市或郡县政府如何规定，受雇司机都是要取得相应许可或驾照的。

载客营运车辆的驾驶人，是一个特殊的劳动群体，其行为已经涉及社会公众服务范畴，在驾照上进行特殊的规范和申领流程管控，以及额外的职业训练，不仅能保障驾乘人员的安全，还能节约社会管理成本，提高机动车使用效率。在网约车发展如火如荼的时代，我们更应当重视这一问题。

摩托车驾驶执照

摩托车驾照只针对摩托车驾驶人核发，有时也与常规驾照合二为一。各州对摩托车的定义不尽相同，有些州的摩托车驾照不适用于轻型摩托车（Mopeds）、踏板摩托车（Scooters）和摩托化自行车（Motorized Bicycles）。在地方性法规中，区分摩托车、轻型摩托车和踏板摩托车的共识性但非通用性标准是发动机排量是否超过250毫升，此外还有对轮胎规格、传动装置类型等的要求。有些州不要求轻型摩托车、踏板摩托车和摩托化自行车的驾驶人取得任何驾照，甚至不需要保险和等级注册。与欧盟不同，美国没有区分全动力和低动力摩托车牌照，但有些州会核发挎斗摩托车专用驾照。

机动性会挑战人的应变能力，强势冲击道路使用规则和秩序，改变人与人间的互动关系。对我国而言，在允许轻型摩托车和低速电动车驶入机动车道的情况下，就有必要对驾驶人进行操作技能和交通法规培训。美国的情况是几乎所有人都"学交规，拿驾照，开汽车"，因此对低动力摩托车的管理相对粗放。

升级型驾驶执照

升级型驾照核发给美国公民，除有准驾功能外，还有国籍属性证明功能，华盛顿州、佛蒙特州、密歇根州、加利福尼亚州、明尼苏达州和纽约州都有相关规定。这种驾照属于美国"西半球旅行倡议行动"（WHTI）的配合证照，持有者可以从加拿大、墨西哥以及加勒比地区，通过海洋和陆地口岸进入美国境内。申请者必须提供公民身份证明文件，例如美国护照、出生证明或其他可以证明身份的文件。摩托车驾照和商用驾照通常也可以进行这种升级。

残疾人驾车许可证

残疾人驾车许可证面向符合要求的残疾人核发，申请人要能按适当的指南驾驶和停泊机动车。核发这种许可证的目的是通过特别途径提高对象人群的生活质量。有些州会在许可证持有人的"能力提升"后撤销其持有资格。

除上述分类外，还有些州会对驾照进行相关的附加分类，比如夏威夷州，有一种只允许驾驶轻型摩托车的驾照，南卡罗来纳州和佐治亚州针对每一级商业驾照都有用于驾驶农用车辆的非商业驾照。

商用驾驶执照（Commercial Driver's Licenses，CDL）

作为世界第一大公路运输国，美国的商用车驾驶资格管理是相对周密和完善的。除马萨诸塞州外，其他州都会核发商用和非商用两种C类驾照，持有商用C类驾照的驾驶人可以受雇驾驶商用车。可见，美国对"人车合一"的管理理念非常重视，之所以要对"开别人车的人"进行区别管理，是因为他们与"开自己车的人"在经济责任和行为心态上都存在较大差异。

大部分休闲类车辆不属于D类或E类驾照的准驾范畴。驾驶换乘型客车、拖车、割草机、全尺寸营地房车（车长大于40英尺，约12米）都需要非商用C类驾照及居住州的相应许可证。商用驾照通过背书和限制方式来实施准驾车型、准驾资格等细化管理。

商用驾驶执照的背书（CDL Endorsements）

A类：总重量超过12吨（含）的组合体车辆（牵引车和拖挂车等），包括分体式客车。

B类：总重量超过12吨（含）的单体车辆（包括大部分客车和铰接式客车），也包括总重量小于12吨的各种商用组合体车辆。

C类：不符合A类和B类要求的商用车辆，但公告为运输危险物料或超过15名乘员（不包括佐治亚州）的车辆。这类车辆在有些地方包括重载的非商用拖车，拖车的载重量超过16000磅（7.3吨），但不超过25999磅（11.793吨）。

职业驾驶员一般需要在驾照上背书，注明具体的准驾车型和相应的附加培训，比如具有气动制动系统的车辆。商用驾照背书要求大致如此，但有些州的要求存在细微差异。相关培训和考试是由联邦政府交通部统一管理的。背书的主要内容如下。

P：运载乘客（驾驶乘员满16人或以上的客车，加州的规定是须租用核定载客人数超过11人的客车）。

H：危险物料（要求有联邦运输安全管理局的背景调查和周详笔试，驾驶人必须是美国公民或具有法定永久居民身份，才能获得H级或X级背书）。

M：金属卷材。

N：槽罐车（用于大量液体运输）。

T：双/三挂车（公路列车）（仅A类驾照允许）。

X：危险物料和槽罐车的组合体。

L：采用气动制动系统的车辆。

S：校车（作为标准客车的附加背书，必须有更严格的联邦运输安全管理局调查和刑事犯罪记录调查）。

获得以上背书前，驾驶人要参加专门的培训课程和考试。

商用驾驶执照的限制

商用驾照可能会因为以下任何一条受到某种使用限制。

B：驾驶时需要使用视力矫正设备。

C：驾驶时需要某种机械辅助。

D：驾驶时需要假肢辅助。

E：驾驶人只能驾驶有自动变速器的商用车辆。

F：商用车辆外车身需要有观察镜。

G：商用车辆驾驶人只能在白天驾驶商用车辆。

K：商用车辆驾驶人只能在取得驾照州的范围内驾驶商用车辆，这项要求适用于所有21岁以下的商用驾照持有者。

L：驾驶人不得驾驶采用气动制动系统的商用车。这一规定适用于在商用车辆驾驶技能路考中无法成功操作气动制动系统的驾驶人，以及参加路考时驾驶未采用气动制动系统车辆的驾驶人。

M：商用A类驾照持有者，只能驾驶商用B类驾照准驾的校车。

N：商用A类驾照和商用B类驾照持有者，只能驾驶商用C类驾照准驾的校车。

O：驾驶人只能驾驶尾钩类拖车（小型拖车）。

Z：商用车辆需要有酒精气敏点火自锁装置。

T：60天临时驾照。

与颁发驾驶执照相关的法规

在美国，各州核发驾照的最低年龄要求不尽相同，如南达科他州是14岁零3个月，新泽西州是17岁。除南达科他州外，其他州都有针对未成年驾驶人的限制级驾照，如临时驾照（Provisional Driver License）、青少年驾驶人驾照（Junior Operator License）、实习驾驶人驾照（Probationary Driver License）和中间驾照（Intermediate License）等。

这类驾照都有详细的使用限制，比如是否能搭载乘客、能搭载多少名乘客、宵禁时限、组织年轻驾驶人夜间驾驶等。犹他州禁止18岁以下的驾驶人在获得驾照6个月内搭载除家庭成员外的人。不像澳大利亚或加拿大的一些省，美国各州的限制级驾照不特别限制行车速度，不要求使用带字母L或P的特殊号牌，不限制拖挂小船或挂车，不禁止在公路上行驶或驾驶高性能车辆。

18岁以下的驾驶人要获得申请驾照的资格，首先要参加由高中或驾驶学校提供的驾驶人教育课程，其次要在有驾照的驾驶教练的指导下实际驾驶一定时长。有些州，比如纽约州，要求成年人也要参加驾驶人教育课程才能申请驾照。伊利诺伊州规定，初学驾驶者必须年满16岁，在申请中级驾照前，必须持有学习许可证6个月以上，并具备40小时的有指导驾驶经验（包括10小时的夜间驾驶经验）。纽约州还要求，未成年人不得在任何情况下驾车驶入市区的五个核心区,在没有家长陪同的情况下,其他区域的准驾时段为早5点到晚9点。

有些州规定,所有初次获得驾照的驾驶人都必须经历实习期(通常为6个月到2年不等),实习期内,任何交通违章行为都会受到相比普通驾驶人更严厉的处罚,或强制延长实习期。联邦法律要求,驾驶商用车辆的驾驶人最低年龄是21岁,申请无限制级商用车驾照的最低年龄也是21岁。

校车驾驶人需要持有商用车驾照,且一般要求年龄超过25岁。有些州会为在本州内驾驶商用车辆的驾驶人核发限制型商用车驾照,这种情况下,最低准驾年龄是18岁。18~20岁的驾驶人,通常不允许驾驶拖车、危险品运输车和校车。

因地制宜地实施区分和管控策略,可以更有针对性地提高交通安全水平和服务质量。对于一个各地区地理环境和经济发展水平差异巨大的国家,多样化管理的驾照机制和考究周密的驾培体系,能有效改善道路安全通行条件,服务地区经济。

驾驶执照可用作身份和年龄证明文件

美国的驾照上除印有车管部门编制的文字型数字或数字编码外,通常还有持有者的照片、签名复印影像、原始居住地、限制性使用条件、背书情况,以及体貌特征(如身高、体重、虹膜颜色)和出生日期。因此,一个州核发的驾照上的专属代码不存在重复问题。为防止盗用身份,社会保险号不允许印在驾照上,这是联邦法律的规定。在大部分州,根据美国机动车管理者协会(AAMVA)的标准,21岁以下的驾驶人的驾照竖向排版,21岁(含)以上的驾驶人的驾照横向排版。由于驾照经常用作年龄证明文件,差异化的排版规则让人们更容易判断持有者是否到达实施某些行为的法定年龄,比如是否可以购买和饮用酒精类饮品。亚利桑那州不强制要求竖向排版驾照持有者在年满21岁后换持横向排版驾照,而且竖向排版驾照可以一直使用到持有者年满65岁。大部分州要求搬到本州居住的非本州驾照持有者,必须在规定时间内换持本州核发的驾照。

由于美国人没有全国统一的公民身份证,驾照就成了很多政府和商业机构在办公和支付过程中使用的身份凭证,也成了不法分子盗用身份的主要媒介。20世纪80年代前,很多州的驾照上都没有持有者的肖像照。到1986年,所有州都在驾照上添加了持有者肖像照,但有些州不做强制要求,例如田纳西州允许60岁以上的驾照申请者选择无肖像照驾照。直到今天,出于宗教信仰等原因,包括印第安纳、堪萨斯、明尼苏达、密苏里在内的13个州,仍允许驾照申请者选择无肖像照驾照。

在驾照的防伪技术方面,各州的方案存在一定差异,大多会选择性地使用指纹、条形码、磁条、防伪图层等手段。有些州在商业公司的帮助下,已经启动了驾照的电子化工作,并附加了一些光学和条码等加密防伪技术。

2005年,美国国土安全部根据《真实身份证明法案》(Real ID Act)的授权,启动了驾照格式和身份证明文件的标准化工作。各州可以采用不符合联邦政府标准的相关证照,但这类"非国标"证照将得不到联邦政府办事机构的认可,持有者将无法进入联邦政府的办公场所和乘坐飞机。为此,各州可以选择核发"国标"和"非国标"两类证照,前者必须得到国土安全部的认可,后者必须注明"非国标"字样。标准身份证明文件只能核发给美国公民。

通过管窥美国的机动车驾驶执照体系可以发现,事物的认知过程和对策的形成过程都是实践的过程,错误和失误都在所难免,也必然要付出一定代价,而真正的强大,来自于勇敢的面对和不断的完善,来自于实事求是的态度和求同存异的胸怀。

02 由美国驾驶违章罚分体系思考驾驶行为干预重点

驾驶行为干预是一个综合交通安全管理体系。从获得驾照前的教育和培训，到获得驾照后的违章处罚和再教育，以及在道路上受标志标线、信号灯等交通控制设施的控制与引导，都属于驾驶行为干预体系的主要环节。忽视任何一个环节，都可能导致交通事故损失。

我国进入机动车社会的时间非常短，在不到20年的时间里，已经有超过4亿人拥有驾照。在这种高速发展的过程中，难免存在各种疏漏，更难免走一些弯路。在我国，驾校学员在交规考试前要记忆约2000道考题，学习操作时要为倒库停车耗费大量学时，但拿到驾照后，很多人根本不敢自己开车上路，还要再找陪练，更可怕的是，这些新驾驶人的违章率和交通事故率一直居高不下。那么，问题到底出在哪儿呢？

以下通过介绍美国阿拉巴马州的驾驶违章罚分体系（表1），来梳理驾驶行为的干预重点。

表1　美国阿拉巴马州驾驶违章罚分体系

违章处罚计分	1. 超速（超出限速1~25英里/时）　计2分 2. 超速（超出限速26英里/时及以上）　计5分 3. 鲁莽驾驶或鲁莽危险驾驶　计6分 4. 未依照路权规则让行　计5分 5. 校车停车时超越校车　计5分 6. 违法超车/错误使用道路方向　计4分 7. 跟车距离过近　计3分 8. 无视交通控制设施（标志标线、信号灯等）　计3分 9. 所有其他行驶中的违规操作　计2分 10. 控制车辆失败　计2分 11. 使用车道不当　计2分 12. 驾车时饮酒　计2分 13. 严重酒驾或拒绝接受血液酒精浓度检测　计6分 14. 不当驾驶摩托车　计2分 15. 未遵守道路作业养护区的指示/标线标识/旗手/警察/限制车道　计3分 16. 未避让紧急车辆　计2分 17. 信号示意错误/错误使用转向灯　计2分 18. 转弯不当　计2分 19. 溜车　计2分 20. 不安全操作　计2分 21. 任何涉及饮用含酒精饮料驾车，但不涉及强制撤销驾照的违法行为　计6分
罚分累计禁驾时长规则	• 12~14分，2年内，60天 • 15~17分，2年内，90天 • 18~20分，2年内，120天 • 21~23分，2年内，180天 • 24分及以上，2年内，365天
	罚分累计两年后清零，但保留历史罚分记录
商用驾照的撤销条件	商用驾照持有者在驾驶商用车时出现以下问题会被撤销商用驾照 1. 在酒精影响下驾车 2. 在管制药物影响下驾车 3. 血液酒精浓度达到0.04%及以上时，仍驾驶商用车 4. 拒绝接受血液酒精浓度检测 5. 擅自离开事故现场 6. 驾驶商用车实施重罪 7. 驾驶注销/暂扣/撤销资格/不合格的商用车 8. 驾驶商用车时因疏忽导致死亡事故 9. 实施重罪过程中驾驶商用车或参与生产管制物品

(续)

	3年内获得2张严重违法行为罚单，禁驾60天 3年内获得3张严重违法行为罚单，禁驾120天
严重违法行为包括	1. 严重超速，超过限速15英里/时以上 2. 鲁莽驾驶 3. 不适当的或无常变换车道 4. 跟车距离过近 5. 任何与死亡事故有关的违章行为 6. 在未获商用驾照的情况下驾驶商用车 7. 在商用驾照违禁期内驾驶商用车（法院可能以此作为吊销驾照的依据） 8. 在准驾车型或背书不对应的情况下驾驶商用车 9. 驾驶商用车时违反州或本地法律规定使用手机
通过铁路道口时违规	驾驶人不一定总是先停车观察再通过铁路道口，但如果未减速观察并确认是否安全就通过，则视为违规

由阿拉巴马州驾驶违章罚分体系可见，在操作车辆时，各种有可能导致严重事故的行为，都被赋予了很高的处罚分数，其中最具特点的是对路权规则的尊重。两年内，有3次没有遵照路权让行，就会被禁驾90天。要知道，在阿拉巴马州这样的地方，禁驾就等于失去了基本生存能力。

驾驶任务指示要简单明确才便于执行。阿拉巴马州的法律对路权做出了明确要求，这同时也是驾考中的要求：永远要避让出现在你车头前的横穿道路的行人；不要堵塞交叉口；听到警笛声或看到红色或蓝色警灯时，要靠边停车。

在阿拉巴马州驾驶违章罚分体系里，跟车距离过近就会被处罚（注意不是追尾才处罚），这是法律赋予警察的权力，也是利用执法手段震慑违章行为的典型案例。如何干预驾驶人的跟车行为？一是宣传阶段，要告诉驾驶人"2秒原则"，也就是同等车速下，要与前车保持至少2秒的时距；二是驾考阶段，要把跟车距离列为必考项，路考中如果没能保持一定跟车距离，则判定考试不通过；三是上路阶段，交通标志标线要传递直观易懂的保持车距的控制信息。

驾驶商用车辆（大型车辆）时，不适当的或无常变换车道，很容易引发恶性交通事故，因此这属于"严重违法行为"，三年内有两次就会被禁驾60天。

《统一交通控制设施手册》明确提出："**交通控制设施所传递的信息，应使通情达理和审慎的道路使用者能合法且有效地使用街道、公路、行人设施和自行车道。**"之所以对"鲁莽驾驶"行为处以最高罚分，是因为这种行为显然是既不通情达理也不审慎的。

总之，阿拉巴马州驾驶违章罚分体系，强调的是驾驶机动车的基本交通安全意识，包括：**路权意识、交通控制规则意识、视距意识、速度意识、车道意识（正确选择与谨慎变换）、禁酒驾意识、合理与审慎意识**。这些基本意识，构成了驾驶人的基本安全素养，见图1。无论是交通安全教育，还是沿途交通控制，都是围绕这些基本意识展开的。

交通控制领域有一句名言："最好的控制，就是没有控制。"意思是说，管理措施越简洁明确、符合人性就越有效。由阿拉巴马州驾驶违章罚分体系可见，驾驶人只要记住21条约束条件（商用车驾驶人要多记9条），就能合法合规上路，而其他交通控制措施，则交给道路去完成，不依赖驾驶人的记忆，这样的驾驶行为干预体系，显然是具有较强的科学性和可操作性的。

图1 美国公路上的引导标志提供了明确的车道选择信息，向下的箭头诠释并强化了车道选择意识

03 不能用交通执法代替交通控制

对交通事故进行人因分析时,发现确实是驾驶人错误所致后,不能止步不前,还要关注驾驶人犯错误的深层原因,思考有没有更好的引导驾驶人少犯错误的方式。

不能将交通执法与交通控制混为一谈

用执法代替控制是造成执法困境的主要原因

道路交通管理的两个"拳头"是控制和执法,两者不能相互替代。用执法来完成交通控制的任务,是造成交警执法困境的主要原因。交通控制不是单纯的信号灯控制,而是各种交通控制设施合力完成的对人的用路行为的约束和引导。

这一领域存在很多错误认知,例如,认为人的用路行为是主观行为,交通管理主要靠执法和教育,交通控制措施和人的行为没有直接关系。抱着这种认知,每当发生交通事故时,我们就会自然而然地认为是驾驶人采取的措施不正确或不及时。的确有大量交通事故是人的错误导致的,但我们不能止步于发现错误,还要找到导致人犯错误的原因。

执法，针对的是主观行为，即故意的违法和危险行为，其措施手段是禁令和惩罚。

控制，针对的是客观行为，即人的天然弱点导致的错误行为，其措施手段是警告、指示和引导。人最容易犯的错误就是高估自己的能力，而控制正是防止人高估自己能力的有效方式。

美国交通控制设施设置的五项基本原则

在交通控制领域，美国人1935年推出的《统一交通控制设施手册》对全世界的交通管理产生了深远影响。这部手册阐述的五项基本原则，构成了当代道路交通管理的基本概念。

A. 充分满足每个需要（Fulfill a Need）。交通控制措施要考虑能力最低的、纪律性最差的个体或群体，要充分满足每个需要。例如，全世界的交通信号灯排序都是红灯在上，绿灯在下，这是为了满足色盲（色弱）群体的交通参与需要，让他们能通过信号灯的位置来判断是否能通行。

B. 控制注意力（Command Attention）。交通设施、控制手段要能控制人的注意力，如果不能引起人们的注意，就是无效的。

C. 传递信息清晰且简单（Convey a Clear, Simple Meaning）。交通控制传递的信息不能过于复杂，我国很多复杂立交桥上的图形箭头式指示标志，就不符合传递清晰且简单的信息这一原则。实际上，最有效的指示标志是简单箭头，而不是图形箭头。

D. 控制道路使用者的遵从度（Command Respect from Road Users）。交通控制设施要具有足够的权威性和严肃性。要想让道路使用者遵从，就至少要保持设施的整洁和清晰，如果道路上的标线都是模糊不清、断断续续的，就不要指望驾驶人会认真遵从。

E. 为适宜的反应留出适宜的时间（Give Adequate Time for Proper Response）。

交通控制和执法作用于不同对象

交通控制设施的作用对象是通情达理和审慎的道路使用者。交通控制设施所传递的信息，应该使通情达理和审慎的道路使用者能合法且有效地使用街道、公路、行人设施和自行车道。

有人会问，如果驾驶人不听劝甚至不理睬，故意违法怎么办？很简单，如果他/她不是通情达理和审慎的道路使用者，那么交通控制设施就不是给他/她用的，执法才是给他/她用的。如果混淆了执法与控制的概念，就会导致大量纠纷和争论。驾驶任务的基础是控制和指示，更高层次是导航，虽然现实中导航往往是主要部分，但仍然要以控制为基础。

交通控制的关键是掌控注意力、强化服从度和完善信息传递效率

当下，我国交通管理遇到了很多新课题和新挑战，比如驾驶人在堵车时打电话或发微信，注意力很难被控制，这就是一个新课题，即驾驶任务与信息获取量的课题。

以驾驶任务与获取量为支撑，控制驾驶人注意力

驾驶人在驾车过程中要关注的是随道路情况变化的路面信息：纵向和横向的校准、行车道和路肩宽度、渠化、交通标志标线等；占主导地位的交通规则和与道路其他使用者行为变化的互动；自车和他车的特点，例如车辆尺寸、加减速能力、稳定性等；与驾驶任务无关的刺激信息，例如引人注意的路边广告、风景和活动。

在城市里，在常规车速下，道路环境所提供的信息往往大幅超出驾驶人的处理能力，这样道路就不会安全。我们要想办法把最主要的信息提供给驾驶人。那么，驾驶人能处理多少信息呢？研究显示，正常人每秒至多能做出三项决定。识别视距的初始阶段是1.5~3秒这段时间，最初的1秒非常关键。因此，传递给驾驶人信息的那一刻，前三条信息几乎决定了他/她接下来的动作。

通过"积极引导"影响驾驶人的交通行为

"积极引导"的含义是，如果驾驶人得到了需要的所有信息，并以其准备接受的格式来读取、理解、使用这些信息，且有充分的时间做出反应，就能大幅降低犯错误的概率，见图1。

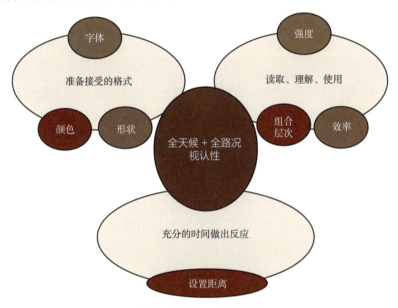

图1 积极引导思维导图

准备接受的格式，国际公约和国家标准都对交通标志标线的形状、颜色、字体做出了明确规定，比如黄色和黑色是警告色，只要存在危险就要用黄色和黑色。格式要让人一看就知道是交通标志，而不是广告牌。

读取、理解和使用，涉及标志的设置方式、信息组合层次、标线的位置等。例如，设置标线要把握好信息强度，很多城市一下大雨就拥堵加剧甚至交通瘫痪，就是因为标线的信息强度太弱，路灯的灯光在水膜作用下形成漫反射，标线又没有水下反光性能方面的指标要求，导致驾驶人看不到标线，无法各行其道。

有充分的时间做出反应，要留给驾驶人充足的反应时间。

设置距离，可以用9个字概括，即全天候、全路况、视认性。全天候是使驾驶人在所有时段和所有天气条件下都能看到所需要的信息，全路况是使驾驶人在所有道路状况下都能看到所需要的信息，视认性是使驾驶人在道路上始终拥有良好的视觉感受质量。

积极引导主要是传递行驶规则、方向指引、道路选择、行车道选择、路况变化、驾驶行为引导、调整视距、调整车速等信息，把这些信息都传递好，交通质量才会好。

关于心理预期与人的反应，国际路联研究发现，在有预期和无预期的情况下，人的反应时间分别是约1秒和2~2.5秒，也就是说，有预期的反应时间要比无预期的反应时间少1~1.5秒。例如，告知驾驶人前方有"减速丘"路段的标志，是否附加路段长度信息给驾驶人的感受是完全不同的，因为信息传递的质量和效率是不同的。我们往往会忽视接近操作点的信息告知，比如到路口时应该在哪个位置变线，应该什么时候变线，变线走哪个轨迹等。

总之，人在高速运动中，判断力和处置能力都会受到挑战，人与人之间也存在巨大差异，因此我们在日常管理和执法过程中，要悉心分辨哪些行为与人的能力有关，哪些行为与人的主观意识有关，只有这样，我们才可能让道路变得越来越通畅，让交通事故持续减少，直到实现"零愿景"。

"新司机"为什么不敢开车上路

陪练是千禧年后在国内兴起的一个行当,就是"老司机"陪同刚拿到驾照的"新司机"上路练车,这个需求源于很多"新司机"不敢独自开车上路,这是为什么呢?我们从驾驶培训的目的和要求讲起。

在高速运动中,人为了选择前进的轨迹,就要寻找横纵坐标作为行动的参照物,从而了解接下来该朝哪个方向运动、该如何运动,这是所有高速运动的基本要求。在高速运动中,与运动进程的位置相比,人的反应是相对延后的,因此一切决策都带有预制性,没有提前量就会措手不及,甚至导致失控。高速运动的人,必须接受一定训练,要在以挑战自身能力的速度运动时,知道如何用眼睛提前搜索坐标、发现障碍物,并有能力协调所有参与运动的器官,这就是机动车驾驶培训的主要目的之一。也就是说,人们在学开车时,要学会在高速运动中如何用眼睛和耳朵搜索必要的信息,如何用身体控制车辆,以保障安全。总之,驾驶机动车,决不仅仅是学会如何操作那么简单。

学会操作汽车高速运动,并不是驾驶培训的终点,而是起点,因为道路是一个公共空间,人与人在公共空间里,要学会如何互动。为建立公共空间的使用秩序,我们制定了交通规则,编制了交通安全法规,并用标志标线、信号灯等交通控制设施来实现规则信息在道路上的诠释与传递,告诉所有道路使用者，什么情况下可以高速行进，什么情况下需要降低车速，什么情况下需要变换车道，什么情况下必须停车避让。因此，驾驶培训的一个重要任务，就是建立规则意识，让机动车驾驶人学会观察道路条件、探知风险，掌握并遵守道路使用规则，既知道什么时候停、什么时候动，也知道如何停、如何动。

完成这些基础培训后，还要反复真操实练。而这一阶段是最难实现的，因为真实道路上的情况太复杂了。我们当前面临的实操训练问题可以归结为以下三点。

第一，道路使用者多样性问题。道路使用者的数量和类型，在大部分驾校的训练场地都很难模拟。日常的城市道路上，有大量自由穿梭的行人、低速电动车和自行车，这些干扰源会大幅增加驾驶人的压力，在路上与10个人同时互动，和与100个人同时互动相比，是迥然不同的。缺少应变训练，就很难独自驾车上路。

第二，车速问题。有研究表明，驾驶机动车时，在30公里/时的车速下遇到突发危险时，很容易制动停车，因为车辆这时1秒只前进约8米，而人做出反应并立即行动的时间一般在1.5秒内，车辆制动距离较短，即使发生碰撞，也不会导致重伤或死亡，这正是国际社会鼓励城市道路采用35公里/时限速值的原因。大部分驾校的训练场地都无法提供车速超过60公里/时的实操训练，学员们大多在20~30公里/时的车速下缓慢训练，很难切身体会到安全视距、控制跟车距离的重要性，更不可能掌握高速状态下捕捉道路坐标、观察危险因素的方法。进入真实道路后，面对无法回避的常在挑战，这些没有经过系统训练的新驾驶人，会很快陷入关注点混乱的状态。

第三，交通控制设施的设置水平和指导训练的内容问题。交通标志标线的一个重要作用，是告诉道路使用者如何选择行车道，什么情况下改变操作程序以完成转弯、避让、变换车道，什么情况下用什么速度进入弯道、城区，什么情况下可以超车，什么情况下不可以超车，什么情况下让行其他车辆，让行的时候是静止还是缓行。这些驾驶任务，都要在交通控制设施的引导下完成。在驾校训练场要复制如此多的元素是非常困难的。更重要的是，如果培训教材和教练员在这方面都不够专业，就会导致很多重要的规则意识无法与驾驶任务完成程序融合。我们的学员，大多是按教练口令来操作车辆，而不是靠自己的眼睛来获得指令，这就让不可或缺的视觉训练一下变成了听觉训练。此外，尽管我们的驾培包含交通法规项目，但考完科目一就基本不再涉及相关内容，实车驾驶训练时，更是很少有结合车速、路况的规则认知、记忆和反应训练。

当前，我国驾校的培训质量参差不齐，大部分驾校训练条件简陋，培训配套教材落后，教练员认知水平不足，这都是导致道路交通安全形势愈加严峻的重要原因。研究如何尽早提高驾培质量，推动驾培与交通控制技术理论结合，优化驾培专业技术条件，是改善交通安全状况的重要途径。

05 从驾培和驾考入手强化驾驶人风险和规则意识

一个文明进步的社会，需要持续探索培养全体驾驶人和道路使用者的最佳方式，这是一种文化建设，是一条没有尽头的路。要推动社会健康高质量发展，不仅要克服自然条件的限制，还要战胜人性的弱点。

驾驶机动车是一种挑战人体能力的高速运动，需要对驾驶人进行专业技能训练和规则意识培养。但这还远远不够。人的能力和精神状态都千差万别，任何人都有犯错误的时候，复杂的环境因素又会增加人犯错误的概率，因此，在技能和规则意识之外，还要让驾驶人"心存顾虑"，让他们意识到自己和他人都可能因能力不足而犯错误，甚至威胁他人生命，换言之，就是要培养驾驶人的风险意识。深悉危险，才知避让。

培养驾驶人的速度，事关汽车工业和社会经济发展，是生存问题；培养驾驶人的质量，事关道路交通安全和国计民生，是生命问题。两个问题没有孰轻孰重，必须兼顾。

我国的驾驶人，从开始接受驾驶培训到获取实习驾照（能独自驾驶机动车上路），一般需要64个学时（小客车驾照，C1）。现实情况是，很多人从去驾校报名到拿驾照最快不过2个月时间，即使耽误些时间，4个月也足够了。这个速度，在全世界范围内都不多见。我们的驾驶人培训，基本就是在学习、备考、约考、考试的循环中"填鸭式"地进行，缺少理论与实践反复校验和深化记忆的机会，更缺少要耗费大量时间和精力的意识强化训练。

我们的驾培流程中，没有设置独立的风险意识培养环节，也没有考虑风险和规则意识建立所需要的实践积累过程，这对驾驶人的安全意识和规则意识培养与强化是明显不利的。

以下，我们通过介绍澳大利亚新南威尔士州（以下简称新州）驾驶人考培流程中的风险意识考核环节，来思考相关优化路径和方法。

在新州获得正式驾照需要经历四个阶段：获取学习驾照（Learner Licence，简称L照），获取一级临时驾照（Provisional P1 Licences，简称P1照），获取二级临时驾照（Provisional P2 Licences，简称P2照），获取正式驾照。整个过程至少要耗时36个月。对新州本地25岁以下的年轻人来说，所需的时间周期会更长。这种进阶式的培训和资格区分设计，带有非常强烈的目的性，就是通过实践经验的积累和制度建立，向不同级别驾照持有者和计划考取驾照者传递清晰的信息，让他们了解人的能力、意识和经验是存在差异的，明确自己在驾驶人群体中的位置，明确自己所欠缺的技能和意识，明确自己的权利和责任。

新州的驾驶人考培流程与我国相似，表面上看只是在考试内容和步骤上有些区别，时间跨度更长。但仔细研究获取不同级别驾照的前提，以及不同级别驾照间的递进关系就会发现，新州的驾驶人考核重点并不是驾驶技能，而是风险意识。在具备12个月陪伴驾驶经验和120小时（含20小时夜间驾驶）驾驶经验积累（此要求只针对25岁以下学员，因为年龄更大的学员即使没开过车，坐车的经历也已经足够了），以及12个月有限速条件独自驾驶经验的基础上，没有交通违法行为记录才能参加风险意识测试，申请晋级。如果这期间存在交通违法行为记录，则还要增加学时、接受处罚。这样的设计，使风险意识培养居于整个考培过程中最关键的位置，也是最难通过的环节。

新州的驾驶人风险意识测试主要在计算机上完成。方法是播放驾驶人视角的路况场景视频，在其中设置一些行车突发情况，让被测试者在认为应该引起注意和做出反应的时候点击"现在反应"键。如果在模拟驾驶舱里进行测试，还会附加踩制动踏板等操作。比如，视频显示车辆要进入居住区时，或在路口发现有车辆要转弯时，被测试者就要点击"现在反应"键，示意系统已经提高警惕，开始降低车速。总之，只要发现潜在危险，就要进行反应和记录。这项测试并不容易，有些像通关类电子游戏，考核的重点是被测试者的视觉观察能力和操作反应能力。

改革开放后，社会经济发展速度决定了我们的运输需求和汽车工业产能都呈现出爆发式增长态势，我们很难为培养一位驾驶人付出36个月的等待，因此选择了一种相对快捷的方式，这是可以理解的。实际上，不进行经验和风险意识的专门培养，就准许有条件驾车的先例并不在少数，新州的P1临时驾照，以及美国一些地方专为困难家庭学生核发的专门线路上使用的有条件驾照（要求单人驾驶，专线专时使用，禁止夜间驾驶等，主要为解决这些学生无人接送上下学和打工问题），都是在一定程度上妥协的产物。重要的是，这种对安全的妥协是严格受限且限期结束的。今天，随着国家经济水平和人民生活质量的提升，我们应该有余力来重新审视如何培养驾驶人风险和规则意识这一问题了。

我们要思考的，不仅是如何使新增驾驶人群建立风险和规则意识，还有如何改善提高已有驾驶人群的风险和规则意识。在现阶段，后者显然是更为重要的。这种补课，是为曾经漠视生命安全和环境质量付出的代价，亡羊补牢，为时不晚。

从技术手段上说，我们需要的不再是死记硬背的应试考培，而是以互动和操作为主的实战考培。当前，已经有很多方法可以实现风险和规则意识的培养与测试。随着虚拟现实（VR）技术和模拟驾驶舱技术的发展，以及线上学习和考试形式的成熟，相关教学和测试在软硬件上的阻力越来越小，成本也在不断下降，难点主要在于如何建立与持续更新题库，如何设计考试制度以及如何普及考试平台。

根据国情，我们应该在新驾驶人培训进阶、驾驶人交通违法行为处罚和满分教育、常态驾驶人驾照更新和申领、购买车辆保险等环节，都单独设置"风险意识测试"和通过制度，并利用更多的互动场景技术手段来优化"规则意识"考试环节。在物流公司、出租车公司、快递公司，在学校和社会机构，在城镇和乡村，都制度性地大范围建立"风险测试"和"规则意识"训练环境与课程，甚至鼓励开发有游戏性质的风险和规则意识测试应用程序（APP），面向全社会普及道路风险和规则意识。相应地，驾照管理制度的创新，驾驶人教培激励机制的创新，驾培课件内容的专业开发，全民交通风险意识培养战略的设计，都是迫在眉睫的关键任务。

第四章

交通工程与控制设施

01 铁戒指精神：交通工程师要具备使命意识

很多曾在加拿大学习训练的工程师，主工作手的小拇指上都会佩戴一枚品相粗糙的铁戒指（图1）。日常工作中，尤其是制图时，为避免铁戒指刮伤作品或工具，工程师要倍加小心地抬起小拇指作业。这枚看似平平无奇的铁戒指，堪称工程师的心灵圣物，代表着对职业操守的崇高追求。

铁戒指起源

1907年8月29日，在加拿大魁北克省的圣劳伦斯河上，建造中的魁北克大

图1　加拿大工程师佩戴的铁戒指

桥突然发生坍塌事故，19000吨钢材和86名建桥工人落入河中，最终只有11人生还。事后调查发现，造成这起事故的原因是设计师出于节省成本的考虑，通过增加桥体跨度来减少桥墩数量，但忽视了对桥梁重量的精确计算。这座大桥于1913年恢复建造，在1916年（施工期内）又坍塌了一次，再次夺去13人的生命。直到1917年，魁北克大桥才竣工通车，它至今仍然是世界上最长的悬臂大桥。为建造这座大桥所付出的惨痛代价，一直是加拿大工程界的伤疤。

1922年，多伦多大学土木工程系教授豪尔坦恩（Professor Haultain）在加拿大七大工程学院院长参与的一次论坛上，呼吁建立一种更紧密的组织，来约束和团结加拿大的工程师群体，让新加入的青年工程师用更高的操守要求自己，也让有资历的工程师能敞开心扉传授技能和职业传统。七大工程学院的院长深以为然，于是，他们联合发起了针对即将毕业的青年工程师的宣誓活动，活动中为每人都颁发了一枚铁戒指。

最初打造铁戒指所使用的材料，就来自魁北克大桥事故中坍塌的桥梁部件。铁戒指采用扭曲的钢条造形，由铁锤锻造而成，七位时任院长担任督导员的合作体（The Corporation of the Seven Wardens，直译为七位督导员合作体）负责戒指的授予和管理工作。选定铁戒指的原因，一是纪念魁北克大桥事故和因事故罹难的同胞，警示后人牢记工程师的社会职责和职业道义；二是以最原始和坚硬的自然材料与制作工艺，来寓意工程师应意志坚定、千锤百炼、品德纯真、为人谦逊。后来，由于桥梁材料实在不适合打造戒指，才改用其他材料。

每年，加拿大大学里所有工程专业的毕业生，都可以申请参加授戒仪式，由有资格的工程师授戒。这个新老传承的过程，寓意着在职工程师要敞开胸怀迎接新人，并不遗余力地培养新人。尽管授戒仪式不能替代工程师执业资格制度，但能警示和督促青年工程师坚守职业职责和道义。

授戒誓言

名为"The Ritual of the Calling of an Engineer"的授戒仪式由英国诗人路德亚德·奇普令（Rudyard Kipling）设计。他在介绍自己的设想时说："责任融于冷铁的高尚传统，用以坚实地彰显力量，这种警示不是任何纸面文字可以传达的，只能通过一件源于自然界的产品，通过每一位工程师的使用来实现。"

授戒仪式上，每位"未来工程师"都要宣读一段誓言，其中最发人深省的两段如下：

当属于我的时刻来临时，我不会拒绝；当需要我的思想时，我不会心存怨念；当需要我的呵护时，我不会拒绝荣誉的召唤，我会亲手去尽善尽美地完成任何工作。

我会用荣耀的方式捍卫我的使命声誉，但我决不会盗取他人的成果以满足自己。我会高度警惕并竭尽全力地反对职业嫉妒，反对贬低我的同事在任何领域的劳动。

铁戒指精神

如今，"铁戒指精神"已经为许多国家所接受。工程师是一个特殊的职业，在工程项目建设期，他们的地位往往是至高无上的。一个工程项目完成后，要在自然环境和社会经济条件的变迁中服务于大众很多年，要接受实践的检验，很多设计建设阶段意想不到的问题会不断暴露出来，这时，就需要工程师有勇气站出来承担责任，解决问题。因此，我们会发现，在授戒誓言中，谦逊朴实、一丝不苟、使命与责任感、职业操守，是被强调最多的元素。毫无保留地将最大的"难堪与痛楚"传递下去的工程情怀，会深深地影响一代又一代的工程师和职业精英群体，并彰显出工程界乃至全社会的自信，形成共同面对艰难与挑战的风尚。

交通流如水：不容忽视的交通流动态特性

所谓"交通流如水"，是要使道路上的机动车流、非机动车流、人流都能像水一样顺畅流动，而不要频繁地进行阻断或干扰。

当前，在我国的交通工程和道路交通管理领域，对交通流的动态特征存在认知缺失，导致制定交通控制策略时经常忽视交通流的动态特征和需求。究其根源，可能与翻译偏差有关。

我们现在所说的"交通工程"一词其实是舶来品，词源是英语中的"Traffic Engineering"一词，此外还借鉴了日语"交通工学"（日文汉字）的概念。这个看似合理、简洁的译词，给我们带来了很多认知困扰。对大众而言，"交通"一词已经形成了广泛认知和共识，但"交通流"一词却相对陌生。现实中，如果一个路段出现了交通中断现象，在汉语语境下，我们可能会描述为"没有交通量"或"没有交通流量"。而在英语语境下，通常会描述为"No Traffic"，而不会描述为"No Traffic Volume"。一个更形象的例子是，英语口语中称交通拥堵为"Traffic"，含义其实就是交通流量过大。如此说来，"交通工程"也许译为"交通流工程"更达意。

正是有了"交通流如水"的概念，交通工程界才会出现"最好的控制就是没有控制"这句名言。最好的行人控制，是通过道路设计使行人在感觉最舒适的地方过街，或吸引行人从安排好的地方过街，而不是用栏杆阻挡行人，强迫行人绕远，甚至使行人宁愿冒险翻越栏杆，也不在指定的地方过街；最好的车辆限速，是使驾驶人可以用最舒适的速度行进，而不必考虑超速违法，使骑行人可以用最舒适的速度行进，而不必担心人身安全；最好的车辆引导，是使驾驶人能自然地变换车道，并使变道行为对其他用路人的干扰最小化。

为使道路"交通流如水"，交通工程师在道路上划分出主辅车道，剥离出转弯车流，尽量保障直行车流畅通。为做好对转弯车流的剥离，就要采取一系列措施：设置标志提示操作点，设置标线提示轨迹，设置隔离措施促使交通流渠化运动（"渠化"一词对应于水流形式）；设置足够长的渐变段，为驾驶人提供充裕的操作空间；设置足够长的转弯车道，为驾驶人提供充裕的减速和等候条件。为避免物理隔离措施在意外情况下导致交通流中断，引入了软隔离和轻渠化概念。

为使高速公路"交通流如水"，从不同流速需求的角度出发，交通工程师赋予了不同车道不同功能，包括关键车道（Critical Lane）、大型车辆专用道和超车道，还设置了足够长的辅助车道（Auxiliary Lane），让驶入、驶出的车辆不会干扰关键车道的车流。

为避免交叉口的交通流溢出，交通工程师要尽量缩短车辆排队的延误时间，缩短行人过街的等候时间。如果红色信号灯延误时间超过55秒，交通流积压将难以处置；如果红色信号灯延误时间超过80秒，交通流将处于中断状态，上游流入的车流和人流会导致交叉口区域形成无法接受的阻滞和秩序混乱。

"交通流工程"的工程学依据是交通流的流动规律，而所谓规律，都源于人的特征、行为能力，以及车辆的特征和制造标准。通过大量研究，人们形成了关于交通流动态特征的基础认知。比如，研究人类观察能力和决策能力与速度的关系，催生了"视距"概念，将"视距"与车辆性能指标结合，又催生了"跟车距离"概念。由这些基础认知出发，人们推算出车辆减速需要的空间，了解了车辆行驶时需要的车道宽度、避险时的操作需求、排队长度与速度的关系，进而建立了转弯车道的设置标准，掌握了交叉口信号延误的极限时间。再进一步，人们将这些认知融会贯通，形成了《道路能力手册》《公路与街道几何设计规范》《统一交通控制设施手册》等经典著作。如今的交通工程师和道路管理者，在这些经典著作的指引下，能够便捷地找到相对合理的道路设计和管理解决方案。

03 我国城市道路普遍存在的设计与管理缺陷

随着对交通流理论和交通工程认识的深入，重新审视我们的道路，会发现一些普遍存在，但不易引起重视的交通工程上的设计与管理缺陷。这些缺陷，影响着道路的通行能力，影响着治堵工作的效果，影响着人们的出行体验和城市形象。当多重缺陷杂糅在一起时，会导致城市道路交通的治理之路越走越没有方向。很多问题明明是交通流质量问题，却不得不在运输规划领域寻求答案。在条件不成熟的情况下盲目推行新策略，让人们放弃原本依赖的出行方式，显然是对人们的生存成本、承受能力和维生需求的漠视，很可能制造不稳定因素甚至诱发社会冲突。梳理并重新审视交通工程设计与管理上的典型缺陷，已经迫在眉睫。

缺陷1：路口转弯半径过大，形成秩序和安全黑点，增加穿越难度，导致延误和拥堵，耗费警力

近年来，在一些经济相对发达的城市，失控机动车冲撞街角过街人群的惨剧屡见不鲜，但并没能引起专业人士的重视。我们应该检讨一下，为什么会有那么多行人站在路缘石下的车道空间内等候过街信号？为什么人流并不多的小路口会延误积压了那么多行人？

为了使低比例的大型车辆顺畅转弯，我们的城市道路在交叉口位置普遍

采用了大转弯半径设计。此外，由于自行车道在城市道路上的普遍存在，路口内的实际可用路面空间还要更大（图1）。这一错误设计对交通流的控制效果带来了灾难性影响。其中最大的问题是增加了交叉口的面积，迫使路缘石和停止线后移，鼓励了机动车的高速转弯，增加了机动车选择行驶轨迹的自由度，增加了所有道路使用者（行人、骑行人和机动车驾驶人）过街的距离、难度和时间，增加了交通流的切断时间，压缩了行人过街前等候信号灯的驻足区（路缘石外驻足区面积缩小且远离对岸，等候信号灯时间越长，耐心不足或警惕性不高的人跨越路缘石进入机动车道的概率越高），使行人更容易暴露在机动车的转弯观察死角和冲撞范围内。千万不要小看停止线后撤所带来的问题，如果路口是 30 米宽，停止线后撤3米，就等于直接增加了10%的过街距离，会导致通行能力显著下降。

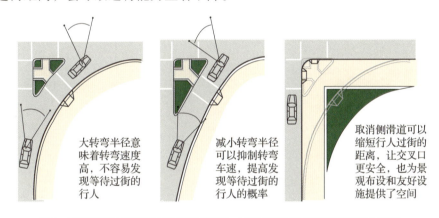

图1　三种不同转弯半径下的交叉口面积、过街效率和秩序管理难度完全不同

增大转弯半径，唯一能改善的就是右转弯机动车的行驶速度。但在城市的大部分道路上，右转弯机动车要与行人和非机动车"谈判"，要在通视三角区视距不佳和路况复杂的情况下右转弯，行驶速度应该非常低，根本不应该鼓励提高车速。哪怕是大型车辆，也应该强制其在小半径情况下充分减速，甚至侵占逆行车道轨迹缓慢转弯，而不是以较高行驶速度，不顾及内轮差问题，从侧后方横扫行人过街和非机动车等候区（图2）。国内发生在交叉口的很多事故，都与路口车速过高和转弯半径过大有直接关系。

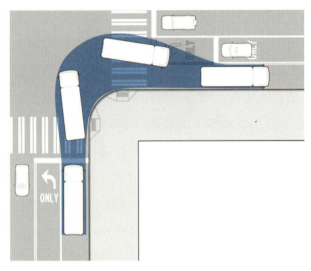

图2 即使是大型车辆,也应该使用小转弯半径来降低行驶速度,缓慢借道转弯,这本身就是一种改善交通安全的措施

总之,路口转弯半径过大是城市道路上最典型的交通工程缺陷之一,很多拥堵和延误,很多交通事故,很多秩序混乱情况,都与此有关。按照《公路与城市道路几何设计规范》(*A Policy on Geometric Design of Highways and Streets*,也称 *Green Book*,绿皮书)的要求,城市道路的转弯半径应该在15英尺(4.6米)之内,有自行车道的,可增加到20英尺(6.09米),频繁出现专用货运通道的,可增加到30英尺(9.14米)。近20年兴起的新城市主义风格,更是主张将转弯半径控制在0~10英尺(0~3.05米),目的就是尽量降低机动车转弯速度,在确保安全的同时,以更短的行人过街时间促进整体通行效率的提升(图3)。

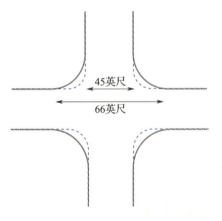

图3 灰色实线代表25英尺(7.6米)转弯半径,蓝色虚线代表8英尺(2.4米)转弯半径,对双向单车道的路口而言,25英尺的转弯半径尽管会提高机动车的转弯速度,但也会使行人过街的平均用时超过 14 秒,而 8 英尺的转弯半径尽管会降低机动车的转弯速度,但会减少1/3的路口间距,进而减少行人过街的平均用时

缺陷2：简单拓宽路口，忽视路口上下游的直行车道对齐与运力匹配问题

很多地方简单地将拥堵原因归结为车多，也就是道路资源不足，忽视了"交通流如水"的特征。事实上，一条顺畅的车道的通行能力，往往可以匹敌两三条车速不均匀或存在各种干扰因素的车道。特别是在道路上有路口时，交通流会在路口前减速，造成流量堆积，导致车辆外溢，进而引发干扰型延误，并向上游和周边扩散。因此，保障路口直行交通流顺畅度的价值，往往远超增加车道数量的价值。而传统上，为减少路口延误，特别是减少信号灯延误，增加绿灯时的通过车辆数量，我们往往会首先选择拓展道路和路口宽度，在路口区域增加车道数量，以为这样就能提高通行效率。殊不知，这样做的前提，应该是直行车道真的不够用。这就需要测算通行能力和流量，分辨是信号不合理导致了流量堆积，还是流量超过了车道通行能力的科学阈值（1条车道1小时能通过约1800辆车，即使考虑损耗，灯控路口的直行车道1小时也应该能通过约850辆车）。同时，还要考虑增加路口宽度所付出的过街距离增大的代价是否值得，考虑增加车辆变换车道频次导致的各种冲突型延误引发的"拥堵搬家"问题是否可控。

目前，我们经常出现的一个典型错误，就是在拓宽的交叉口没有设计渐变段，或设计错误，导致路口两端的直行车道不对齐，甚至出现上游入口直行车道多于下游出口直行车道的情况，比如3进2出、4进3出（图4）。加之右转弯车辆挤入下游出口车道，上游左转弯车道正对下游出口直行车道等情况，导致用路人在路口时的判断和操作复杂程度骤增，车辆运行轨迹不固定，交叉口下游出口段秩序混乱，交通流不顺畅，通行效率低，事故频发。

图4　交叉口进口车道中线正对出口路段的机非隔离带端头，会迫使机动车向左避让，属于危险且低效的设计

缺陷3：交叉口上游接入车道缺少渐变段，蓄流车道长度不足，车道主辅功能不分

车辆通过交叉口前，需要降低行驶速度选择车道，并等候适宜的时机通过路口，这就会导致车辆排队（注意，此时交通流未必完全停止运动）。由于排队车辆会影响后续驶来的车辆的行驶速度，需要在交叉口上游配置主车道和辅助车道，为寻机换道减速和排队等候的车辆提供足够的空间（渐变段和蓄流段），否则就会导致秩序混乱甚至引发事故，这就是车道导流线的由来。在什么位置进行车流梳理并调整车道宽度，需要专门的流量特征调查，并根据需求设定车道导流线的长度（图5）。最不可取的设计方法，是不分车道的主辅功能，将交叉口车道布局和信号配时错误导致的拥堵，理解为路面宽度不足所致，然后拓宽道路，将一条直行车道直接改为转弯车道，导致要直行的车辆无法选择操作点进行顺畅的变道和交织操作，频繁引发路段的延误拥堵和事故。如果这一问题不能彻底解决，只依靠信号灯控制和配时，是无法真正提高道路通行能力的。

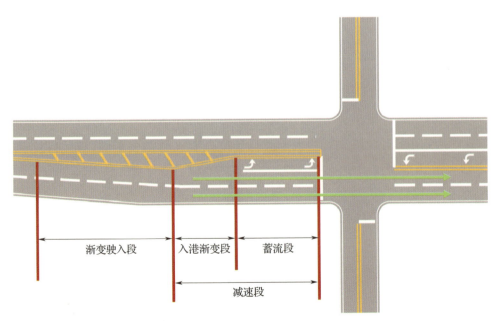

图5　直行车道要对齐（绿色箭头线），蓄流段要足够长，这是交叉口车道布局的基本要求

缺陷4：自行车道过宽，控制方式粗糙

高速运动的物体，需要的不是超过自身动作幅度宽度的轨道，而是运动轨道外侧的宽容度。机动车如此，自行车亦如此。自行车也是车辆，骑行也是运动状态，因此同样需要识别视距、运动轨迹参照坐标和车道、车道外侧冗余空间。为减少冲突，自行车也需要排队行进，而不是一窝蜂地你追我赶，否则在交叉口位置就会造成多点冲突，增加驾驶人和骑行人的操作难度，增大危险系数（图6）。1辆机动车一次遇到1辆自行车做交织，冲突是1×1，遇到2辆就是1×2。不能让1辆机动车右转弯时遭遇$1\times N$的困境，而是要做1×1，至多是1×2的设置，再多就会严重影响通行效率，增加事故率。

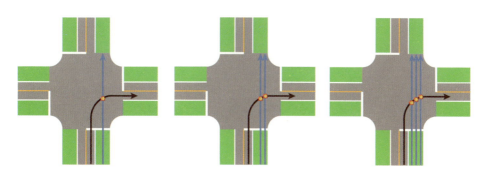

图6　冲突点示意

骑行的基本宽度是0.8米，由于骑行人要与路侧障碍物保持一定距离，加之骑行时会出现摇摆，自行车道宽度通常设置为1.2~1.5米。如果考虑流量大、两人并排骑行或频繁超车情况，则2.5米的宽度更为合适。此外，只要是双车道配置，路口段就应该设置车道线（图7）。自行车应该在车道内排队行驶，这与赛跑场地需要划跑道线，短距离赛跑不能越过跑道边界的道理是一样的。

自行车道的存在，会导致路口转弯半径增大。这种情况下，有两种缓解对策，第一种是使直行自行车与右转机动车提前完成交织换道；第二种是考虑设置弹性柱、标线、渠化岛等设施，约束机动车的转弯轨迹，保护骑行人（图8）。

图7　通过路口时的自行车道设置方式

图8　相较保障自行车道的宽度，保障外侧缓冲隔离区的宽度更有意义

之所以在路口前提前使右转机动车换到最右侧车道，是因为路口内的驾驶任务负荷很重，驾驶人需要对很多常规记忆中建立的风险点和突发情况做准备，而在路口前提前释放右转的"机非谈判"压力，能提高车辆在路口内的通过效率，这对各个方向的交通能力改善都有益处。

缺陷5：交叉口控制过分依赖信号灯，且信号灯配时粗糙，导致延误增加和交叉口面积持续扩大

交叉口是不同方向交通流谈判路权的道路空间，"顺、控、缩"是交叉口交通流控制的三项基本原则。顺，就是要尽量使交通流顺畅通过，减少无谓延误；控，就是要控制住各种交通流的运动轨迹和次序，建立通过秩序；缩，就是要尽量缩小交叉口两端的间距，减少通过交叉口的耗时和延误。因此，能让用路人自行谈判通过的交叉口（很多路口大部分时间存在交通流

间隙），就不需要使用信号灯强制延误（常规情况下，日流量在1万辆车以下时，不建议使用信号灯）。交叉口按控制级别可划分为：无控制交叉口（没有标志标线），靠"让行"标志和标线控制的交叉口，靠"停止"标志和标线控制的交叉口，靠信号灯控制的交叉口（注意，"让行"和"停止"控制也用于环形路口）。从某种角度说，设置信号灯必然造成交叉口通行能力的损耗，因此是不得已才采取的措施。很多因信号灯导致的交叉口延误和拥堵问题，不能靠不断增大路口面积来解决，否则很容易导致更严重的延误和拥堵。交叉口一个信号周期内的延误不应超过80秒，否则就会积压过多交通流量甚至溢出，带来难以解决的秩序问题，在交通流量较低时，还会导致大量浪费。

缺陷6：普遍粗放限制路侧停车，导致无谓交通流量增加和道路资源浪费，严重影响城市经济活动

城市是"有城的市"，意即有拱卫设施的交易场所。交通流对城市而言，不应该是"过客"，更不应该是城市公共资源的"侵占者"，而应该是"财源"。纵观很多国家的发展历史和城市起源，我们就会发现，城市对人流的吸引构成了有经济价值的交通流，而交通流的移动能力与驻留条件，会决定一个地区的商业活力和土地价值。交通流构成的"财源"，就是我们常说的营商环境中的"商"，如果让流动在城市里的"财源"无法驻留，变成了真正的"过客"，损失将是无法估量的。有经验的国际化大都市管理者，会想方设法地在路侧提供各种有限制条件的停车位，在满足商业需求的同时，减少寻找车位导致的无谓交通流（图9、图10）。

图9 标志含义：右向路侧禁止停车，左向路侧泊位上午9时到下午6时之间每次可以停车2小时（周日不限制）

图10 标志含义：左侧是自行车道，右侧是占路泊位（周一到周五，早7时到9时禁止停车）

事实上，在城市道路上，主要的交通流阻力往往产生在路口段。路口段需要拓宽，就是因为如水的交通流在这里减速导致了"淤滞和外溢"。非路口段通常没有过大的通行压力，与路口段等量拓宽后，并不能疏导淤滞流量。近年来，我国的城市道路大范围全线拓宽，这种做法显然无法解决路口段与非路口段通行能力不匹配的问题，由于增加了车道的横向干扰储量，甚至会导致情况进一步恶化。从交通流特征的角度看，非路口段的闲置道路空间是很大的，如果能更细致地梳理道路断面，根据交通流的速度变化特征，清点沿途单位的停车需求，将闲置或干扰交通流效率的路面空间腾退出来，改造为临时停车位，不仅能更充分地服务城市经济，还能促进改善交通流质量（图11）。

图11 纽约打造世界级街道的一个重要努力方向，就是增加路侧停车位，基本原则是避开路口混行空间，利用停车带制造机动车与自行车的隔离空间

缺陷7：公交专用道和公交车停靠条件设计粗放，导致资源浪费、流量溢出和秩序混乱，阻碍交通流的顺畅运行

在一些城市，持续增加公交专用道成了政治任务，但在管理措施和技术上，仍有很多值得商榷的问题。比如公交专用道不允许大型社会客运车辆使用，不允许出租车使用，但并没有机构统计公交专用道的实际客运效果。在很多国家，公交专用道（更确切的称谓是大客车专用道）是允许载客出租车甚至各种两轮车使用的，因为出租车出行频次高，乘员多，承担的实际运载人数多，而且出租车的存在能降低私家车的使用频次（图12）。

图12　左图是英国城市使用的公交专用道监控警示标志和法规标志，右图是英国标志设置标准里的法规标志式样，法规标志用于告知出租车司机、骑行人、摩托车和授权车辆驾驶人可以使用公交专用道，这种灵活的车道使用策略，更符合实际情况和需求，减少了对道路资源的浪费

公交车看似运量大、效率高，但其实是有很多先决条件限制的。在审视公交车的效率时，不仅要考虑乘客数量和对本地居民出行方式的分担率，还要考虑运动效率。如果公交专用道设置有误，特别是停靠问题解决不好，就会严重影响公交车的运输能力，同时对沿途交通流形成干扰，使公交车沦为"移动路障"。停靠站的设计尤为关键，因为公交车为靠边停车上落客，需要减速、换道和进出港湾，这一过程不仅会影响乘客出行时长，还会影响交通通道上的其他交通流。

渐变段长度和角度不合理导致公交车出入不畅，进站时影响行人和非机动车，出站时影响主车道交通流，这是国内公交港湾的常见设计问题（图13、图14、图15）。

图13 美国波特兰，抬高的公交站台设置在自行车道外侧，在方便乘客上下车的同时，也减少了公交车的变道动作，弹性警示桩与标线等配合，控制骑行人和行人的注意力与速度

图14 美国圣何塞，抬高的公交站台和行人过街道，迫使骑行人减速让行的各种设置，确保公交车可以坚持不变线，提高运行效率

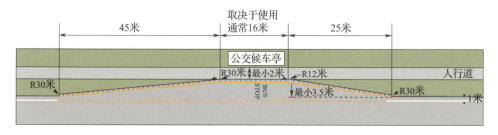

图15 如果需要脱离车道驶入港湾，则应根据车速和车辆数量设置港湾的长度和渐变段角度，图示为英国的标准设计规则

缺陷8：忽视车道保持指令在疏堵方面的重要作用

道路拥堵时，驾驶人的什么操作会增加延误，使拥堵加剧？首当其冲的是变更车道，也就是"排队理论"中的"跳队"现象。机动车变更车道不是独立行为，会引起连锁反应，从驾驶人尝试变更车道开始，就会发生减速、加大与前车间距、改变轨迹、与另一车道的后车进行谈判等一系列动作，这会导致交通流迟滞，引发一连串后车的降速、调距等动作，造成更严重的拥

堵和延误，甚至事故。一些发达国家的交通标志设置标准里，有要求驾驶人保持本车道勿变道的法规标志（图16、图17）。这是一项重要的管理措施，强制要求每一位驾驶人在遭遇拥堵时不要变更车道（图18）。

图16　英国快速路上的可变信息屏，提示文字意为"拥堵勿变道"

图17　澳大利亚的全彩可变信息屏，提示文字意为"除非超车，所有车辆保持左侧车道行驶"（澳大利亚的道路交通法规要求靠左行驶），这是分辨车道功能，提高交通流质量的重要措施

图18　笔者根据GB5768—2022《道路交通标志和标线》中指示标志的标准形式设计的"勿换道"法规标志，可供有关部门参考使用

缺陷9：城市快速路车道功能未做区分，导流不充分，出入口配置次序和间距等不当引发多重交织冲突

在城市内建立快速路的目的，首先是解决路径趋同的大流量交通需求，用短时间的快速集中通行来减少社会整体出行时间，提高社会资源利用效率。如果快速路频繁接入接出，成为短途运输线路，特别是不保护有持续直行和长距离跨越需求的交通流的效率，那么为修建快速路所付出的代价，比如高额投资、对快速路左右两侧交通流横穿阻断导致的额外绕行流量等，都可能是不值得的。最糟糕的，是在快速路的出入口上游忽视导流线的使用和车道功能的区分，不提供充分长度的辅助车道吸纳减速流量，导致准备驶离快速路的车辆在主车道上减速和排队，准备驶入主车道的交通流封锁了准备驶离主车道的交通流，这是造成城市快速路效能低下的重要原因。从交通流理论出发，在道路宽度内，不能都做成主车道，要考虑换道需求，要有辅助车道、导流区，要让交通流顺畅起来（图19、图20、图21）。1条顺畅车道的通行能力，可能相当于3条断续车道的通行能力，在车道3变2的位置，通行能

图19　左图是没有考虑车道功能差异和交织流的车道布局，右图是考虑交织流和直行保护的车道布局，图中绿色车道是新增的辅助车道，用于缓解驶出和驶入车辆对主车道的干扰

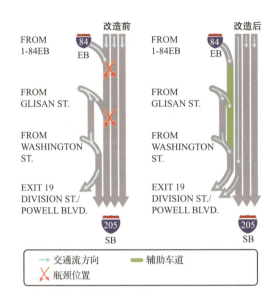

图20 增加辅助车道，减少对主车流的干扰

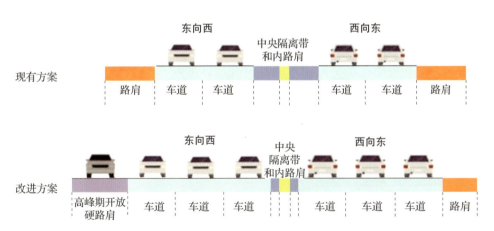

图21 典型的快速路改造方式，是通过调整隔离带宽度、车道宽度和路肩宽度来增加辅助车道

力甚至不如1条车道，这就是为什么我们建了那么多快速路，却无法解决拥堵问题的一个重要技术原因。

缺陷10：城市内缺乏货运通道和通行条件的规划与设计，导致货运车辆频繁干扰交通流且事故不断，增加了物流成本，影响城市营商环境质量和商业效益

城市中的商业活动非常多，各种生活物资、商品、废品，都需要用货车运输。货车，包括近年来泛滥街头的快递电动三轮车，在运动能力（加速和制动性能）和道路需求上，与一般乘用车有明显不同。本地货运物流与过境货运物流交织，对城市交通管理形成了严峻考验。

货车路径的设置，不是设立一块"货车禁行"的牌子那么简单，而是要以分析货车用途和运行线路特点为基础。城市的基础设施就是服务各种"交易"的，可以说是"无货运不城市"。第一，需要明确货车的性质，对可以在货车通道行驶的货车要有准确定义，以便有清晰的路权规划和有效的管理信息传递通道。第二，在货车通道设置方面，要考虑两种货运需求，一种是本地货运，路网范围大，里程长，在货运线路上要考虑停车装卸货等细节需求，精确到位置和时间；另一种是过境货运，由于行驶目的地非本地，服务对象非本地单位，基本不需要考虑停车需求（图22、图23）。基于这些差异，要对全域所有可能产生货运需求的单位进行详细调查建档，对货运形式和产生数量建立数据库。第三，要根据前两项考虑不同货车的运动能力，辨别其对交通流的影响，尽量固定货车使用的车道，避免使货车成为其他交通流的"移动路障"。

图22 纽约街头的旧式货车通道指示标志，分别对应本地货车和过境货车

图23 纽约拟采用的新型指示标志，左图指示过境货车通道，右图指示本地货车通道

处于一些小型道路上的有货运需求的单位，如果没有货车通道接驳，就要考虑设置货车出入条件，比如货车必须在最近的一个路口，使用最短的线路，以最短的时间直入直出。很多出入社区的垃圾清运车都会遇到这类情况。对于货运活动，还要调查统计所有沿途商业单位的停车需求，按需安排停车方式，规定停靠时间，原则上只允许装卸货的货车停靠，并使用告知标志明确时间范围和规则。比如，对于一些有装卸货需求的商业单位，将停车方式定义为"限时驻车"（Standing），而非"泊车"（Parking），货车驾驶员要随车等待，即使在夜间，也要控制停靠时长（美国纽约规定这类停靠一般不得超过3小时）。在路侧已经有乘用车停放的道路上，并不需要完全禁止货车停靠，可以采用"双排泊车"（Double Parking）的方式，允许货车与乘用车并排停靠，但不能占用自行车道，同时要尽量降低对过往交通流的干扰（图24）。

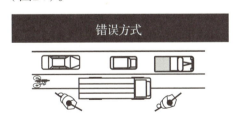 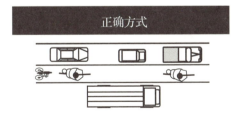

图24 双排泊车方式示意

货运需求数据和通道规划，是随城市和地区发展逐年变化的，这种变化从宏观上看可能是细微的、零星的，但对一条街道和一个社区而言，可能会形成重大影响，必须及时、持续应对。一些成熟的城市，例如纽约，每年会根据经济活动和需求变化调整大量货运通道标志（图25）。为使货车驾驶员了解货车通道的位置，纽约市政府不仅提供了货车通道专用地图、电子版互动查询地图，还在市区和周边道路上设置了大量相关法规标志，仅在2015年，纽约市区就设置了4028块货车通道指示标志（表1）。

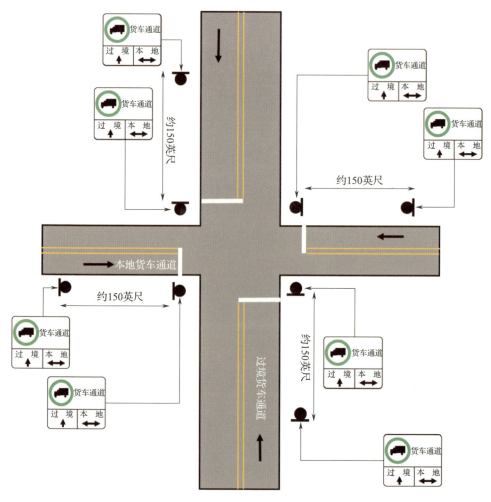

图25　交叉口位置货车通道指示标志设置方式示意

表1　纽约市区货车通道标志分布及数量

行政区	标志数量		
	指示标志	预告标志	确认标志
布朗克斯区	822	731	172
布鲁克林区	835	807	200
曼哈顿区	901	865	128
皇后区	798	702	240
史丹顿岛区	672	639	194
总计	4028	3744	934

缺陷11：非机动车道路网缺乏规划，与机动车路网裹挟，相互干扰严重

我国机动车普及至今不过20余年，城市路网曾为自行车提供了大量行驶空间，且一度并不将自行车当作一种车辆来进行交通流控制，因此没有建立清晰的车道逻辑。机动车数量快速增加后，道路空间内的交通流速开始提升，差异化加剧，于是，就开始为适应高速交通流而向外挤压低速小体量交通流的运行空间。然而，这种方式直接拉长了自行车的骑行距离，较典型的是快速发展的立交桥和快速路，导致骑行的捷径线路被截断，绕行距离越来越长，骑行时间和骑行人的体能消耗都与日俱增，这是严重的疏忽和错误。

自行车靠人力驱动，转弯半径很小，转弯方式和过街方式与机动车完全不同，1.2米宽的路径就能使自行车排队穿行。如果自行车线路是独立的，利用城区大型道路的隔离空间、背街小巷、公园、绿地和广场空间等，完全可以根据交通流的起点和终点特征，设置专门的非机动车专用通道路网（单向和双向兼有），从而大幅提高自行车的使用效率和使用量，减少非机动车流与机动车流的相互干扰，提高机动车的运行效率。

这方面的工作，有三个重点：第一，道路断面重塑，这是优化交通流质量，减少机非互扰和提高骑行便捷度的关键。第二，完善、增加引导标志和标线，针对自行车的专用标志标线具有劝导使用、指引和控制优化等多重价值，应该出现在各种自行车道上。美国的相关规范是，路口必须设置自行

车道指示标志,如果长距离没有路口,则自行车道指示标志每500米设置一块。这种设置方式,不仅为骑行人提供了路径引导和阶段目标式的激励,还能不断提醒机动车驾驶人有骑行人的存在。第三,根据交通流速和特征,在不破坏道路容错能力和灵活性的基础上,设置安全且舒适的隔离方式/设施。不能简单地使用铁围栏进行隔离,这样既不安全,也会破坏环境舒适度和景观美感。

缺陷12:不重视步行道有效宽度的维护,缺乏步行行走模式的引导、控制与保护技术运用

人的行走空间包括横向空间和纵向空间两部分。直立的人体横断面占据的空间面积一般是0.45米×0.60米=0.27米²(图26)。考虑到人处于行走状态时需要缓冲面积,我们通常假定人均占地面积是0.75米²。步行的人,需要一定的前进空间以迈开腿,这一空间非常关键,是由迈步距离和目测距离组成的,其大小直接影响步行速度。而人流密度会对前进空间产生重要影响。

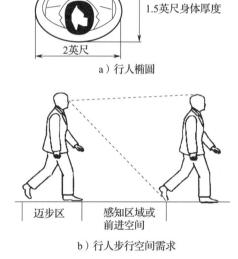

图26 人行走时需要的空间示意

为避免行人间的横向干扰,一般要为每位行人提供0.75米宽的横向行走空间。如果是两个熟悉的人,则每人能接受的横向行走空间宽度可降低到0.60米,这一宽度下两人在行走中可能发生肢体接触。在道路拥挤时,横向行走空间会被明显压缩,因此,步道的基础有效宽度往往要达到1.2米,1.5米会更理想些,而新城市主义则提倡1.8米的步道最小宽度,考虑了两人并排行走和侧身规避对向来人的情况。如果宽度不够,

行人就会尝试寻找其他空间行走,包括走入机动车道或非机动车道。

保障步道具有充裕的有效行走宽度,才能使行人自愿、顺畅地使用步道(图27)。这也是考虑超越条件和行人其他需求的起点。一些步道障碍物,包括路缘石等,往往会迫使行人规避,因此计算步道宽度时一定要考虑有效宽度(表2)。在"地摊"活跃时段,步道空间的哪些部分是可以被占用而不影响有效通行的,需要统计和测算。在早晚高峰时段,通勤主流步道要提供更大的有效宽度,这有利于提高步行速度。

步道有效宽度计算公式:

$$W_E = W_T - W_o$$

式中　W_E——步道有效宽度;

　　　W_T——步道总宽度;

　　　W_o——步道上的障碍物宽度与行人规避间距之和。

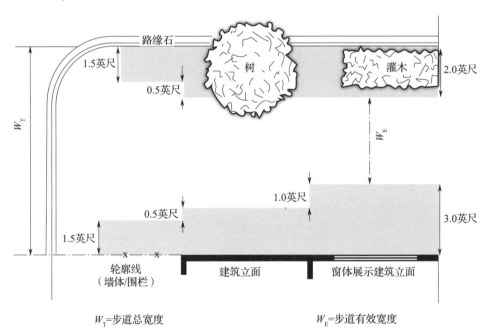

图27　典型障碍物与步道有效宽度的关系示意

表2 道路上各种典型障碍物的占路宽度

行人步道上各种常见障碍物的侵占宽度		
路侧地上设施	英制/英尺	公制换算/米
灯杆	2.5~3.5	0.76~1.07
交通信号灯柱和控制箱	3~4	0.91~1.22
消防警报箱	2.5~3.5	0.76~1.07
消防栓	2.5~3	0.76~0.91
交通标志	2~2.5	0.61~0.76
泊车计费表	2	0.61
邮箱（1.7英尺×1.7英尺）	3.2~3.7	0.98~1.13
电话亭	4	1.22
垃圾桶	3	0.91
路边椅	5	1.52
共用地下设施接入		
地铁台阶	5.5~7	1.68~2.13
地铁通风口	6+	1.83+
变电箱散热通风口	5+	1.52+
景观		
树	2~4	0.61~1.22
植物箱	5	1.52
商业用途设施		
报架和报亭	4~13	1.22~3.96
自动售卖机	不同	—
广告牌	不同	—
橱窗展示	不同	—
步道上的露天咖啡座（两排桌子）	7	2.13
建筑物凸出部分		
柱子	2.5~3	0.76~0.91
门廊	2~6	0.61~1.83
供水管连接件	1	0.30
遮阳篷支架	2.5	0.76
货车卸货平台	不同	—
车库出入口	不同	—
门前专用道	不同	—

注：在具体计算中，行人与障碍物之间还要另外保留0.3~0.45米的间距。

缺陷13：斑马线与信号灯的路权困惑

在我国，"斑马线"通常被理解为行人优先的过街位置，信号灯通常被理解为分配路权的交通控制设施。这种理解其实给我们带来了一定的困惑，最典型的就是，信号灯的红灯点亮时，错误进入斑马线区域的行人还有没有优先通行权？机动车如果因避让行人而导致事故，例如被后车追尾，责任应该由谁承担？

人行横道和斑马线的概念都是舶来品，英式英语一般称为Pedestrian Crossing，美式英语一般称为Crosswalk，是指分配给行人横穿道路的区域，表示的是一个发生和处置路权冲突的位置。维基大百科对人行横道作用的释义是，将行人聚拢到一个可以使机动车驾驶人看到的地方，使行人能以相对安全的方式穿越道路上的车流。注意，这里有几个重要的技术要素，分别是聚拢行人、安全可见、穿越机动车流。这几个要素，分别指向了交通控制的几项基本原则：充分满足每一个需求，信息传递清晰且准确，掌控注意力，掌控遵从度，有充分时间做出反应。

需要注意的是，斑马线与人行横道并不能划等号，斑马线只是人行横道的一种形式。但斑马线的概念在很多国家和地区确实更为深入人心。这种受欢迎度和接受度，与斑马线的形象设计迎合了人眼视觉的基本规律有很大关系。人眼看物体时，要依靠视神经来感受对比度，而斑马线，恰恰利用了"一白一黑"的高对比度迎合了人的基本视觉识别特性。

斑马线这一称谓的由来有多个版本，主流观点认为源于英国下议院议员詹姆士·卡拉翰（James Callaghan）。1948年，英国交通运输研究实验室正在研究新的人行横道式样，卡拉翰在参观实验室时称"一白一黑"的横道设计方案让人想起了斑马。1949年，在经过了大量独立实验后，英国首批设置了1000处斑马线式样的人行横道，除白色线外，还用到了蓝色线和黄色线。1951年，经过实践研究后，英国将"在斑马线位置，行人有充分过街优先权"的规则写入了法律。

图28 英国设置信号灯的人行横道，不使用斑马线式样，而是使用点状线标识通行区域的宽度，这一看似简单的区分方式其实很关键，有信号灯时是信号灯分配路权，人行横道不采用斑马线式样，没有信号灯时以路面标线（斑马线拥有绝对优先路权）形式决定路权，这种规则向用路人传递了清晰的指令，也避免了"礼让斑马线"这类口号带来的道德和法律困惑

在很多欧洲和北美洲国家，斑马线式人行横道代表最高优先权，不需要设置行人信号灯，只要有行人离开路缘石踏入斑马线区域，过往车辆就必须停止，让行人优先通过。而那些设置有信号灯的人行横道，则一般不采用斑马线式样，取而代之的是更简单的两条虚线，或以白色实线标出通行区域，目的是提示驾驶人停车的边界，同时提示行人过街的区域（图28）。

事实上，在主干道上专门设置的服务于行人穿越的横道，至少已经有2000多年的历史了。在意大利的庞贝古城遗址中，研究人员发现，为帮助行人在过街时规避街道上的排水沟和污水处理系统，人们在街道上横向放置了一些巨石，巨石之间留有空隙，不会影响马车通行。

缺陷14：路缘石与井盖等设置粗放甚至错误，影响道路排水

为保障道路能全天候使用并保护路基，排水一直是道路工程研究和改善的重点领域。为什么英文称公路为"Highway"？因为公路的路面要比两侧路缘或一侧路缘高一些，这样才能快速将路面积水排向路外。为什么有些地方会出现路缘石比路面高的情况？因为这些地方不能直接向路外排水，路外可能是行人步道或有建筑物，这种情况下就需要用高于路面的路缘石来挡住从路面流过来的水，同时通过路缘石与路面形成的排水沟，将水导流到排水井中，最终使水汇聚到地下排水沟中。正确设计和施工的道路都具有一些典型特征，比如路中高于路侧，这称为路拱或超高（弯道的超高要考虑车辆进入

弯道时的离心力），主要作用就是排水。有路缘石的道路称为封闭式道路，路侧通常有排水井和边沟，没有路缘石，直接将水由路面排到路外土地或边沟的道路，称为开放式道路。

通常，路拱的高度是根据预计降雨量确定的，降雨越集中、雨量越大，路拱高度就越高，这样才能快速排水，保证行车安全（图29）。

说到排水，就不得不提路缘石。路缘石的种类和规格多种多样，选用时要考虑道路上的各种需求，除收集雨水外，还可以发挥强化交通流活动空间和边界的作用（图30）。很多城市不重视路缘石加工工艺，盲目采用花岗岩等高档石材，而忽视边角处理，很容易剐蹭汽车轮胎或轮辐。

如果没能在道路设计伊始厘清路拱和排水问题，使用中就很可能要用"一连串井盖"来亡羊补牢，这种现象在一些经过拓宽或改造的道路上比比皆是。

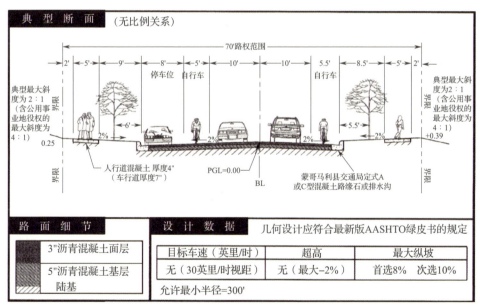

图29 典型的支路断面，各通道的横坡坡度都是2%，用路缘石收集雨水后排出，这样的路面很难积水，步道也能快速排水（"'"代表英尺，"""代表英寸）

图30 封闭式道路的正确排水方式

缺陷15：错误设置路灯

让道路亮起来，是一项重要的安全措施，要因地制宜。目前，我国比较流行的方式，是大面积设置高照度路灯，不重视道路空间的亮度层次，这样不仅成本高昂，还会浪费能源，加剧汽车尾气排放污染。

城市道路不同区域的照明强度由高到低排列，首先是行人步道，其次是自行车道，最后是机动车道（图31）。因为机动车驾驶人可以用前照灯来照亮前路，观察视距范围内的路况，而行人一般不会自带灯具，自行车通常也不会配前照灯。

照亮行人步道和自行车道，并不需要高照度的大型路灯，只要确保行人和骑行人能看清路面，并获得安全舒适的视距就可以了（图32）。在行人和骑行人需要穿越机动车道的位置，也要提供比机动车道更强的照明，这样能使

图31 城市道路上，行人步道和路缘石附近的路面最需要照亮，而机动车通常依靠前照灯就能获得足够的安全视距

机动车驾驶人更早地发现风险。此外，由于人们在夜间普遍习惯于选择相对明亮的区域行走，相对更高的照度显然能引导人们选择正确的过街位置。在交叉口增强照明，可以提高驾驶人的视区质量，改善安全视距，使驾驶人及早发现路口和可能的风险。

机动车道上的照明，不是取代车灯，而是弥补车灯的不足，只有路口位置、行人过街位置等，才需要提供比常规路段更强的照明（图33）。至于辅助驾驶人完成驾驶任务或提示危险情况的标志标线，则可以用逆反射材料来实现强调目的，而不必要补充照明，这也更符合碳中和的诉求。只有在机动车前照灯照射不到的地方（专业讲是入射光无法回到驾驶人的观察角范围里的地方），才需要补充照明（图34）。

图32　路口过街位置和行人步道是重点照明区域，可以吸引行人选择正确的步行空间，也可以提醒驾驶人注意危险点位

图33　机动车道上过度照明形成的漫反射，破坏了路面的对比度，导致驾驶人难以观察路况

图34　正确的道路照明布局

缺陷16：标志标线的视认性欠佳，不利于掌控用路人的注意力和遵从度

我国对于标志标线的重视程度，是伴随机动车的普及过程逐渐加强的，这与交通流的运动速度提高和运动量增加有很大关系。标志标线能提供人们所需的运动轨迹参照坐标和引导信息，也能提供路权规则，告知各种交通流的谈判秩序和操作点。因此，标志标线设置规范的核心关注点就是视认性。

驾驶人、骑行人和行人的视角是各不相同的，这就引出了标志标线设置的第一个问题：对不同的道路参与人，要考虑不同的视认元素。目前，我国大部分地区在设置标志标线时都较少考虑这一需求差异，而且大部分城市的道路标志，都采用了与郊区公路标志相同的版面和支撑结构，严重浪费资源，影响了标志设置数量和操作点的提示作用，导致很多小路口和多方向的引导标志严重不足，很多驾驶人在错误位置进行驾驶操作。为什么很多城市都有"指路服务志愿者"这一公益服务群体？恰恰是因为指路标志不足或设置不合理。

对于标线，从视认性开始，到颜色规则，再到是否可以碾压、怎样碾压才是违法等，囊括了大量专业知识。很多城市只要在傍晚降雨就会引发严重的道路拥堵，这其实与道路排水不佳和标线水下反光性能不佳有很大关系（因为很多路灯照射路段的漫反射光严重干扰了标线的视认性）。

最后是认知问题。在我国现行交通安全法规下，机动车驾驶人是唯一强制学习交通标志标线知识的群体，而广大骑行人和行人，基本都是交通标志标线方面的"法盲"。而在一些交通法规体系相对成熟的国家，普遍有教导公众如何认识标志标线的指南，也会从学龄前儿童开始进行交通安全法规和标志标线知识教育，这是我们亟待加强的方面。

道路设计影响人的用路行为

"中国式过马路,就是凑够一撮人就可以走了,和红绿灯无关。"这句话恐怕能引起不少国人的共鸣,"国民素质"也不可避免地再次成为问题的原罪。在各路媒体口诛笔伐,各相关部门集中整治之后,笔者更想谈一谈,"中国式过马路"的原罪到底是"国民素质",还是"中国式马路"。

以人为本不能是句空话

我们在设计道路时,要着重考虑人们出行行为的共同点,如果将此忽略,人们的行为就很可能与道路所要求的出行规则"冲突"。

那么,人在穿越道路时,对空间和时间有怎样的需求呢?

人在站立等候信号灯时,是需要空间的。美国纽约市的道路设计标准,对人在道路转角区域等候过路时所需的站立空间,做了标准化的测算和规定,其中包括舒适度、承受力、恐惧感等指标,分为六个等级。

A级:人均占地面积>1.2米²时,人在排队等候区域可自由活动,且不会干扰他人。

B级:人均占地面积为0.9~1.2米²时,人在排队等候区域的部分活动受限,可能会干扰他人。

C级：人均占地面积为0.6~0.9米²时，人在排队等候区域的转身动作受限，可能会干扰他人，这是使人感觉舒适的空间下限。

D级：人均占地面积为0.3~0.6米²时，人在排队等候区域的大部分活动受限，但可能不会触碰他人；团队只能向前移动；等待时间较长时，人会感觉不适。

E级：人均占地面积为0.2~0.3米²时，人在排队等候区域难以活动，站立时会不可避免地触碰他人；等待时间稍长，人就会感觉不适。

F级：人均占地面积＜0.2米²，人在排队等候区域无法活动，站立时人挨人，感觉很不舒服。

考虑空间因素，是让过路人在等候信号灯时有相对舒适的容身之地，而考虑时间因素，是让过路人在等候中不至于失去耐心。

笔者在"茶坊客"论坛上看到过一篇调查文章，其中一段文字，耐人寻味："我国首部《城市道路人行过街设施规划与设计规范》中，规定交叉口信号控制行人过街可忍受等待时间不宜大于80秒。而《青年时报》记者在杭州闹市区中山北路与体育场路交叉口等8个路口走访发现，杭州闹市区路口红灯时长普遍超过100秒，等待红灯时间最短115秒，最长则达145秒。此外，相关调查表明，上海主要的信号控制交叉口周期往往在180秒以上，有的甚至达到240~300秒，行人过街等待时间超过120秒甚至180秒。有研究表明，行人等待时间小于行人最大可忍受等待时间时，行人基本能够按照信号灯色通行，行人交通流的可控性较好；反之，行人交通流的可控性较差，强行穿越机动车流的行人比例很高。交通信号灯设置的不合理，导致行人等待时间大幅超过其可忍受极限。

同济大学的课题组在上海收集了3个交叉口和5个路口，共1820位行人的过街案例。这1820位行人，都是在红灯期间到达斑马线前的。他们或等待下一个绿灯时间通行，或等待一段时间后，在红灯期间通行。课题组将交通流量、道路条件、车型、行人组成等因素综合后，最终代入一个测算风险的数学模型，通过专业的统计软件进行分析。基于这套测算方法，课题组得出结论：在交通流量较大的主支相交路口，行人最大可忍受等待时间为90秒。等待时间超过70秒后，行人开始慢速前进，寻找其他位置等候，等待时间超过90秒后，过街信号灯的作用趋于零，行人过街处于不可控局面，会导致闯红灯。

除时间和空间因素外，还要考虑人的步行能力，这就引出了道路宽度问题。

美国纽约市的道路设计标准提到，普通行人的日常步行速度是4公里/时，约合1.1米/秒，而人们日常通勤出行能承受的最长步行时间是20分钟。"中国式马路"的显著特点就是宽。我国的城市道路设计规范建议的行车道宽度是3.75米，中型以上城市的主干道宽度一般是30~40米。结合常规步速计算，一个人要想穿越这样的路，就需要30~50秒，如果是行动不便的老年人或残障人士，则时间至少要增加1倍。

此外，美国交通部的文件提到，路口/街角转弯半径也会影响人们穿越道路的时间，大转弯半径会增加穿越街道的距离。对于双车道街道，当路口/街角转弯半径为3米时，人们的平均穿越时间是7.9秒，当转弯半径增加到7.5米时，人们的平均穿越时间会达到14.1秒，见图1。路口/街角转弯半径还会影响车速，半径越大，车辆通过速度越高，半径为3米时，车辆通过速度一般不超过30公里/时，通常不会对行人造成致命威胁。

宽度并不是决定区域道路通行能力的充分必要条件，行驶中的阻断因

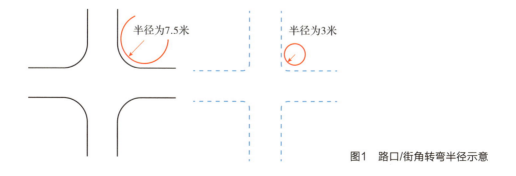

图1　路口/街角转弯半径示意

素、车间距、车辆运行的质量和效率等，都会导致宽阔道路的实际运能大幅降低，过大的宽度甚至会成为拥堵的元凶。在道路宽度与行人过街效率的问题上，我们要明确一个认知：只有学会尊重行人的需求，机动车的通行才能更顺畅。

道路设计不能只考虑穿越问题

我国的道路设计标准缺乏对以下三个问题的关注：道路有效宽度、路侧安全冗余空间、标志标线等基础交通控制设施。

纽约交通局在市域道路设计技术规范中引用了《道路通行能力》的设计标准，专门提出了对行人步道有效宽度的要求，同时给出了一份清单，详细列出了所有可能出现在行人步道上的设施通常占据的宽度，甚至明确指出，为使行人避开这些设施，还必须增加0.3~0.5米的冗余空间。以下摘译部分内容。

- 路面附属设施

1）路灯灯柱：0.8~1.1米。

2）信号灯灯柱与控制箱：0.9~1.2米。

3）消防警报箱：0.8~1.1米。

4）消防栓：0.8~0.9米。

5）交通标志：0.6~0.8米。

6）停车计价器：0.6米。

7）邮政信箱（0.5米×0.5米）：1.0~1.1米。

8）电话亭：1.2米。

9）垃圾桶：0.9米。

- 公共地下设施入口

1）地铁站台阶：1.7~2.1米。

2）地铁通风栅（凸出）：1.8米以上。

3）变压器散热装置（凸出）：1.5米以上。

- 绿化

1）树木：0.6~1.2米。

2）植物箱：1.5米。

- 商业设施

1）报纸架：1.2~4.0米。

2）自动售货机：多种。

3）广告橱窗：多种。

4）商店橱窗：多种。

5）步道户外咖啡桌（两排桌子）：2.1米。

- 凸出建筑物

1）柱子：0.8~0.9米。

2）门廊：0.6~1.8米。

3）地窖门：1.5~2.1米。

4）管道连接件：0.3米。

5）遮阳棚支架：0.8米。

6）货车平台（凸出）：多种。

7）车库进出口：多种。

8）车道：多种。

新城市主义交通管理理念中也有关于增加行人步道宽度的建议，要让行人能相对舒适地漫步街头，同时保持必要的社交条件和礼仪，比如能与同行者并排而行，与相向而行者有侧肩礼让空间，不会被迫进入机动车或非机动车道，见图2。国内很多城市，为防止机动车驶上人行步道，就习惯性地设置高耸的路缘石，这样一来，机动车是挡住了，行人也被难住了，过街非得"上蹿下跳"才行，这就促成了以"中国式过马路"来对付"中国式马路"。

图2　人性化的过街通道

路侧安全冗余空间和障碍物对机动车安全的威胁

"中国式马路"还有一个特点，就是路侧的行道树、设施立柱、电线杆等布置密度很高。这些设施剥夺了机动车冲出道路后驾驶人自救的机会。1965年，AASHTO在《乡村公路几何设计规范》(*Policy on Geometric Design of Rural Highways*)中首次提出了路侧净空（Roadside Clear Zone）概念，多年后问世的《公路与街道几何设计规范》(*A Policy on Geometric Design of Highways and Streets*)收录并细化了相关问题。后者提到，对于所有冲出道路的车辆事故，有85%的事故车辆如果有30英尺（约9米）的路侧空间，驾驶人就能完成自救，避免致命伤害。得出这一结论的基础是机动车以60英里/时（约96公里/时）的速度，沿正切方向冲出道路，且路侧为平坡而非陡坡。路侧净空与车辆流速和道路流量关系密切，通常情况下，如果是限速60公里/时的大流量道路，建议的路侧净空是4.2米左右。

依据上述规范和相关研究，美国每年都会整理往年的交通事故数据，然后进行有针对性的整改。2006年，在全美所有死于道路交通事故的人中，有25%死于平面弯道事故；在所有致命交通事故中，有75%发生在郊区和乡村公路，有70%发生在双向双车道公路，其中大部分是本地公路；平面弯道事故的数量，是其他路段事故数量的3倍。研究还发现，有76%的弯道死亡事故是单车事故，车辆冲出道路后大多会撞击树木、路侧设施立柱、岩石或其他固定障碍物。为此，2007年，美国政府路政部门和安全机构推动的主要道路交通安全工作，就是设置弯道引导标志和警示设施（图3），同时持续专注于建立路侧纵向净空，移除路侧树木和设施立柱，利用反光材料提升路侧设施立柱的视认性，利用反光道钉和振动带等强化路侧边缘线的警示和约束能力。如今，国内有很多城市还在为路侧是该"树让标志"还是"标志让树"而争论不休，这也说明我们尚未建立安全至上的管理理念和工程共识。对此，很多人也会有疑问，城市道路的路侧空间是有限的，怎么可能处处都满足净空要求呢？答案很简单，即使无法移除障碍物，我们也可以通过设置标识来提升障碍物的视认性，让人们能提前发现它，规避它。

图3 美国的弯道引导标志和轮廓桩

交通标志标线的安全作用

失当的变道操作,是引发交通事故的主要因素之一。进行合理变道操作的前提,是对道路和方向做出高效的选择和判断。美国的交通标志标线设置标准指出,指路标志的设置质量与交通事故的发生概率直接相关。在国内的很多道路上,指路标志设置不充分或不科学,导致很多驾驶人为寻找目的地和选择行车道而频繁进行减速操作和无序变道操作。即使有先进的车载卫星导航系统可以依靠,在很多道路环境下,明确的指路标志和提示信息也是不可或缺的。要提高交通质量,减少交通事故和延误,就要提供清晰且准确的道路使用指导信息。

综上,"中国式马路"无疑是"中国式过马路"现象的一大诱因。违规穿越道路行为的背后,除了所谓的素质问题,更多的恐怕还是道路设计造成的"不得不为"的无奈。在倡导、督促大家守规有序过马路的同时,我们不要忘记加快建设和完善"中国式马路"的安全管理设施,从工程技术角度出发,向安全投资要效益。

05 主干道上的交通静化措施

交通静化（Traffic Calming）概念，近三十年来在发达国家逐渐普及，已经有很多城市运用这一概念来缓解机动车对人们日常生活质量和用路感受的负面影响。最初，交通工程界普遍认为交通静化措施在多数情况下只适用于非主干道，而主干道是否能使用相关措施来降低车速、改善安全性，并没有形成共识，更缺乏指导性文件。

2004年，英国交通部颁布了一部名为《主干道交通静化措施实践指南》（*Traffic Calming on Trunk Roads A Practical Guide*）（以下简称《指南》）的文件，作为对《道桥设计手册》（*Design Manual of Roads and Bridges*）的补充，指导各地主干道交通静化改造的具体实践，见图1。

图1 典型的英国式交通静化措施

《指南》明确定义：交通静化，是使用特殊方法降低和控制车速，以适应发生在道路沿途的各种活动。它也能用于鼓励不同驾驶人都相对稳定地使用同一速度行驶，而不是突然加速或减速，这样就可以使交通流运行得更稳定。此外，交通静化能使机动车驾驶人更多地顾及非机动车使用者。

实践中，交通静化措施主要用于限速在30英里/时（约50公里/时）以下的城市道路。这与城市道路低车速比例大、事故多的特征，以及非机动车使用者的行为特征有关。

《指南》还指出，随着农村公路重要性的提升，交通静化的一些措施开始在20世纪80年代应用于农村公路，以缓解交通安全问题。现在，一些措施已经开始应用于更高车速的道路。在更高车速的道路环境下，有些物理措施会带来额外的安全风险，因此静化大多采用非物理措施。换言之，物理措施不适用于车速相对较高的主干道。不过，非物理措施的限速效果并不明显，需要有限速执法等手段配合，因此这类设计要尽量实现"自我约束"，以减少对警力资源的消耗。

英国早在1994年就发布了农村公路上的交通静化效果研究。此后，主干道上的静化效果跟踪结果也陆续发布，结论是积极的，措施主要包括区域门径化、标志标线、减速丘（缓冲垫）和小型环岛等。负面评价集中于噪声等方面。

这些研究改变了以往的认知。业界开始认识到，交通静化措施不仅适用于从主路去往村镇的路段，还适用于主路有沿途开发，或者主路穿越居住区的路段，这一措施对路侧有频繁人员活动的路段都有积极作用。

尽管交通静化设计源于安全需求，但本地社区的可达性、环境质量和社区间的平等沟通，也是主干道交通静化的重要需求。

《指南》还特别提到：在一些情况下，获得有效的速度干预与视觉效果间会因环境美观性而发生冲突。但设计者要知道，很多降速措施的首要依托就是醒目的设计，如果降低显著性，就会影响速度干预的效果。在这一问题上，要做审慎权衡。必要时，要为安全需求与公众沟通，明确阐述措施提升效果的显著性，以及影响环境美观的必要性。

主干道上如果有大比例重型、大型车辆，则会对交通静化措施产生明显影响。设计时，要考虑重型、大型车辆的噪声、振动和转弯需求等因素。

《指南》指出，交通静化的主要目的包括：

1）提高交通安全性。

2）保护环境。

3）实现交通一体化。

4）提高可达性。

5）促进经济增长。

更具体的是，交通静化设计可以在主路上产生下列作用：

1）鼓励适当的车速。

2）在具体道路上提高交通安全性。

3）促进社区之间的连通。

4）为公共交通使用人、行人和骑行人提供接入条件。

5）提高本地环境质量。

6）改善驾驶人的警觉认知和行为。

在适当条件下，村镇内道路应采取不高于30英里/时（约50公里/时）的限速规则。交通静化措施有利于强化限速措施。

从技术角度看，交通静化措施可以归纳为两大类：

1）横向和纵向偏移型物理措施，通过道路上横向和/或纵向的突然变化，引发更高速行驶时的不适感，借此鼓励驾驶人降低车速。

2）非物理措施，例如粗糙路面、多变标志、限速、门径等，鼓励驾驶人调整驾驶行为。

很多交通静化方案综合运用了物理措施和非物理措施。要因地制宜地进行交通静化设计。路面隆起、标志标线以及其他交通静化措施都必须符合有关规定。如果确实需要非标准化设计，则必须与监管机构商讨，并获得特别授权，相应的标志标线仍要依据国家标准设置。

车速与事故的关系

值得注意的是,《指南》提供了一组关于速度与事故关系的统计分析数据,相关结论是,交通静化措施可以降低车速,理顺交通流,有效降低伤害型事故的发生概率。此外,对道路上V85车速(指在路段特征点上测定的第85百分位车速)的有效降低幅度,与事故减少比例有直接关系,见表1。这一结论是在研究了56个村庄1992—1997年的主干道交通静化措施和事故情况后得出的。

表1　V85车速降低幅度与事故减少比例的关系

V85车速降幅	减少事故比例
0~2英里/时	10%
3~4英里/时	14%
5~6英里/时	32%
7英里/时或以上	47%

作为总原则,中间车速每降低1英里/时,就能减少5%的伤害型交通事故,减少10%的死亡或重伤事故。当然,这只是常规概念,具体效果要根据本地条件做判断。对于我国很多地区穿越高密度人居环境的主干道车速管理工作,这一结论有很大的借鉴价值。我国道路的设计车速通常是70公里/时甚至80公里/时,但实际平均车速连50公里/时都无法达到,那么,我们为什么不能采取更灵活的道路断面来实现持续的安全车速运行,将注意力从以高车速争取效率,转移到以低车速不停车来争取效率呢?

居住区内的静化

对于居住区内的道路,交通静化的目的是提醒驾驶人,使他们意识到正在与他人共享道路,必须顾及他人。这种情况下,主要静化措施包括:

1)向驾驶人强调道路特点发生改变的措施。
2)在居住区入口使驾驶人改变驾驶方式、降低车速的措施。
3)在居住区内使驾驶人能持续顾及当地居民的措施。

4）增强驾驶人对非机动车使用者关注度的措施。

5）帮助非机动车使用者的措施。

采取的相关工程技术要有的放矢、因地制宜。为控制和降低车速，需要组合使用多种措施。上述措施单独使用时，都不会有显著效果。

线路上的静化

一条线路上可能有多个居住区，或者没有居住区，或者只有少数开发区接入。交通静化措施可以针对一系列问题进行设计，比如安全、环境、隔离（Severance）和可达性等，见图2、图3。

图2 典型的美国式交通静化措施，提供二次行人过街保护，用特殊标志强化斑马线前停车让人

图3 典型交通静化措施，利用路缘石收窄路口，抑制车速

在线路上采用静化措施的主要目的包括：

1）减少事故。

2）理顺居住区之间的交通流。

3）使行人和骑行人的过街位置与过街保护更合理。

4）提高沿线居民的生活质量。

5）提高驾驶人对其他道路使用者的警觉度。

6）提高驾驶人对道路危险点的警觉度。

7）确保线路上的处置措施保持一致。

线路静化可以充分利用本地典型的静化措施，例如：

1）在单车道的农村公路上将车速由60英里/时降至50英里/时。

2）将居住区内道路的30英里/时或40英里/时限速值延伸到线路上。

3）在所有居住区入口路段进行接入路径处理。

4）提高标志标线的设置水平。

5）使用彩色路面。

6）提供过街条件。

7）拓宽或增设步行道和自行车道。

自静化线路

自静化（Self Calming）概念，指利用既有道路环境实现常规意义的交通静化目标。一项自静化设计可以利用弯道、桥梁或占路停车位等，实现速度控制目的，同时避免形成新的危险因素。

有些因素会影响驾驶人对车速的控制：

1）宽阔的道路会使驾驶人更愿意提高车速。

2）较高的封闭型路侧特征，比如高楼、墙壁、树篱或树木，会使驾驶人感觉道路变窄，更愿意降低车速。

3）沿途活动多、占路停车、街边设施和地平线景观等可能使驾驶人更加谨慎。

4）平坦的道路和开放型弯道会鼓励驾驶人提高车速。

5）道路的自然特征，比如弯道，由于能限制前方视距，或许会鼓励驾驶人降低车速。但这种特征要进行特殊应对，确保不要在安全上有所妥协。

6）在进行交通静化设计时，上述因素都要考虑。

交通静化设计的重点

开展交通静化设计时首先要考虑的并不是设计方式，而是交通静化措施的多样性和应用地点。一位称职的交通工程师要具备全局视野，既要有能力审视和推敲简单的标志标线与复杂的综合方案，也要有能力使线路沿途协调一致，比如在一条线路上使用基本一致的区域门径设计形式，使驾驶人获得熟悉的信息，提高警示效率。总之，优秀的设计应该兼顾本地特点和线路沿途风格。概括起来，主要有七个重点：

1）**行人、骑行人**：要关注威胁行人、骑行人（特别是老年人和儿童）安全的潜在障碍物。例如，在通过设置行人过街安全岛来达成交通静化目标时，要考虑视距问题。如果在过于突兀的位置设置安全岛，则可能导致机动车驾驶人分心，无法及时将注意力集中到过街的行人身上。在这种位置，要设法避免让行人使用安全岛，代之以其他方式。

2）**公交车服务**：交通静化措施与公交车的舒适感有时需要平衡取舍。在获得整体静化效果的同时，兼顾公交车服务质量。公交车站的选址，要特别注意行人过街安全问题，因为很多人倾向于在公交车站快速通过街道。公交车站与人造障碍物的距离不宜过近，因为这样可能导致公交车辗轧障碍物。采用路面隆起措施减速时，要考虑公交车的通过性问题，以及过往车辆的行驶舒适性问题。

3）**应急服务**：在实施交通静化时，要考虑应急车辆的通行效率（延误）

问题和相应对策，往往要制定专门的线路并做好处理。

4）**停车设施**：停车和服务设施应该与交通静化措施相融合，为居民、商店、访客和服务车辆提供更多的停车条件。

5）**降速设施的位置和距离**：设置降速设施的目标是获得相对持续的低速行驶效果。降速设施要设置在需要降速行驶的区域之前。设施的间隔距离对降速效果有很大影响。一般情况下，要实现V85车速为30英里/时的目标，物理降速设施的间隔距离不能超过100米；要实现V85车速为20英里/时的目标，物理降速设施的间隔距离不能超过70米。降速设施的间隔距离对车辆的加减速频率有很大影响，同时涉及对环境质量的影响，包括噪声、振动和排放。降速设施间隔距离越近，驾驶人越倾向于避免进行加减速操作，进而保持一个相对较低的车速。

6）**环境考量**：要根据项目的规模和复杂度来评价环境影响。设计时，要考虑所有措施的负面影响，并设法使其最小化。例如，有些纵向偏移类措施，在大型车辆较多的地方，可能导致严重的噪声污染。要解决这类问题，通常要全盘考虑道路条件和路外条件，比如路灯、植被、街道附属设施等，还要考虑维护成本问题。

7）**标志标线和灯具**：要通过合理设置标志标线和灯具，来确保前方存在交通静化措施的警告能在任何情况下有效传达给驾驶人。很多静化措施要通过标志向驾驶人提供使用信息。有时，杂乱的标志会引起驾驶人的反感，因此要合理规划标志位置并采用相契合的辅助照明措施。交通静化措施一定是全天候可视的，无论昼夜，无论干湿。在有些人为照明环境下，夜间很难分辨物体颜色，如果采用彩色路面，一定要注意照明措施要有助于展现正确的颜色效果。此外，标志标线规格必须符合相关标准。

很多主干道和一些居民区是没有路灯的，如果在这样的环境下采用交通静化措施，则要考虑是否应该配置舒适的照明设备，以改善安全性和可达性，或者考虑增加路灯照明。在有路灯的情况下，限速值可以设置到30英里/时，除非另有法规要求。在居住区内设置路灯通常很受欢迎，但在居住区外设置路灯可能面临环保问题。

交通静化的主要措施

交通静化主要包括以下措施：

1）门径（Gateways）。

2）标志/标线/道钉（Signs/Lines/Markings）。

3）彩色路面（Colored surfacing）。

4）粗糙路面（Textured surfacing）。

5）改变限速（Changes to speed limits）。

6）安全监控摄像机（Safety cameras）。

7）减小道路宽度（Reduction in carriageway width）。

8）禁止或限制一些车辆行驶的交通规则（Traffic regulation measures including prohibition or restriction of selected categories of traffic）。

9）行人和骑行人过街设施（Pedestrian/cyclist crossing facilities）。

10）改变交叉口优先权（Changes to junction priorities）。

11）横向偏移（Horizontal deflections，指路面车道的收窄、位移等）。

12）纵向偏移（Vertical deflections，指路面的垂直变化，比如隆起等）。

针对主干道路网，会限制采用纵向偏移措施。

《指南》还进一步介绍了上述措施的使用方法和作用。

1）**门/门径**：用一些特征变化来提示驾驶人进入了新环境，比如村口或居民区，要相应改变驾驶行为。

2）**旁路入口处置**：改变旁路入口的路面颜色和/或纹理，采用路面隆起措施，或收窄车道。旁路上可能包括一条延续的"步道"，车辆要减速通过。这样设置后，行人，特别是那些有行动困难的人，就能更从容地跨越旁路。从技术层面讲，按技术规范设置的横穿机动车道的小隆起，类似路外"步道"延伸进机动车道，这种"行人专属感"能提升行人的使用率并降低过往车速。

3）道路关闭：通常是阻止接入或分流交通，可以针对所有机动车或部分车型，非机动车仍可通行。

4）彩色路面：用于标识道路、道路区域，或指示路面空间再分配的措施，比如公交专用道或自行车道。

5）街面附属设施和植被：可用于提供视觉冲击和再分配道路空间。

6）停车区：通过设置路内停车区可减小行车道宽度，确保视线并再分配道路空间。

7）道路标线：通常是阴影线（Hatching）、幽灵环岛（用标线或地面色差勾勒出的虚拟环岛）或非物理化收窄处理，包括地面限速标识（用标线涂料或地贴制作的路面限速标识）。

8）标志：标志是大部分门径的集成要素之一，也用于提示限速值和其他规则，或告知驾驶人注意一些特殊情况。

9）限速：在路网的特殊敏感路段，比如居住区，要进行特殊的速度限制。

10）骑行设施：严格意义上讲，骑行设施不属于交通静化措施，但它能改善骑行的安全性，包括自行车道、自行车专用道和自行车过街设施。

11）步行设施：用于提高步行安全性，包括提升步道高度、过街设施正式化、设置安全岛和凸出路缘石。

12）车道再分配（Lane reallocation）：根据车型分配行车道，比如大型客车、自行车等，常见于大型乡村的居住区。

13）横向偏移：

a. 单侧阴影线（Build-outs）：在行车道的一侧用阴影线进行窄化处理。

b. 窄化阴影线（Narrowings）：在行车道两侧相对的位置用短距离或长距离阴影线进行窄化处理。

c. 交错型车道障碍物（Chicanes）：在道路两侧沿纵向间隔、交替设置交错型车道障碍物（位置不能正对）。

d. 人为瓶颈段（Pinch points）：与窄化阴影线相似，但人为瓶颈段用于需要大幅限制道路宽度的地方。

e. 有保护的停车位（Sheltered parking）：用阴影线保护占路停车位。

f. 小型环岛（Mini roundabouts）：用于降低车速，减少事故。

g. 安全岛（Islands/Refuges）：用于降低车速，控制行车道秩序，阻止超车，辅助行人活动等，也可用于分隔自行车和其他交通流。

h. 步道（Footway）：可用于限制道路宽度、辅助行人、限制停车等。

i. 共用区域（Over-run areas）：用粗糙或彩色路面做窄化处理的行车道空间，仍允许大型车辆侵入。

j. 优先通行（Priority working）：通过在道路上设置让行标志或信号灯，制定可选择的优先通行规则，通常与窄化、交错型车道障碍物或人为瓶颈措施配合使用。

14）**纵向偏移：**

a. 路面隆起（Road humps）：也称减速丘（注意不是减速带），顶部可以是圆弧面，也可以是平面；隆起的坡度段要有正弦曲线形式的缓冲过渡；长度可延伸到路侧缘石或在两端断开留出空间；减速缓冲坡面采用H或S形布局（迎车面不是垂直于车辆行驶方向的横向直线斜坡，而是有H或S形凸出面的斜坡，使驾驶人能以相对缓和的方式，由凸出面降速通过减速丘，减小振动幅度，图4）。路面隆起对控制车速很有效，但很少用于主干道。在限速高于30英里/时的道路上禁止使用路面隆起。路面隆起高度不得高于100毫米，常用高度是75毫米。

b. 垫高交叉口（Raised junction）：一种表面平坦的延展型路面隆起形式，覆盖整个交叉口区域。

c. 减速丘（Speed cushions）：一种路面隆起形式，宽度不会覆盖行车道，两侧有空隙，间距大于大客车、消防车和救护车等大型车辆的轮距，大型车辆可平稳通过。

d. 减速带（Thumps）：一种小型路面隆起形式，采用橡胶材质，沿行车方向延展，宽度为900~1500毫米，高度为30~40毫米。

e. 隆声带（Rumble devices）：高度不超过15毫米的警示设施，车辆碾压时产生噪声和振动。如果设置在居住区附近，则可能引起居民反感。

f. 粗糙路面（Textured）：比隆声带缓和，用于提示驾驶人行车道的特点发生了变化，经常用于入口路径区域。

a）H形减速丘

b）S形减速丘

图4　不同冲破面的减速丘

主干道上的交通静化案例

以下是应用于主干道的交通静化措施成功案例,这些措施不是千篇一律的,也没有一定之规,都源于对具体条件的评估。

A代表接入居住区,W代表居住区内,O代表居住区外围。

1. 门径(适用于A场景,图5)

门径是主干道上使用最多的一种交通静化措施,用于提示驾驶人正进入新区域,道路环境将发生变化,比如进入一个村庄。这类入口有时会有物理措施,例如行车道标线、限速值变化标志,以及村庄名牌等。

门径的视觉效果可以通过综合使用标线来改善,通过在行车道的中间或外侧设置标线来减小道路宽度,或者使用"虚拟隆起"(Virtual road humps)措施。

在道路两侧分别设置标志,要优于在道路中央岛上设置标志,后者可能威胁高速驶来的车辆。

通过对9个地点使用效果的研究,发现驶入车辆的速度会降低3~13英里/时,平均降速5英里/时。

使用门径设计的一个重要问题,是视觉影响力与本地环境间的平衡。设计时,可以使用与本地风格相符的材料和方法,同时要向驾驶人传达必要的信息。

图5 门径

总体上说，视觉效果不显著的设计方案，在降速效果上不如视觉效果显著的设计方案。一般情况下，V85车速会降低5~7英里/时。

2. 中央阴影线（适用于A / W / O场景，图6）

使用中央阴影线"虚拟减小"行车道宽度是一种常用的主干道交通静化措施。中央阴影线可以用于阻止超车行为，也可以通过加宽来配合保护右转弯设施。彩色路面经常与中央阴影线配合使用，以强化标线的视认性，此外，还要考虑路面文字和特定位置。

图6　中央阴影线

3. 中央阴影线+安全岛（适用于A / W / O场景，图7）

中央阴影线的超车遏制效果可以通过设置安全岛来加强，这类安全岛可以是单独的，也可以沿路形成一个系列。应该特别强化安全岛的视觉显著性，因此需要设置指示灯。这种措施在没有照明的道路上尤为重要，因为在人行道安全岛的照明短柱毁坏时，可能产生夜间视认性差的问题。

图7　中央阴影线+安全岛

安全岛是行人过街的辅助措施，考虑设置位置时要关注行人的过街需求，确保处于行人能接受的区域。如果无法做到这一点，就要采用阻止行人使用的设计措施。要避免采用可能引起大幅横向偏移的安全岛，因为它可能分散驾驶人的注意力，使驾驶人忽视正在过街的行人。

4. 彩色路面（适用于A / W / O场景，图8）

彩色路面是门径处常用的静化措施，或者用于强化特定交通静化措施的视认性。彩色路面一般会覆盖道路全宽，长8~12米。颜色选择非常重要：红色初期具有最佳的视觉影响效果，但很快会褪色，视觉扰动性较强；米色成本相比红色更

图8　彩色路面

高，视觉影响效果也不及红色，但褪色过程相对缓慢，视觉扰动性也不强，因此从全寿命周期看也许更优。DMRB TA 81/99是英国针对彩色路面颁布的使用规范，规定路面彩色区域内可以覆画"SLOW"（慢行）字样或限速圆盘。

5. 彩色路面+限速圆盘（适用于A / W / O场景，图9）

"彩色路面+限速圆盘"用于提示驾驶人限速值变化，并鼓励驾驶人减速。色块可以覆盖行车道全宽，限速圆盘迎来车方向设置，双向施划。

最初，英国在8个村庄的外围道

图9　限速圆盘与彩色路面

路上使用了30英里/时和40英里/时的限速圆盘，但平均车速只降低了3英里/时，而且只在驶近车辆的速度超过40英里/时时才奏效。后续在增加彩色路面和门

径措施后，降速效果明显提升。

英国的TSRGD 2002标准允许限速圆盘与限速目标值的终点标志一起使用，逐级显示限速值"20""30""40""50"，并在两块标志上显示限速值"60"，也可以用于重复设置限速标志。逐级减速提示方式要求比较严格，只有限速30英里/时以下且有照明的道路才可以不用。

6. 限速（适用于A/W/O场景，图10）

农村公路上的很多事故都与车辆行驶速度过高或不合适有关。限速对此有一定缓解作用。要关注限速值的合理性、适宜性和连续性，否则可能无法实现限速目的。如果一条道路的V85车速值比限速值高出7英里/时（或20%或更多），则自觉约束型限速目的往往

图10　限速

无法实现。限速的改变可以获得多种交通静化措施的支撑，比如彩色路面、中央阴影线和门径等。降低限速值的位置要精心选择，以使驾驶人看清路侧特点的变化情况，并理解为什么要改变限速值。提供适当的执法监督是限速的基本需求。

图11　安全监控摄像机

7. 安全监控摄像机（适用于A/W/O场景，图11）

尽管这里将安全监控摄像机定义为交通静化措施之一，但严格意义上讲，它属于执法工具。要明确安全监控摄像机的使用规则，并进行严格管理。

8. 行人设施（适用于W场景，图12）

在交通静化设计里，为行人提供适宜的步行条件是很重要的。与骑行人一样，行人需要沿道路移动或穿越道路。高质量的步道能鼓励行人在更安全的环境里行走。增大步道宽度，减小机动车道宽度，可以有效实现交通静化目的。尽管行人过街设施并不是特定的交通静化元素，但它能降低交通流的流速，特别是在频繁使用时。与行人过街相关的标志标线组合，要迎合行人的愿望，鼓励行人使用过街设施。在使用信号灯控制的行人过街设施位置，要确保有合理的行人过街需求量，如果需求量过低，经常路过的机动车驾驶人就可能忽视信号灯的变化，不能及时制动停车，导致事故。

图12　行人设施

9. 骑行设施（适用于A/W/O场景，图13）

在交通静化设计中，考虑自行车的使用水平，并为骑行人提供适宜的条件是非常重要的。骑行人移动的线路，可以在路内（一般自行车道），也可以在路外（有隔离的自行车专用道）。路内自行车道能间接减小机动车道宽度，因此可作为

图13　骑行设施

交通静化措施。需要注意的是，在道路变窄的地方，例如人为瓶颈路段，或有安全岛的路段，要确保机动车驾驶人不会冒险超越骑行人，进而威胁后者的安全。

在有骑行设施的地方，可能需要更多的交通静化措施，例如通过进一步降低机动车行驶速度来提高骑行安全性，以鼓励骑车出行。

10. 车辆激发式标志（适用于A/W/O场景，图14）

车辆激发式标志基于预先设定的"激发规则"，向驶近车辆传达高亮符号信息，常见信息是限速值。这种标志可以设置在弯道上游、岔路口或限速值变化的地方，但不能成为修正原有标志标线错误的补救措施。车辆激发式标志还能与限速标志一起使用，当探测到驶近车辆超速时，它会提示驾驶人处于超速状态。研究表明，车辆激发式标志在没有执法监控摄像机的情况下，仍能有效降低车速，对那些习惯开快车、经常面临事故风险的驾驶人更是有明显作用。车辆激发式标志能使平均车速降低1~7英里/时，进而显著减少交通事故。需要注意的是，车辆激发式标志的设置位置与典型车速值和限速值有关。如果过于接近路口，则可能导致驾驶人没有充足的时间反应，而如果过于远离路口，则可能导致驾驶人进行加速操作，弱化降速效果。

图14　车辆激发式标志

11. 路灯（适用于A/W场景，图15）

路灯不是交通静化措施，但能提高道路使用者的自律性和个人安全需求感，减少交通事故。需要注意的是，不是所有居民区的居民都欢迎设置路灯，他们有时会因环境因素而反对。

在适合设置路灯的地方，还要考虑哪种路灯是最优选。在有路灯的路段，一般采用30英里/时的限速规则，除非有其他特殊规定。路灯要发挥简单、便利的照明作用。如果使用彩色路面，就要匹配合适的照明措施，保证夜间的视认性。

图15　路灯

12. 车道再分配（适用于A / W / O场景，图16）

根据公交车、自行车等车辆的需求对车道进行再分配，进而减少其他道路使用者（机动车）的空间，也是一种交通静化措施。这种措施多用于接近大型居住区的道路。如果需求不高，自行车道不宜作为交通静化措施单独设置，否则机动车驾驶人容易习以为常，逐渐忽视骑行人的存在。

图16　车道再分配

13. 减小车道宽度（适用于A / O场景，图17）

通过使用标线或物理措施来减小机动车道宽度，能鼓励驾驶人降低车速。这种措施可以用于双车道变为单车道的路段，也可以结合虚拟环岛（幽灵环岛），用于保护顺流而下的转弯车辆。在单车道的道路上，可以通过在路中央或路两侧设置阴影线来减小车道宽度。由道路两侧压缩车道宽度时，要注意降低对向车辆相撞的风险。

图17　减小车道宽度

14. 虚拟路面隆起（适用于A/W场景，图18）

虚拟路面隆起措施通过使用带涂装的路侧边缘标线，使驾驶人产生路面隆起的错觉，一般配合门径措施使用。这种措施的优点是没有噪声，但在降低车速上的效果并不显著，对经常由此路过、熟悉周边环境的驾驶人很难奏效，只适合应对初次由此路过的驾驶人（游客或访客），因为前者在意识到是"假隆起"后就不会再主动降速。

图18　虚拟路面隆起

15. "龙牙"标线（适用于A场景，图19）

"龙牙"标线通常配合门径措施使用，以增加入口路段的视认性。这种

图19　"龙牙"标线

标线成对分布在车道两侧,在主路使用时通常是9~17对。"龙牙"的尺寸可以随危险点的迫近而逐渐增大,也可以保持一致,"牙根宽"一般为750毫米,"牙高"一般为600毫米。由于驾驶人在驶近时才能看到"龙牙",这种措施在降低车速上的作用理论上是很小的。

16. 倒计时标识(适用于A/O场景,图20)

倒计时标识能指示下一个环岛或驶离道路终点的距离。这种措施主要用于环岛和车道数不变的驶离路口,也可用于有减速车道的平面交叉口。标识分3个斜杠、2个斜杠和1个斜杠三种,斜杠越少距离操作点越近。

图20　倒计时标识

17. 袖珍环岛(适用于W场景,图21)

袖珍环岛通常用于居住区内一般车速不超过30英里/时的道路,能降低车速,进而减少交通事故。要确保有合理的措施用于平衡各向驶入的车流,以避免为给次要道路交通流提供充分时间而牺牲主要道路的效率,引发主要道路车流无法接受的延误。

图21　袖珍环岛

与路面等高或稍微隆起的袖珍环岛，允许大型车辆在必要时辗轧环岛中央区域。而小型乘用车驾驶人必须顾及袖珍环岛的存在，因为车辆辗轧环岛时会产生明显的噪声和振动。稍微隆起的袖珍环岛的中央区域最大高度是125毫米，边缘高度不超过6毫米。

18. 交错型车道障碍物（适用于A/W场景，图22）

能使小型乘用车降速到20英里/时的交错型车道障碍物，对拖挂式重型货车而言可能过窄。而能使大型客车、公交车、拖挂式重型货车降速到20英里/时的交错型车道障碍物，又无法使小型乘用车有效降速。这一问题可以通过设置速度缓冲垫来解决。相比单侧设置的交错型车道障碍物，双侧设置的交错型车道障碍物能使典型车速再降低5英里/时。

图22　交错型车道障碍物

19. 路缘石扩展（适用于W场景，图23）

路缘石扩展措施适用于城镇和居住区内的主路，能减小车道宽度，保护法规允许的路内停车，缩短行人过街距离。扩展后的路缘石，要保障昼夜都具有良好的视认性，因此必要时应该配建路灯。除要设置隔离桩和相应标志外，还要对上游路边线进行处理，以引导行驶轨迹，具体方法是在上游路段驶近时沿路缘石一线施划阴影线，直至路缘石扩展区外缘。用路

图23　路缘石扩展

缘石标识占路停车区的终点时，必须使用适宜的标线。要确保自行车道不会被扩展的路缘石间断性地阻碍。自行车道应该持续穿越扩展的路缘石区域，或者在第一个出现障碍物的位置终结，并设置让行标识。

20. 优先通行（适用于A／W场景，图24）

优先通行或单车道道路，规定一方向来车给对向来车让行，可通过减小车道宽度、使用交错型车道障碍物或人造瓶颈路段方式，辅以在路段两端设置让行标志来实现，也可同时使用让行标线。可以在较窄路段交替赋予对向车辆优先通行权，以避免某一方向车流流速过高。交错设置的车道障碍物之间的距离，可以根据道路类型和希望获得的车速设置。

在条件允许的地方，要专门采取自行车绕行措施，以避开交错型车道障碍物，避免自行车流被机动车流"挤压"。

在某些特定地点，比如潮汐道路，有选择的优先通行方式可以通过信号控制来实现。再如窄桥等地点，有选择的优先通行方式可以通过单车道运行模式实现，为行人和骑行人提供更好的通行保护。

图24 优先通行

21. 隆声设施（适用于A场景，图25）

隆声设施通过噪声、振动和视觉效果来提示驾驶人正在接近危险点或进入某区域。隆声设施的形式包括隆声埂（Rumble bars）、隆声凸起（Jiggle bars）、隆声带（Rumble strips）和隆声区域（Rumble areas）等。隆声埂和标线带通常由热熔材料制成，中间高度不超过15毫米，边缘高度不超过6毫米。13毫米高的隆声设施就能产生适宜的噪声和振动感受。

隆声埂既可单独一组设置，也可多组设置。组内埂间距要因地制宜。对于限速值在40英里/时以下的道路，组内埂间距不宜超过400毫米，因为车辆行驶速度越快，驾驶人可感振动越小。

要谨慎选择隆声设施的材料，以确保适当的防滑性能，特别是对摩托车而言。

隆声区与隆声带和隆声埂有类似作用，能通过噪声和振动引起驾驶人注意。一般使用碎屑或碎石等粗糙材料将一段路面垫高14毫米，横贯整个车道。

通常情况下，建议使隆声设施贯穿行车道横断面，以避免驾驶人绕行。

图25　隆声设施

为方便骑行人穿越，可在道路横向两端留一定空隙。隆声设施一般不适用白色材料，因为这样可能导致与其他标线混淆。

隆声设施一般只能使车速降低约3英里/时，降速效果并不显著，但能很好地提示驾驶人注意。由于存在噪声问题，隆声设施不宜设置在居住区附近。

隆声波纹路面是一种新式交通静化措施，这种路面对驾驶人而言有较强的可感噪声和振动，但环境噪声较小。

22. 粗糙路面（适用于A/O场景，图26）

可以在道路危险点位或接入路径上游设置粗糙路面。尽管粗糙路面所产生的可感噪声和振动不及隆声设施，但也能有效地提示驾驶人注意。要确保粗糙路面具有一定的防滑性能，最好使用高抗滑路面材料。

图26　粗糙路面

23. 减速丘（适用于W场景，图27）

减速丘是一种路面隆起，适用于主干道路网，所选宽度要确保小型乘用车和轻型货车只能辗轧通行，同时不能超过重型货车或大型客车的轮距，使重型货车或大型客车能不辗轧通行。这种设置方式能缓解重型货车和大型客

图27 减速丘

车通行时驾乘人员的不适感,减少对大型应急车辆的干扰。在岔路口区域设置减速丘时,要采取一些停车限制措施,以避免路侧停车干扰大型车辆跨越减速丘。在限速值高于30英里/时的道路和没有路灯的道路上不能使用减速丘。

通常情况下,减速丘与路缘石的间距不能小于750毫米,以保障骑行人能不受影响地通行,并最小化对摩托车驾驶人的影响。减速丘能有效地使车速降低到30英里/时,但很难进一步降低到20英里/时。减速丘对轻型/小型车辆的降速效果好于重型/大型车辆。

24. 路面隆起和"减速带"(适用于W场景,图28)

路面隆起不适用于车流量大,且有高比例大型车辆的主干道。需要注意的是,除非有特殊授权,在限速值超过30英里/时的道路上不能使用这种措施。隆起的顶部可以是圆弧形的,也可以是平的。隆起可用于整个交叉口区域,形成垫高交叉口。一般情况下,主干道上推荐使用75毫米高的隆起,如果货车比例较大,则50毫米高的隆起更合适。根据隆起间隔和前段车速,75毫米高的隆起通常能使中途车速降低约10英里/时。50毫米高的隆起降速效果

图28 路面隆起和"减速带"

相对较弱。

使用路面隆起时，要考虑小型车辆的定线行驶问题，因为这类车辆的驾驶人可感噪声和振动要强于大型车辆。

"减速带"（热熔胶隆起）是路面隆起的一种低成本形式，通常能使车速降低约7英里/时。"减速带"的典型高度是37毫米，面对来车方向的宽度是900毫米，也可能达到1500毫米，但宽度越大减速效果越弱。在限速值超过30英里/时的道路上，不建议使用"减速带"。尽管"减速带"的设置成本低于50毫米路面隆起，但它需要更大的密度（间隔约50米设置一条"减速带"），才能实现与路面隆起相近的降速效果。路面隆起和"减速带"只能用于有照明道路。

穿村镇干线公路交通静化措施对比

穿村镇干线公路承担了双重责任，在村镇外，要提供长途旅行的高车速条件，而在村镇内，要接入当地道路，满足当地社区和居民的用路需求，在交通执法和交通安全上面临着多重挑战。

在限制车速方面，如果单纯依靠执法，不但成本高，而且往往只有暂时性效果。更持久有效的做法，是通过交通静化措施实现道路条件与驾驶人的互动，使驾驶人意识到道路条件发生变化，需要降低车速。在美国，交通静化措施多应用于车速较低的城市地区，而很少应用于村镇地区。为将静化措施推广应用于穿村镇公路，美国联邦公路管理局（FHWA）资助了一系列调查研究项目，最终形成了一份报告，即《穿越村镇社区的干线公路上的交通静化措施》(*Traffic Calming on Main Roads Through Rural Communities*，以下简称《措施》)，对常见的7类（10种）交通静化措施的速度抑制效果进行了评估。

《措施》指出，交通静化措施在欧洲使用很普遍，包括彩色路面、车道物理窄化、综合运用标志和景观优化路侧视觉效果等，以及在进入村镇前的路口做门径化处理，提示驾驶人正在进入社区，需要降低车速，并在后续沿途使用一系列措施鼓励驾驶人保持适当车速。英国、法国、丹麦等国的研究报告表明，这些措施可以使车速降幅达到24公里/时，典型的车速降幅也在8公里/时左右，整体事故量减少50%，伤害型事故量减少25%。

研究概述

研究项目选择了30个村镇社区（人口规模不超过5000人）作为备选试点，经过评估后有18个合格，最终选择了其中5个，见表1。评选的基本要求如下：

- 有穿越村镇的县道或省道。
- 尚无交通静化措施。
- 研究期间没有可能影响研究结果的计划或在建工程。
- 没有接入控制。
- 研究措施不需要设置在负面地理条件环境中，比如急弯、陡坡等。

用于对比的低成本措施有7种，有些是单一措施，有些是综合措施。公路的速度条件，在村镇社区外是88~96公里/时，在村镇社区内是40~56公里/时。车速和流量采集使用的是横放在道路上的气动管，紧邻措施下游路段，或有车道收窄的路段，置于路段中间。对于有综合措施的道路，上游车速在第一项措施起点前的800米位置采集。

确定位置和措施后，方案实施前，研究人员先采集了车速数据，每次采集车速的时间都要达到48小时。方案实施后，计划采集车速数据的时间节点，是后一年内的第1、第3、第6、第9和第12个月，共5次。受气候影响（特别是冬季），有些时间节点的数据采集并不完整。

上述村镇都没有警察和常规执法保障，偶尔会有当地警长开车经过。为不影响研究结果，各村镇在研究期内不能安排专项执法行动，如果遇到特殊执法情况，则已采集数据作废，须重新采集数据。此外，道路维护日、节假日等时间点采集的数据也不能使用。

表1 情况汇总（仅统计本车道有车流的数据）

村名（人口数量）	措施	路名和具体位置	日平均车流量/(辆/日)	路段结构情况（都是双向单车道）
Union（427）	横向减速标线和车速反馈仪标志	D-65（村西侧边界）	830	沥青（22.4英尺），软路肩
	横向减速标线和车速反馈仪标志	S-62/SH 215（从村北的最后一个交叉口到村北界）	1680	水泥（40.0英尺），路缘石和排水槽
	使用标线施划中央虚拟岛和边线实现的车道窄化			
	横向减速标线	SH 215（靠近村南界）	1000	沥青（22.4英尺），软路肩
Roland（1324）	雪佛龙合流线与"25 MPH"地面限速文字提示	E-18（靠近村的东和西界）	2300	沥青（22.6英尺），软路肩
	通过路肩拓宽实现的车道窄化和"25 MPH"地面限速文字提示	E-18（从村东的最后一个交叉口到村东界）	2300	水泥（36.0英尺），路缘石和排水槽
	"25 MPH"地面限速文字提示	E-18（从村西的最后一个交叉口到村西界）	2300	沥青（22.6英尺），软路肩
Gilbert（987）	减速平台	E-23（村中心）	1480	沥青（22.0英尺），硬路肩
Slater（1306）	利用柔性柱制作中央隔离岛实现的车道窄化和渠化	R-38（从村南的最后一个交叉口到村南界）	2060	水泥（25.8英尺），路缘石和排水槽
	车速反馈仪标志板	R-38（靠近村北界）	2870	沥青（22.6英尺），软路肩
	地面提示文字"SLOW"（慢行）	SH 210（从村西的最后一个交叉口到村西界）	2940	沥青（22.5英尺），软路肩
Dexter（689）	"35 MPH"地面限速文字提示和红色背景路面	F-65（靠近村的东西界和村西的最后一个弯道前）	1000	沥青（25.4英尺），软路肩

评估方法

对比研究围绕V85车速（指在路段特征点上测定的第85百分位车速，即车流中85%的车辆的行驶速度）展开。为保险起见，每项数据的样本量都不少于630辆车。研究发现，静化措施的整体有效性达到95%。尽管依旧存在超速情况，但静化措施对高速车辆的速度干预效果是显著的。

1. 横向减速标线

横向减速标线是一组平行设置在车道两侧边线内侧的标线块（用于强化行车参照坐标），见图1。距离社区越近，标线块的间距越小。设置标线块的目的是使驾驶人意识到车速在增加，进而激发其减速意识。标线块宽12英寸（约0.3米），长18英寸（约0.46米），设置在受测村镇的北、南、西入口路段。横向减速标线通常设置在限速标志之前，标线块间距因道路情况而异。

研究发现，单纯设置横向减速标线几乎没有发挥任何作用，见表2。

图1 横向减速标线

表2　施划横向减速标线前后车速变化

位置和分析时间点	样本量/辆	限速值/(英里/时)	V85车速/(英里/时)	施划前后的V85车速变化值/(英里/时)
U2南向前值	1870	30	41	
1个月	1785	30	41	0
3个月	1794	30	40	−1
9个月 (+SFS)	1737	30	35	−6
12个月 (+SFS)	1693	30	34	−7
U5北向前值	886	25	46	
1个月	783	25	45	−1
3个月	943	25	45	−1
9个月	908	25	44	−2
12个月	871	25	45	−1
U1东向前值	893	25	53	
1个月	659	25	51	−2
3个月	684	25	52	−1
9个月 (+SFS)	749	25	49	−4
12个月 (+SFS)	666	25	50	−3

2. 施划中央隔离区和边线实现车道窄化

在上述研究路段，路缘石的间距是40英尺（约12.2米），上下单车道，允许单侧路内停车。改善措施是在路中用施划标线的方式设置10英尺（约3米）宽的隔离区，并以白色实线作边线，在道路一侧隔离出8英尺（约2.4米）宽的路内停车位，见图2。双方向车道宽度从16英尺减少到11英尺（约3.3米）。理论上，驾驶人意识到车道变窄会自觉降低车速。

研究发现，这些措施并没有使车速发生明显变化，车道变窄幅度不足以干预车速，见表3。采用更激进的车道压缩措施也许才能奏效，比如将车道宽度减少到3米，或者设置物理障碍（比如凸起的路缘石，而不是只用标线），因为几乎没有人愿意持续地驾车辗轧标线或贴近障碍物行驶。

图2 用增加中央隔离区和路侧边线的方式压缩机动车道宽度

表3 施划中央隔离区和边线前后车速变化

位置和分析时间点	样本量/辆	限速值/(英里/时)	V85车速/(英里/时)	施划前后的V85车速变化值/(英里/时)
U3南向北改造前	2055	30	35	
1个月	1808	30	36	+1
3个月	1840	30	32	−3
9个月	1807	30	36	+1
12个月	2064	30	35	0
U3北向南改造前	2058	30	33	
1个月	1930	30	33	0
3个月	1911	30	37	+4
9个月	1881	30	32	−1
12个月	1771	30	34	+1

3. 雪佛龙交汇型减速标线与"25 MPH"地面限速提示文字

在村口上游路段设置了一系列雪佛龙交汇型减速标线，起始于村庄入口前221英尺（约66米）处，结束于村庄内道路限速标志处，见图3。距村庄入口越近，雪佛龙交汇型减速标线（箭头型）的间距越小，起点处间距为25英尺（约7.5米），终点处间距为18英尺（约5.4米）。标线宽度也逐渐减小，起点处为36英尺（约7.2米），终点处为6英尺（约1.8米）。利用闪现率的增加和透视比例的变化，使驾驶人产生车速逐渐增加的感受。"25MPH"地面限速提示文字位于雪佛龙交汇型减速标线的终点处，强调村庄内的限速值。

研究发现，V85车速最大降低值是4英里/时，典型降低值是1英里/时，见表4。尽管结果表明上述措施取得了一定效果，但过了12个月后，V85车速还是高出公示限速值7~9英里/时。

图3　雪佛龙交汇型减速标线
（25英里/时限速标志设在标线前端位置）

表4　施划雪佛龙交汇型减速标线及"25MPH"地面限速提示文字前后车速变化

位置	分析时间点	样本量/辆	限速值/(英里/时)	V85车速/(英里/时)	施划前后的V85车速变化值/(英里/时)
西入口	改造前	4216	25	35	
	1个月	4135	25	34	−1
	3个月	3812	25	32	−3
	9个月	3958	25	35	0
	12个月	3945	25	34	−1
东入口	改造前	2397	25	36	
	1个月	2426	25	35	−1
	3个月	3413	25	35	−1
	9个月	2196	25	34	−2
	12个月	1778	25	32	−4

4. 加宽路肩压缩车道和"25 MPH"地面限速提示文字

利用宽边线和网格线营造路肩加宽效果，减小车道宽度，见图4。该路段两侧路缘石的间距是36英尺（约11米），施划标线后，双方向车道宽度均减小至3.1米。压缩车道的目的是使驾驶人产生空间约束感，并自觉降低车速。在已压缩的路段，每间隔一定距离就施划"25 MPH"地面限速提示文字，提示驾驶人限速值。

研究过程中，在道路中段采集了车速数据，发现压缩车道后，V85车速没有明显变化，见表5。

图4 加宽路肩压缩车道

表5 加宽路肩及施划"25 MPH"地面限速提示文字前后车速变化

车流方向	分析时间点	样本量/辆	限速值/(英里/时)	V85车速/(英里/时)	改造前后的V85车速变化值/(英里/时)
出村方向	改造前	2884	25	34	
	1个月	2708	25	34	0
	3个月	2324	25	34	0
	9个月	2489	25	33	−1
	12个月	2727	25	34	0
进村方向	改造前	2864	25	31	
	1个月	2681	25	29	−2
	3个月	2361	25	31	0
	9个月	2562	25	31	0
	12个月	2835	25	32	+1

需要说明的是，在6个月的改造期内，受冬季气候影响，没有采集数据。统计发现，对近11米宽的双向车道道路而言，车道压缩到3米宽不足以影响车速。对车道进行更大幅度的压缩，比如压缩到2.7米宽，或增加物理障碍（凸起的路缘石），也许才能见效。

5. 减速台（Speed Table）

在道路中间设置减速台，见图5。双车道沥青路面，有草地路肩，无路缘石，有"25 MPH"限速标志。减速台高3英寸（7.62厘米），长22英尺（约6.7米），前后两端有6英尺（约1.83米）长的斜坡。沥青减速台的设计，考虑了30英里/时的车速适应条件，以及重型货车和农用车的通过问题。

减速台的效果非常明显，见表6。车辆通过减速台时，V85车速降低了4~5英里/时。在通过减速台后的60米范围内，车速也都比原来降低了4~5英里/时，即使超出限速值，超出幅度也大多小于5英里/时。

图5　减速台

表6 设置减速台前后车速变化

位置	分析时间点	样本量/辆	限速值/(英里/时)	V85车速/(英里/时)	设置前后的V85车速变化值/(英里/时)
下游60米	改造前	2257	25	34	
	1个月	2199	25	30	−4
	3个月	2763	25	30	−4
	9个月	3885	25	30	−4
	12个月	3886	25	30	−4
下游4.5米	改造前	3685	25	32	
	1个月	3355	25	27	−5
	3个月	3413	25	28	−4
	9个月	3982	25	27	−5
	12个月	3279	25	27	−5

6. 以柔性柱作中央隔离岛压缩车道

利用柔性柱沿道路中央线设置中央岛，见图6。在实验路段上，两侧路缘石间距是7.2米，中央岛由两排90厘米高的柔性柱构成，将车道宽度减小到3.3米。柔性柱间距，渐变段是1.2米，直线段是2.4米。中央岛两端设有25英里/时的柔性牌限速标志，面向来车。共设置了两个中央岛，第一个位于限速标志

图6 使用柔性柱在道路中心线上制作中央岛

后，第二个与第一个间隔约一个街区。尽管设计之初考虑了铲雪车、农用机械和道路养护机械的作业需求，但还是有不少柔性柱在冬季受损。为此，不得不将所有柔性柱移除，6周后（冬季结束后）又恢复设置。

研究表明，上述措施使V85车速降低了3~4英里/时，但还是超出限速值10~15英里/时，见表7。

表7 设置柔性柱中央隔离岛前后车速变化

方向	分析时间点	样本量/辆	限速值/(英里/时)	V85车速/(英里/时)	设置前后的V85车速变化值/(英里/时)
北向	改造前	2669	25	40	
	1个月	2453	25	38	−2
	6个月	2234	25	39	−1
	9个月/移除柔性柱	1808	25	44	+4
	10个月/重设柔性柱	1549	25	37	−3
	12个月	2207	25	40	0
南向	改造前	2806	25	45	
	1个月	2657	25	42	−3
	6个月	2387	25	42	−3
	9个月/移除柔性柱	1665	25	45	0
	10个月/重设柔性柱	1402	25	42	−3
	12个月	2172	25	43	−2

7. 设置车速反馈仪

车速反馈仪的设置位置靠近一所小学，在村庄北口，限速25英里/时，属于典型的村镇公路断面，路侧有陡路肩，明沟排水，见图7。车速反馈仪的显示规则：来车车速不超过25英里/时的情况下，不显示任何信息（黑屏）；来车车速为26~29英里/时的情况下，显示探测到的车速值和"YOUR SPEED"（你的车速）字样；来车车速为30~75英里/时的情况下，显示"SLOW，25MPH"（减速，限速25英里/时）字样；来车车速超过75英里/时的情况下，不显示任何信息。除车速反馈仪外，没有其他静化措施。由于设备频繁故

图7 车速反馈仪

障，研究过程中采集的数据并不全面。

研究表明，车速反馈仪的降速效果显著，设置3个月后，V85车速由37英里/时降低到30英里/时。然而，由于数据采集不充分，这一效果是否可以持续不得而知。

8. 喷涂"SLOW"（慢行）地面提示文字

在试验路段喷涂了两处"SLOW"地面提示文字。第一处位于村庄入口处，路面上，限速值与红色底涂色块配合，直接喷涂"SLOW"字样，道路一侧有停车场，另一侧有学校，有儿童需要在停车场下车后步行穿越道路去

图8 "SLOW"地面提示文字

学校。第二处位于第一处的下游450米处。

研究表明,"SLOW"地面提示文字不足以降低车速,见表8。

表8 喷涂"SLOW"地面提示文字前后车速变化

位置	分析时间点	样本量/辆	限速值/(英里/时)	V85车速/(英里/时)	喷涂前后的V85车速变化值/(英里/时)
第一处	改造前	2812	25	41	
	1个月	2888	25	44	+3
	6个月	2901	25	42	+1
	9个月	2570	25	42	+1
第二处	改造前	3503	25	34	
	1个月	3294	25	34	0
	6个月	2886	25	32	−2
	9个月	3084	25	33	−1

9. 采用色块、文字和增加边线宽度的方法限速

详细统计数据表明,限速值与红色底涂色块配合,并以宽8英寸(约20厘米)的标线作路侧边缘线,有明显的降速效果,见图9。在统计时间内,V85车速降幅达到4~9英里/时,见表9。有一处车速降幅不明显,分析发现可能与此前车速本就不高有关。

图9 限速值与红色底涂色块(9.5英寸×12英寸)配合提示限速

表9 施划限速值与红色底涂色块（9.5英寸×12英寸）前后车速变化

位置	分析时间点	样本量/辆	限速值/(英里/时)	V85车速/(英里/时)	施划前后的V85车速变化值/(英里/时)
弯道前	改造前	2190	35	52	
	1个月	2150	35	47	−5
	3个月	2022	35	47	−5
	9个月	4033	35	43	−9
	12个月	2031	35	51	−1
西入口	改造前	2369	35	45	
	1个月	2256	35	40	−5
	3个月	2119	35	41	−4
	9个月	4027	35	37	−8
	12个月	3168	35	41	−4
东入口	改造前	4254	35	40	
	1个月	3998	35	38	−2
	3个月	2900	35	39	−1
	9个月	4087	35	40	0
	12个月	4031	35	39	−1

研究结论汇总

见表10，上述措施的降速效果存在明显差异。其中，降速效果明显的是车速反馈仪、减速台、柔性柱中央岛和彩色路面配合限速值提示。使用雪佛龙交汇型减速标线有时有效，但降速幅度只有约3英里/时。中央标线隔离区、扩大路肩边线、限速标志和地面提示文字的降速效果不明显。

表10 穿村镇公路交通静化措施的成本和效果汇总

措施	V85车速变化范围/(英里/时)	成本（$越多越贵）	维护	应用位置
横向减速标线	−2~0	$	常规施划	村镇入口
横向减速标线+车速反馈仪	−7~−3	$ $ $	常规施划	村镇入口
施划中央隔离区和边线实现车道窄化	−3~4	$	常规施划	村内或入口

（续）

措施	V85车速变化范围/(英里/时)	成本（$越多越贵）	维护	应用位置
雪佛龙交汇型减速标线和"25 MPH"地面限速提示文字	−4~0	$	常规施划	村镇入口
加宽路肩压缩车道和"25 MPH"地面限速提示文字	−2~4	$	常规施划	村内或入口
减速台	−5~−4	$$	常规施划	村内
设置柔性柱中央隔离岛压缩车道	−3~0	$$$	柔性柱经常被毁坏，需要更换	村内
车速反馈仪（只使用3个月）	−7	$$$	电子设备故障	村内或入口
喷涂"SLOW"地面提示文字	−2~3	$	常规施划	村内或入口
"35 MPH"地面限速提示文字+底涂色块	−9~0	$	底涂色块褪色过快，缩短了维护周期	村内或入口

研究收获如下：

1）在设计措施时，需要考虑用路车型及车型特征，比如在穿村镇公路上有很多农用机械和重型货车。

2）维护能力是重要因素，比如柔性柱中央隔离岛、车速反馈仪，虽然降速效果明显，但容易损坏，需要及时维护。

3）成本效益比是重要的考虑因素，比如车速反馈仪，虽然降速效果明显，但成本高，只能有选择地设置在一些对车速有较高要求的路段。

4）针对标线类措施，如果标线经常被车轮辗轧，则需要考虑使用相对耐磨的材料，比如热熔材料、环氧树脂类材料等。如果标线容易脱落且维护不及时，就会影响降速效果。

5）获得村镇居民的认可非常重要。研究发现，尽管项目获得了村镇行政官员的认可，也取得了成效，但仍有可能遭到整个社区居民的反对，进而影响降速效果。

6）仅依靠加宽路肩和设置中央隔离区来压缩车道是不够的，辅以柔性柱

的中央隔离区能加强降速效果。由此可见，使用物理措施影响驾驶人的视觉感受，进而使其自主降速是可行且有效的。

7）小型社区和村镇居民对交通静化措施可能知之甚少，需要更多的宣传教育。

8）小型村镇通常没有交通工程师，相关行政官员可能错误地认为只要有降速提示标志、限速标志就能改变驾驶人的习惯，实现降速目的。实际情况表明，尽管降速是共识，但进一步降低限速值并没有发挥作用。

9）与道路环境特征和道路功能不匹配的限速值会导致限速标志失效，甚至使执法活动面临敌意。美国联邦政府发布的相关指导文件和网络版计算工具（USLIMITS），可以指导如何在穿村镇公路上设定限速值。

10）在村庄与乡镇之间的过渡路段，限速设置往往存在错误，特别是在离开乡镇进入村庄的路段，没有理由要求驾驶人进一步降低车速。有时，降速标志设置过于突兀，没有考虑设置有助于逐步、均匀降速的提示标志。

11）研究中，车速最大降低幅度是9英里/时（约15公里/时）。物理措施，比如环岛和有路缘石的中央隔离岛等，对乡村社区道路实现理想速度环境可能最有帮助。

12）大面积的标线，以及与彩色底涂色块配合的地面提示文字，在雨天可能导致车辆打滑和行人滑倒。如果社区决定使用这类措施，则要做好防滑处理，并考虑采用粗糙度更高的表面工艺。

13）减速台只在限速值不超过30英里/时的情况下才适用，上游速度不应超过40英里/时。在有大量货车和公交车的道路上也不宜使用减速台，一般这种车辆的突然降速幅度不应超过5%。还要考虑应急车辆的通行需求，决定设置减速台时，要征询应急车辆使用单位的意见。

14）"STOP"（停止）标志不宜用于交通静化工程。

15）雪佛龙标线、横向减速标线、红色底涂地面限速提示文字等都不是标准措施，只是试验措施，如果决定使用，则要依据国家标准流程请求核准。

07 车道宽度设置

道路服务水平

车道越宽、车速越高,道路通行能力就越大,这是典型的交通认知误区。评价道路通行能力的准确概念是"道路服务水平"(Level of Service, LOS)。

道路服务水平是权衡道路综合通行状态的动态体系,考虑因素主要包括密度、车速和饱和度(需要通过的交通流量与道路通行能力之比)。美国将道路服务水平分为A、B、C、D、E、F六级,针对公路、快速路、城市道路等有不同的考虑因素和依据。整体上可概括如下。

A级:车速最高,驾驶人能不受干扰地以自由流车速行进。

B级:以接近自由流车速的速度行进,但偶尔会受干扰。

C级:以接近自由流车速下限(快速路70英里/时,约110公里/时;公路50英里/时,约80公里/时)的速度行进,此时的车辆密度需要引起注意。

D级:驾驶人操作受道路上其他车辆的干扰,车速开始下降。

E级:车辆密度不稳定,接近道路饱和容量,明显无法达到自由流车速,但车速仍在可接受的相对高速范围内(快速路不低于49英里/时,约80公里/时;普通公路,如果自由流车速是45~60英里/时,约75~100公里/时,则相对高速是42~55英里/时，约70~90公里/时，降幅不超过10%），干扰流速的情况随时可能出现，交通流密度明显较高。

F级：出现车流中断，典型原因是交通事故和车道减少导致的交织流干扰。

表1为美国《道路通行手册》列举的多车道公路服务水平数据，可见车速与道路通行能力的辩证关系。其中，E级车速明显降低，但通过车辆的数量是A级（自由流车速）的3倍多。假设：公路自由流车速为60英里/时（约95公里/时），每英里有8个接入路口；自由流车速为50英里/时（约80公里/时），每英里有25个接入路口，车道宽3.6米，路肩宽大于1.8米；高峰小时流量因子PHF=0.88；有5%的车流是大型货车。

表1 多车道公路上的服务水平数据

车速/(英里/时)	车道数	地形	服务水平				
			A	B	C	D	E
自由流60	2	平原	1120	1840	2650	3400	3770
		起伏	1007	1760	2520	3240	3590
		山路	980	1610	2310	2960	3290
	3	平原	1690	2770	3970	5100	5660
		起伏	1610	2640	3790	4860	5390
		山路	1470	2410	3460	4450	4930
自由流50	2	平原	940	1540	2220	2910	3430
		起伏	890	1460	2120	2780	3260
		山路	820	1340	1940	2540	2990
	3	平原	1410	2310	3340	4370	5140
		起伏	1340	2200	3180	4170	4900
		山路	1230	2010	2910	3810	4480

总之，要正确设置车道宽度，不仅要明确车道功能，还要厘清车道宽度与车速的关系。"宽车道+高车速"设计并不一定科学。

国际交通工程界对车道宽度的基本共识

通常情况下，更宽的车道（3.3~3.4米）有助于减少碰撞事故，但不绝对，因为更宽的车道也会鼓励高车速。有研究表明，33%的较高车速的交通事故与宽车道有关。对城市道路而言，无论车道宽（3.1~3.2米）还是窄（小于2.8米），交通事故都比公路多。对机动车和自行车而言，车道宽度为9.8~10.2英尺（3~3.1米）时，道路通行能力最大。

增加车道宽度后，行人数量会减少。在交叉口，车道越窄，自行车的运力越高。当车道宽度减小时，车速也随之降低。为保障行人和骑行人的安全，许多新城市主义者都反对传统的"宽车道思维"，他们认为将车道宽度减小到3米，不会对道路安全和运力产生负面影响。此外，很多人认为车道宽度增加后，会增大行人的过街距离，增加行人在冲突区的暴露时间。

欧美等地对车道宽度的规定

国际范围内，行车道的典型宽度为2.7~4.6米。低流量道路的车道通常较窄，高流量道路的车道通常较宽。另外，车道宽度与车道内行驶车辆的最大宽度，以及车辆侧向运动需要的额外宽度有关。

1956年，美国政府规定货车的车体宽度不得超过96英寸（约2.4米），集装箱宽度不得超过80英寸（约2米）。1976年，货车的车体宽度上限增加到102英寸（约2.6米），以便与国际接轨。欧洲规定货车的车体宽度不得超过2.55米，厢式货车的车体宽度不得超过2.6米。车体两侧，最初规定至少要有0.20米的净区，现在是至少0.25米，见图1。综上，如果考虑货车通行需求，则车道宽度至少是3.1米。当前，在交通流量较小的道路上，允许通过适当减小车道宽度，开辟第二或第三条同向行车道，专供车体宽度不超过1.75米的小型

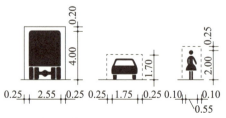

图1 欧洲主流设计使用的道路宽度和净空尺寸示意（单位：米）

乘用车通行。但新建道路标准并不鼓励这种做法，因为一旦交通流量增大，就容易引发新问题。

在欧洲，各国对车道宽度有不同的规定。以德国为例，对于双向单车道城际公路，车道宽度不小于3.5米，且左侧应加宽0.25米，右侧路肩至少宽1.5米；对于双向四车道、设有中央隔离带的高速公路，车道宽度不小于3.75米，且两侧都要有0.50米宽的净区；对于双向六车道道路，最右侧车道宽度不小于3.75米（供大型货车使用），其他车道宽度不小于3.5米；对于城区道路和低密度地区道路，车道宽度不小于2.75米，路肩至少宽1米。

美国联邦公路管理局要求，所有车道在正式设计时都可以使用例外宽度值（通常小于标准宽度值，主要用于城市道路），包括所有行车道、辅助车道和匝道，见表2。在平面曲线道路（弯道）的具体设计上，即使没有提供额外车道，也不一定要增加车道宽度，但相关决策要正式记录在案。总之，审慎和实事求是还是设计的基本原则。在设置车道宽度时，要考虑道路流量。

表2 美国国家公路与运输官员协会（AASHTO）车道宽度设计标准

道路种类	农村地区/米	城市/米
高速公路	3.6	3.6
匝道	3.6~9.2	3.6~9.2
干道	3.3~3.6	3.0~3.6
集散道路	3.0~3.6	3.0~3.6
本地道路	2.7~3.6	2.7~3.6

注：本表所列车道不包括特殊用途车道，例如连续双向左转车道等。此外，车道宽度不包含路肩、护栏和街边停车区。

车道宽度对道路交通安全的影响

评估车道宽度对道路交通安全的潜在不利影响时，速度是首要考虑因素。在车速较高的农村地区双向单车道公路上，跨越中心线形成的正面碰撞和侧扫碰撞风险，都是值得关注的问题，因为驾驶人在这类道路上很容易脱离本车道行驶。在任何高速道路上，减小车道宽度带来的安全风险大多与车道偏离型碰撞事故有关，包括驶出路面的事故。在车道宽度较小时，要考虑一些缓解策略，以降低事故率和事故伤害程度。

城市环境中，车速相对较低，减小车道宽度带来的影响呈现出多样化特征，发生车道偏离型碰撞事故的风险相对较小，车道设计的重点往往是如何分配有限的道路断面宽度，以最大限度地保障各类道路使用者的安全。这时，可以考虑通过设置较小的车道宽度来管理或降低车速，缩短行人过街距离，也可以考虑将调整车道宽度的手段与其他断面设计元素融合，比如用于接入口控制的隔离带、自行车道、占路停车位、换乘站和绿化景观等。在城市低车速环境中采用的车道宽度，要有足够的灵活性，以获得理想的道路断面，一般不存在设计例外和必须执行标准数据的问题。

车道宽度与其他设计元素的关系

设计人员应了解车道宽度与其他道路设计元素的关系。在车道和路肩都较窄的高车速公路上，发生严重偏离车道型事故的概率会增大。在村镇地区双向单车道公路上，驾驶人一般会选择靠近中心线行驶，因为在狭窄的路肩旁行驶会导致不适感。而在其他道路上，驾驶人一般会选择在更接近路缘的位置行驶，遇到迎面来车时，这种行驶方式就可能导致冲出路面或车道（未必有车道边线，但车辆已经脱离了通常认为的形式轨迹）。

减小车道宽度导致的另一项安全挑战是弯道行驶时的车道对齐问题。通常情况下，弯道处的车道偏离型事故风险会增大，如果再减小车道宽度，则车辆高速行驶时的事故风险会进一步增大。此外，在弯道中，货车等大型车辆会通过占用相邻车道或路肩的一部分来调整姿态和车速，这也会对其自身和其他车辆形成不利影响，包括可能威胁正在使用相邻车道或路肩的骑行人等。

车道宽度与交通事故数量的关系

在设置车道宽度时,"实质安全"这一技术概念也很重要。换言之,就是要在已经运行的道路上,研究车道宽度与交通事故数量的关系,见表3。

表3 减小车道宽度对交通安全与运行的负面影响

安全与运行问题	高速公路	快速路	村镇双车道公路	城市主干线
冲出路面事故	×	×	×	
穿越中央隔离带事故	×	×		
穿越中心线事故			×	
同向侧扫事故	×	×		×
追尾(突然减速导致)	×	×	×	
自由流车速降低	×	×		×
大型车辆偏离轨道进入相邻车道或路肩	×	×	×	×

注:1. 高速公路:指高车速、多车道的双向分割公路,只有立交道接入(村镇或城市)。
2. 快速路:指高车速、多车道的双向分割主干道,有立交桥和平面接入口(村镇或城市)。
3. 农村双车道公路:指高车速、不分割的农村公路。
4. 城市主干线:指城市主干道,限速为45英里/时(70公里/时)或以下。

由图2可见,当平均日流量大于500辆低于2000辆时,事故修正系数线性增长;当平均日流量大于2000辆时,事故修正系数保持恒定值,此时,12英尺(3.6米)车道的事故修正系数为1.00,11英尺(3.3米)车道为1.05,10英尺(3米)车道为1.30,9英尺(2.7米)车道为1.50。这表明,对于村镇双向单车道高速公路,9英尺车道和10英尺车道的预期碰撞风险较高,11英尺车道和12英尺车道的安全性基本一致。

研究发现,对于多车道城市干线和多车道村镇干线,10~12英尺车道的事故修正系数基本一致,意即实质安全性差异很小。也就是说,对于多车道道路,出于实际需求是可以减小车道宽度的。如果每条车道收窄2英尺(0.6米),则会为路侧空间和中央隔离带做出很大贡献,也会为辅助车道、非机动车道和转弯专用道提供更好的保障,提升交通流的流畅性。

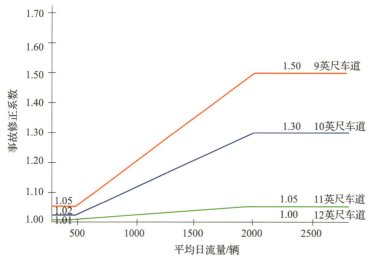

图2 双向单车道村镇公路交通事故修正系数与车道宽度的关系

车道宽度对车速的影响

车道宽度对交通运营和高速公路通行能力都有一定影响，而车道宽度与其他道路几何元素（主要是路肩宽度）的相互作用，也会影响道路运行速度，见表4、表5。在确定道路通行能力时，要依据一些参数进行调整，以反映车道宽度对自由流车速的影响。

表4 双车道自由流车速降幅与车道宽度对应关系

车道宽度/英尺	自由流车速降幅/（英里/时）
12	0
11	1.9
10	6.6
车道宽度/米	自由流车速降幅/（公里/时）
3.6	0
3.5	1.0
3.4	2.1
3.3	3.1

（续）

车道宽度/米	自由流车速降幅/（公里/时）
3.2	5.6
3.1	8.1
3.0	10.6

表5 双车道自由流车速降幅与车道及路肩宽度对应变化表

车道宽度D/米	路肩宽度d/米			
	$0 \leq d < 0.6$	$0.6 \leq d < 1.2$	$1.2 \leq d < 1.8$	$d \geq 1.8$
	自由流车速降幅/（公里/时）			
$2.7 \leq D < 3.0$	10.3	7.7	5.6	3.5
$3.0 \leq D < 3.3$	8.5	5.9	3.8	1.7
$3.3 \leq D < 3.6$	7.5	4.9	2.8	0.7
$D \geq 3.6$	6.8	4.2	2.1	0.0

由表4、表5可见，车道宽度由3.6米减小至3米，自由流车速会下降约10公里/时。可以说，对于城市道路和穿村镇道路，减小车道宽度意义非凡，因为这会缩短行人过街距离，使非机动车获得更多的路侧空间，并有效抑制车速。

车道种类很多，有直行车道、转弯车道、减速车道、加速车道、辅助车道、专用车道等，各类车道之间的转换效率，决定了交通流的顺畅度。在建立了车道与车速的关系概念后，就可以根据车道的不同功能来调整车道宽度，从而更充分地利用车道宽度和不同标线形式来调整车速和路权，提高交通流质量和道路跨越效率，改善道路交通安全状况。

08 道路接入管理的技术要素

道路接入管理在我国交通管理领域通常称为"开口",即在道路上为路侧单位接进出口,这是交通控制中一个非常重要的技术领域。道路接入管理做不到位,道路的通行效率就会降低,交通安全也会受到很大影响。

以下依托美国俄勒冈州交通局发布的《俄勒冈州道路接入管理标准》(*Access Management Standards of Oregon*,以下简称《标准》)来阐述道路接入管理的重要性。《标准》主要包括流程、工程标准、安全和操作要点等内容。

流程第一步是出门车道使用方法的变更申请(Change of Use,COU)。《标准》规定,改变公路沿途物业的出门车道使用方法受州法律管辖。在使用出门车道车辆数量增加或发现安全风险时,可以改变使用方法。州法律为执行这一规定提供了5个依据指标:

1)高峰小时车流量增加50辆或以上,且增加量代表了20%以上的出行次数增量。

2)日平均车流量增加了500辆次或以上,且增加量代表了20%以上的出行次数增量。

3)每日出入的载重量(容量)超过26000升的大型车辆增加了10辆或以上。

4)州交通局发现这里有影响公路连接处安全或运行的问题。

5）被接入的公路上的驾驶人和门前道路驶出的驾驶人不能及时看到对方并停车避让。

在交通局审核道路接入申报项目时，从交通工程标准角度，首先要进行3项标准合规性检查，随后要进行6项安全和运行管理要点检验。标准合规性检查项目如下：

1）间距（Separation Distance）
2）视距（Sight Distance）
3）渠化（Channelization）

间距

间距指在接入道路的路口上下游路段，与同一路侧的既有最近的公共或私人物业连接路口中心线之间的距离。标准的建立，考虑了公路类别、交通量、公示限速条件，以及接入点位于城市还是村镇等要素，见图1。

间距标准是权衡了道路流动性与安全性的结果，为驾驶人提供了适宜的觉察和反应时间，避免途经车辆与出口车辆碰撞、驶入车辆与驶出车辆碰撞。

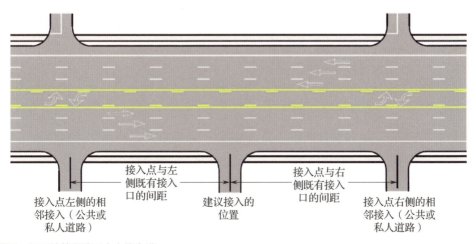

图1　间距计算以路口中心线为准

间距标准的执行不是一成不变的,允许在充分论证视距和其他安全改善条件的情况下出现例外。

视距

视距指驾驶人在道路上能够清晰看到的交通设施和障碍物的最远距离。驾驶人要能看到并识别足够远的物体,才能做出适宜反应,以规避危险。对于由接入道路驶入主路的车辆驾驶人,及时发现上游来车,与使上游来车驾驶人及时发现己车是同等重要的,具体要求如下。

1)用停车视距(Stopping Sight Distance,SSD)测算主路上的车辆与驶入接入道路的车辆之间的距离,见图2。停车视距是驾驶人在所能看到的无遮挡的距离内,完成识别、制动和快速停车或规避操作的最短视线距离。

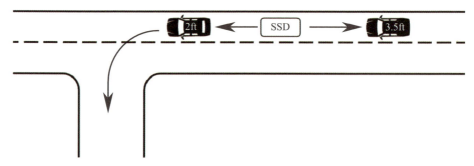

图2 停车视距测算方法示意,后车驾驶人视线高(3.5英尺,约1.07米)与前车驾驶人视线高(2英尺,约0.61米)之间的距离(ft=英尺)

2)用交叉口视距(Intersection Sight Distance,ISD)测算主路上左右两个方向的来车,与由接入道路驶入主路或穿越主路的车辆之间的距离,见图3。交叉口视距是主路上左右两个方向的来车上的驾驶人,与由接入道路驶入主路的驾驶人之间无遮挡的、可以相互看到的最短视线距离。

驾驶人驾车驶入公路时,需要在两个方向上都看得足够远,才能准确选择行驶速度,找到路上交流之间可接受的时间间隔,进行右转弯或左转弯操作,跨越行车道并入主路交通流。设置交叉口视距的目的是使接入车辆安全进入，同时使主路车辆保持正常行驶速度。

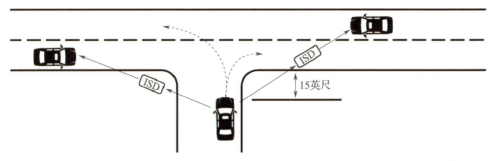

图3 视线高3.5英尺（约1.07米）的驾驶人相互观察，接入车辆距离路口15英尺（约4.57米）

标准执行中也有例外，在州政府根据交叉口视距对道路接入申请进行评估时，如果视距条件无法满足需求，则会从两个角度考虑特殊处置方案：

1）降低主路上的驶近车速。

2）调整接入地点。

一般情况下，交叉口视距大于停车视距。因此，在交叉口视距无法满足需求时，州政府会评估改用停车视距的可行性，并要求提供使用停车视距处理交叉口时的其他补救性安全措施，以支撑这种违反标准的特例。

渠化

渠化指在公路断面内，根据车辆驶入和驶出的安全需求而进行的行车道线型配置，采用左转车道或右转车道的形式标定行驶路径，以促使车辆驾驶人采取不同速度移动，避免在潜在的线路冲突方向上发生碰撞，见图4、图5。渠化通常用于高流量公路和有高流量接口的地方。

完成上述3项标准检查后，还要关注6项安全和运行管理要点，这也是政府部门评估接入管理方案时要考虑的，具体如下：

1）偏移连接（Off-Set Connections）

2）交织段长度（Weave Distance）

图4 用一个安全岛将左转车道与直行车流隔离，使车辆在这里等待时机穿越对向车流完成左转

图5 右转车流被渠化，与直行车流隔离，降低车速完成右转

3）安全优先指数系统（Safety Priority Index System）

4）排队情况（Queuing）

5）事故率（Crash Rates）

6）分离距离（Separation Distance）

偏移连接

偏移连接指接入道路进入主路的路口，在对面相距较近的地方也有接入道路，形成了不对称交叉口，导致两侧驶入和驶离主路的车辆在穿越主路时形成冲突，这时需要调整偏移量，见图6、图7。

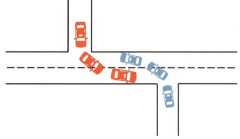

图6 左转偏移连接冲突

标示限速值越高，过往大型车辆越多，所需的偏移连接空间就越长。之所以关注偏移连接，是因为道路两侧的接入口相距过近，会导致两侧出入车流冲突，不仅会干扰主路直行车流，影响通行效率，还可能引发交通事故。

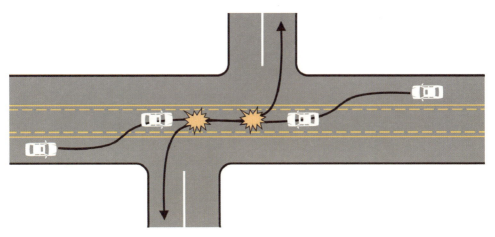

图7 右转偏移连接冲突

交织距离

交织距离指从接入路口到下一个交叉口或互通匝道口的距离，也就是车辆驶出专属出口道路，并入最近的行车道，然后"交织"着一次性跨越若干行车道，由道路另一侧的行车道，在下一个交叉口或匝道口转弯，见图8、图9。

车速越高、车流量越大，所需的交织距离就越长。关注交织距离是出于安全和效率方面的考虑，避免出现碰撞事故和排队干扰。车道越多、距离交叉口越近，交织类事故就越多。

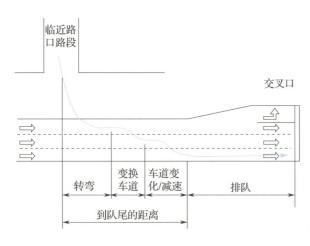

图8 左转交织流动线示意

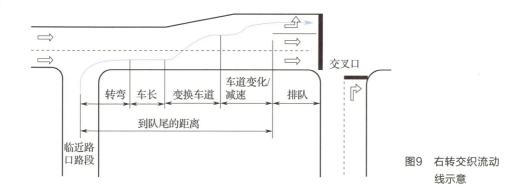

图9 右转交织流动线示意

安全优先指数系统

安全优先指数系统用于对公路安全问题进行系统化评分,系统根据以往三年的交通事故数据,包括事故频率、事故率和事故严重程度三个要素,进行安全评分并筛选危险点段。如果一个地方在过去三年里有3起或以上交通事故,1起或以上交通死亡事故,就会成为"安全优先指数系统点"。州政府采集数据的范围是重叠覆盖的,因为有些交通事故的报告体系是分离的。州政府每年都会根据更新的数据梳理出最需要改善和进一步调查的地方。

1)安全优先指数系统点一般是公路系统上1英里路段内的1/10长度。

2)州政府每年会对前10%的安全优先指数系统点进行通报,并调查前5个。

3)州交通局会评估安全优先指数系统点的事故碰撞诱因和安全问题。

4)如果整改方案出台,州交通局会进行成本和效益分析,以审定可能的安全解决方案,提出整改项目。

州交通局在收到道路接入申请时,首先会检查相关位置是否处于安全优先指数系统点的范围内,或者附近是否有安全优先指数系统点。如果涉及安全优先指数系统点,就需要工程人员进一步核查安全条件。

排队

排队指在接入道路附近的交叉口有信号灯或停车让行标志，导致被接入道路上车辆排队。排队阻滞了接入道路的车辆进入主路。如果阻滞时间过长，驾驶人就可能失去耐心，进而冒险前进，威胁自己和他人的安全。

州交通局判定排队现象的标准如下：

1）第95百分位排队长度法，即95%的排队长度点不超过目标点。

2）如果主路第95百分位排队长度后的100英尺外才有道路接入主路（以接入道路中心点为准），则排队不会引发安全问题。

3）如果主路第95百分位排队长度后的100英尺内有道路接入主路（以接入道路中心点为准），或者车距无法满足排队长度（要驶入行车道就必须插队），则会堵住接入道路的出口，产生安全隐患，需要工程师进一步研判。

碰撞事故率

州交通局在处理接入变更申请时，要评估相关路段的碰撞事故率。如果该路段的碰撞事故率超过州内类似路段的平均事故率20%以上（基于百万车英里事故率计算），则要进一步审查。审查重点是该路段碰撞事故的类型、严重程度、方向等，要研判这些事故是否与接入道路有关。如果确认有关，则申请方须提供改善方案，州交通局不认可的话会驳回申请。

间隔

间隔指接入道路与上游公共道路上的交叉口需要间隔一定距离。如果主路流量大、车速高，则要审慎考量间隔距离。要重点关注以下三点。

1）主路是本地区的公路。

2）上游有公共道路交叉口。

3）标示限速50英里/时或更高。

如果一个接入道路同时存在上述问题,州交通局就必须仔细研判,研究消除或减少安全隐患的对策,见图10。

相对理想的状态是,出门道路的接入口不设置在公共道路交叉口的上游附近,也就是进入交叉口车辆的减速路段。如果在交叉口上游需要设置接入口,则间隔距离要大于标准要求,以减轻主路车辆驾驶人的负担,给他们留出更多反应时间,避免碰撞事故。

图10　交叉口上游有下坡路段,路侧有接入道路,驾驶任务难度较大

计算间隔距离时,要先了解标示限速值和坡度,然后基于停车视距计算,见表1。

表1　间隔距离与标示限速值和坡度的关系

标示限速值	公路下坡坡度			
	0~-3%	-6%~-3%	-9%~-6%	超过-9%
50英里/时	495英尺	520英尺	553英尺	593英尺
55英里/时	570英尺	598英尺	638英尺	686英尺

交叉口上游接近路段设置导流线的作用

在交叉口上游内侧车道施划的渐变阴影线称为"导流线"或"鱼肚线",见图1。这是一种非常重要的交通流控制手段,目的是减少驾驶人的驾驶任务负荷,以及交叉口上游车流的交织冲突影响,提升交通流的通过质量和效率。交叉口通过效率低、道路拥堵等问题,大多与缺失导流线设计有关。

在交叉口上游,交通流很可能出现分离和冲突。有转弯需求的车辆驾

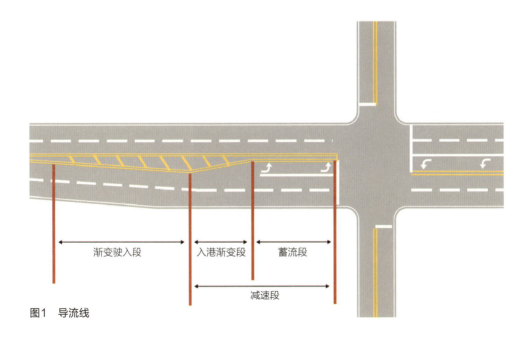

图1　导流线

人会进行一系列操作，为转弯做准备，这项驾驶任务包含了获取路口指路引导信息、行驶方向对应车道提示信息和接近操作点提示信息。驾驶人会在操作点前降低车速，调整与前车的距离，定位车道，寻找去往其他车道的车流空隙，伺机进行变换车道操作。如果驾驶人准备向右变换车道，则要先观察右外后视镜，再快速回头观察右车道后方情况（此时必须与前车保持足够距离才能回头观察，美国驾考规则规定变换车道时必须回头观察）。如果驾驶人准备向左变换车道，则要通过观察左外后视镜来判断左车道后方情况。这些驾驶行为都会导致本车道和相邻车道的流速下降。如果此时路段内车流量较大，特别是直行车流量较大，就会出现很多交织冲突，进而影响道路通行能力。减速和变换车道的车辆，实际上是在一个特定的时间和空间范围内阻滞了一条车道的交通流，在双车道变单车道时，这会导致道路通行能力下降近80%。因此，这种瓶颈路段的车辆渐变质量控制是非常重要的。在交叉口位置设置导流线，形成渐变驶入段，就是解决上述问题的对策之一，见图2。

当双直行车道内的车流接近路口时，导流线向右疏导双车道上的车流，也就是利用标线（有些地方会通过增设道钉来强化引导和告知效果）使所有车辆在指定位置统一向右规避，见图3。"统一向右"的结果是腾空了前进车流左侧的道路空间，使准备脱离车流的车辆驾驶人，可以不受干扰地进行脱离操作，进入相对空旷的道路空间后，再根据指路和车道引导标志标线提

图2　左转需求很大的主干道的路口段布局

示，选择进入左转车道或直行车道。同时，"统一向右"降低了准备向右变换车道的驾驶人的路况观察任务负荷，使他们获得了更好的对右侧来车的观察视角，只需小角度转头并利用余光，就能轻松观察右后侧的车道情况。

图3 设置反光道钉的导流区，强化了对车辆的"右闪"控制

导流线设计大幅降低了驾驶任务难度，减少了直行车流与转弯车流的交织冲突，即使是从最右侧直行车道向左转车道并道的车辆，也只会与左侧车道的车辆进行一次"让行谈判"。更何况，此时左侧车道的左向空间是完全开放的，道内车辆只要稍微减速或向左避让，就能使右侧车道的车辆并入。

对一列队伍中的"预备脱队者"而言，只要向外侧迈一步，改变与其他人的行进方向，就能不受干扰地选择自己的方向，同时不会干扰队伍行进。在这里，交通工程师通过将滚滚车流向右引导，腾出了左侧道路空间，使驾驶人更容易观察右侧路况，便于准备脱队的驾驶人快速驾车脱离主车流，在无干扰的道路空间里选择左转车道或直行车道，同时将准备右转的车辆留在右侧车道内，既保护了交通流的畅通，也减少了冲突和延误。与直接在直行车道左侧开口，为左转车辆提供渐变避让空间相比，导流线设计的占地面积更小，同时减轻了右转车辆驾驶人的任务负荷。

同理，利用更强势的渠化岛完成渐变控制，目的也是提供腾挪空间，使需要减速的车辆轻松进入空旷区域，保护直行车流，见图4。

图4 利用渠化岛完成渐变控制

要实现上述目的，必须完成以下基础设计：

1）获取直行和右转的车流量数据，特别是在有信号灯的情况下，要统计直行和右转车辆的数量和排队长度。

2）要结合左转车流量设计左转车道长度。如果左转车道过短，就会导致排队溢出，阻滞直行车道入口乃至主车道；如果左转车道过长，就会浪费道路空间，同时造成秩序混乱。

3）要根据车道的常规主流车速、车流量和排队长度，设计合理的渐变段位置、宽度和长度。

设置在弯道上游的导流线，用于调整下坡车辆的行驶轨迹和驾驶人观察视角，引导驾驶人关注对向窄车道来车，为进入弯道做好操作准备，见图5。

除上述设计知识外，交通工程师还要建立基本的转弯车道任务意识，才能明确需要用哪些数据来指导设计，完成交通流的高质量控制。转弯车道的设置目的如下：

1）将为转弯而减速的车辆与直行交通流隔离，保护直行交通流。

2）为转弯车辆提供减速操作空间。

3）容纳为转弯而减速的车辆和待转弯的车辆。

图5 设置在弯道上游的导流线

10 交叉口转弯车道设置

交叉口是交通走廊的瓶颈，这里的交通流经常遇阻。在交叉口设置车道是一个非常专业的技术问题，如果设置过少，就会导致同向交通流的延误、拥堵甚至事故；如果设置过多，就会导致交叉方向上的过街距离过大，增加行人、骑行人和机动车的通过时间，降低效率。

交叉口的车道布局设计，有5个重要的技术环节和知识点需要普及并建立共识：交叉口车道布局形式的技术调查范围；交叉口服务水平评价依据；左转车道设置条件；右转车道设置条件；车道设置造价与经济合理性。

交叉口车道布局形式的技术调查范围

交叉口车道布局形式评估，不仅针对新建道路，还要对既有道路进行定期调查和评估（通常每半年到1年评估一次），判断是否需要对车道布局和控制方式（比如信号配时）进行调整，评估结论以交叉口服务水平为主要标尺。

表1所示调查内容，必须在对交叉口布局进行设计和调整前完成。针对不同问题，要有不同的工程对策，没有调查工作做支撑，直接改造路口，往往会出现"拥堵搬家"的情况。

道路运行管理的一项重要工作，就是根据调查结论，再参照已经形成的技术规范和标准，找到相应的解决办法。

表1 交叉口车道布局技术评估内容调查表

调查交通流特征	长期	短期
道路		
道路等级	×	
交叉段	×	
限速	×	×
地形	×	×
接入密度	×	×
行人和自行车条件	×	×
交通流		
现有日平均流量（ADT）	×	×
预测日平均流量（ADT）	×	
高峰小时流量	×	×
高峰小时转弯流量	×	×
重型车比例（%）	×	×
行人和自行车数量	×	×
交叉口控制形式		
无控制/"停止"标志	×	×
全方向"停止"标志	×	×
信号灯	×	×
环岛区域/环境	×	×
乡村地区		
城市	×	×
中央商务区	×	×
商业区	×	×

　　针对交叉口的交通流能力和车道布局，有一些重要的技术概念和评估方法，最具代表性的是美国的《公路能力手册》（*Highway Capacity Manual*，HCM）和《公路与城市道路几何设计规范》（*A Policy on Geometric Design of Highways and Streets*，也称 *Green Book*，绿皮书）。这两部著作问世都已超过半个世纪，至今仍在持续修订和再版，其中的工程思路和工作方法为业界所广泛接受。两部著作中与交叉口相关的指标，主要有交叉口能力和服务水平、

左转车道和右转车道设置的基本依据等。

交叉口服务水平评价依据

交叉口是典型的路权冲突与切换区域，要使各个方向的车辆和人员都安全顺利通过，就必须分配路权，这可能导致交通流的阻滞。评价交叉口的通行能力，主要是评价交叉口区域的延误情况。评价结论分为两层，一层是总体延误情况，另一层是各个方向的延误情况，再将延误情况以服务水平分级表示，确定改进项目，见表2。

表2 交叉口服务水平分级对照

服务水平	每辆车延误/秒		情况描述
	信号灯控交叉口	无信号控交叉口	
A	0~10	0~10	自由流动，延误极少
B	>10~20	>10~15	稳定流动，偶尔延误
C	>20~35	>15~25	稳定流动，周期型延误
D	>35~55	>25~35	流动受限制，延误频发
E	>55~80	>35~50	运能极限，延误延长
F	>80	>50	强制型流动，超级延误

简言之，评价方法主要是测算交叉口各个通行方向的延误时间是否在可接受范围内。延误时间越长，用路人的用路感受越差，导致的排队甚至溢出情况也越严重。表2是HCM中常用的机动车交叉口服务水平分级对照表，所列数值都是大批交通工程师经过数十年的观察、总结和分析，根据道路的宽度、车流速度和车间距等交通要素测算得出的，具有一定代表性。通常情况下，C、D级服务水平是可接受的水平，灯控交叉口的延误时间极限是55秒（E级的下限值）。延误时间再长，多数用路人就会失去耐心，上游涌来的交通流积压就会导致停留空间满溢，难以维持秩序。在日常交通运行管理中，设法使交叉口各个方向的延误情况优于D级水平，就是典型的道路交通运行管理任务。E、F级服务水平是不可接受的水平（延误时间大于55秒，甚至超

过80秒），必须改善。超过80秒的延误，会导致上游交通流持续"灌入"交叉口区域，导致严重阻滞甚至溢出，要耗费大量的人力、物力进行控制和疏导。我国很多大型交叉口秩序问题都需要动用大量警力处置，背后的"罪魁祸首"就是F级服务水平（延误时间）。

表3源于美国阿拉巴马州的真实案例，是对一个交叉口的流量特征和服务水平进行调查后形成的评估结果。可见，早高峰的总体服务水平是C级，而晚高峰的总体服务水平却是F级。晚高峰时，向东、向西和向北的服务水平都超出了可接受范围（按规定，如果交叉口某个方向上有一个流向出现F级服务水平，则该方向整体归为F级服务水平，必须改善）。由表3可知：

- 甲路的西向东方向直行车流延误时间过长。
- 甲路的东向西方向左转和直行车流延误时间过长。
- 乙路的南向北方向左转车流延误时间过长。

表3 交叉口流量特征与服务水平评估

甲乙路交叉口 (有交通控制)	行驶方向	车流状态/车道布局	服务水平	
			早高峰	晚高峰
甲路与乙路交叉口 （信号灯控）	甲路西向东	左转车道	C	D
		直行/右转混用道	C	F
	甲路东向西	左转车道	C	E
		直行车道	C	F
		右转车道	B	B
	乙路南向北	左转车道	C	E
		直行车道	C	D
		右转车道	B	B
	乙路北向南	左转车道		
		直行/右转混用道	C	D
	总体服务水平		C	F

在制订交叉口车道布局、信号配时调整方案前，一定要进行调查评估，

形成类似表1和表3的调查/评估表，才能有的放矢。这一过程中，依靠数字化技术采集分车道流量数据，是不可或缺的交通工程技术环节。

左右转弯车道的设置逻辑

有条件时，要尽可能为各个方向的车流提供专用车道，这是保障交通流顺畅的理想状态。但在具体实施时，条件通常受限，特别是资金和用地条件，以及行人和骑行人过街条件。比如，双向单车道道路的交叉口，上游只有一条车道，车辆可能有"直行""左转""右转"三个方向需求，怎么办？常规的车道布局顺序要根据工程成本确定，在各个方向交通流相对平衡或车流量极小的情况下，车道设置顺序依次为：单车道直行、左转、右转三方向混行；单车道接入路口前变双车道"直行右转混行车道+左转车道"；单车道接入路口前变三车道"直行车道+左转车道+右转车道"。

为确保道路持续畅通，要从交通流中剔除那些会引发迟滞甚至中断的元素，这是左/右转弯车道设置的基本逻辑。设置转弯车道有三个目的：一是将为转弯而减速的车辆与直行交通流隔离开，以保护直行交通流；二是为转弯车辆驾驶人提供减速操作空间；三是容纳为转弯而减速或等候的车辆。因此，转弯车道需要有合理的长度。

由于左转车辆要等待对向交通流的间隙，其操作延误时间明显长于右转车辆。更长时间的等待就可能引起直行和右转交通流的额外延误。因此，左转车道往往要先于右转车道设置（也有例外，由交通流特征决定）。这是交叉口车道布局和路权分配的基本逻辑，即先处置延误时间最长、风险最高的方向。

在有条件的交叉口，一般至少要设置直行右转混行车道和左转车道。表4是美国明尼苏达州交通局的交叉口转弯车道设置策略，在各等级道路上，左转车道几乎是必须设置的。这种策略能减少交叉口的交通事故和等候延误，明显提高通行效率。

表4　美国明尼苏达州交通局在交叉口转弯车道设置上的技术政策

主要街道的功能分级	十字相交街道功能分级				
	主干道	次干道	联络线	本地道路	私属道路
主干道	左转道	左转道	左转道	左转道（不建议使用）	不允许设置
次干道	左转道	左转道	最短左转道	最短左转道	硬路肩
联络线	左转道	最短左转道	最短左转道	硬路肩	硬路肩
本地道路	左转道	最短左转道	硬路肩	硬路肩	硬路肩

美国《公路安全手册》（*Highway Safety Manual*，2010年版）提到，在村镇的双向单车道道路和多车道道路上，设置转弯车道能减少交通事故量。其中，左转车道能减少20%~50%的交通事故，右转车道能减少5%~15%的交通事故（表5）。在城市多车道和郊区多车道的干线道路上，交通事故发生率最低的是有中央隔离带和左转车道的道路，这两项措施能使交通事故量减少10%~50%。

表5　没有中央隔离带的双车道高车速乡村道路转弯车道设置条件

主要街道的功能等级	十字相交道路的等级					
	主干道	次干道	主要集散路	次要集散路	本地道路	私属道路
主干道	左转道 右转道	左转道 右转道	左转道 右转道	左转道 右转道	不建议直接接入 左转道 右转道	不允许直接接入
次干道	左转道 右转道	左转道 右转道	左转道 右转道	左转道 右转道	最小长度左转道 右转道	不允许直接接入
主要集散路	左转道 右转道	左转道 右转道	最小长度左转道 最小长度右转道	最小长度左转道 最小长度右转道	最小长度右转道	最小长度右转道
次要集散路	左转道 右转道	左转道 右转道	最小长度左转道 最小长度右转道	最小长度左转道 最小长度右转道	最小长度右转道	最小长度右转道

（续）

主要街道的功能等级	十字相交道路的等级					
	主干道	次干道	主要集散路	次要集散路	本地道路	私属道路
本地道路	左转道	最小长度左转道	最小长度左转道	最小长度左转道	使用硬路肩	使用硬路肩
私属道路	不允许直接接入	不允许直接接入	无	无	无	无

左转车道的设置条件

在条件允许的情况下，始终要设置左转车道（美国明尼苏达州的规范最具代表性），这在地方标准里很常见，由当地经济条件和交通需求决定，一般不需要工程师另行计算，见图1。还有一种情况是根据交通流特征决定，需要更多计算。总体上看，最简单的指标包括：在信号灯交叉口，如果有左转专用信号相位，且每小时左转车流量超过100辆，就应该设置左转车道；如果每小时左转车流量超过300辆，就应该设置第二条左转车道。

表6是《绿皮书》中双车道道路设置左转车道的指标依据（等同于我国的国家标准），包括车速、每小时同向车流量、左转车辆占比以及对向车流量等。比如，限速60公里/时的道路，每小时同向车流有720辆车，其中5%需要左转，如果对向有100辆车直行，就需要设置专用左转车道。

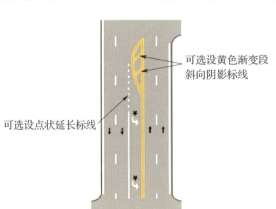

图1 左转车道的标准施划方法示意，长度根据左转车和直行车排队长度确定，以不形成相互干扰为原则

表6 双车道道路设置左转车道的指标依据

逆向流量/（辆/时）	公制				英制			
	前进流量/（辆/时）				前进流量/（辆/时）			
	5%左转	10%左转	20%左转	30%左转	5%左转	10%左转	20%左转	30%左转
	运行速度60公里/时				运行速度40英里/时			
800	330	240	180	160	330	240	180	160
600	410	305	225	200	410	305	225	200
400	510	380	275	245	510	380	275	245
200	640	470	350	305	640	470	350	305
100	720	515	390	340	720	515	390	340
	运行速度80公里/时				运行速度50英里/时			
800	280	210	165	135	280	210	165	135
600	350	260	195	170	350	260	195	170
400	430	320	240	210	430	320	240	210
200	550	400	300	270	550	400	300	270
100	615	445	335	295	615	445	335	295
	运行速度100公里/时				运行速度60英里/时			
800	230	170	125	115	230	170	125	115
600	290	210	160	140	290	210	160	140
400	365	270	200	175	365	270	200	175
200	450	330	250	215	450	330	250	215
100	505	370	275	240	505	370	275	240

为保障交通流顺畅，不能将直行车道在路口位置直接改为左转车道，否则会干扰直行交通流，导致延误甚至事故。

右转车道的设置条件

考虑到成本和通行效率等因素，交叉口是否需要设置专用右转车道也要评估。首先，要将采集到的右转车流量数据与设置专用右转车道的参考指标进行比较。

见图2，纵轴是每小时右转车流量，横轴是主路单方向总车流量，曲线是进入路口前的车速，达到曲线右侧的流量，就需要设置右转车道。比如，车速为100公里/时，如果主路同向每小时有200辆车通过，其中有20辆车右转，就需要设置专用右转车道（图2中最左侧曲线）；车速为100公里/时，如果主路同向每小时有超过600辆车通过，其中有10辆车右转，就需要设置专用右转车道；车速为60公里/时，如果主路同向每小时有1200辆车通过，其中有10辆车右转，就需要设置专用右转车道（图2中最右侧曲线）。右转车道的长度以直行车排队的队尾不会堵住右转车道入口为准。四车道道路的右转车道设置参考指标见图3。

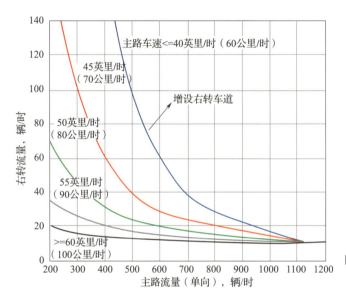

图2 双车道道路右转车道设置的参考指标

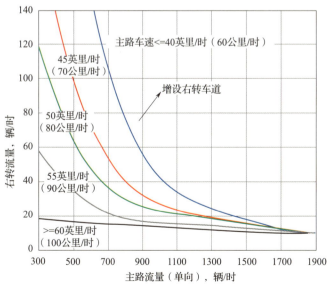

图3 四车道道路右转车道设置的参考指标

注：既有道路条件可能会限制转弯车道的设置，交通工程师要进行专业的交通工程分析，以判断是否具备设置条件，并筛选设置方案，见图4、图5

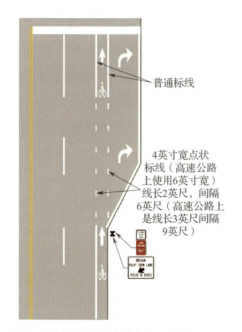 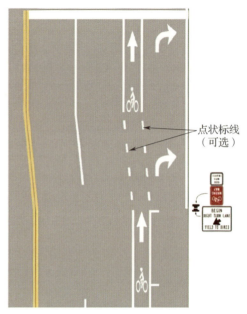

图4 右转车道与自行车道在路口时的标志标线设置方法示意

图5 路侧有停车带时的右转车道与自行车道的标志标线设置方法示意

车道设置造价与经济合理性

造价与经济合理性，是美国交通工程界很重视的领域。每对交叉口进行一次改动，设置一条转弯车道，都需要进行一次经济效益评估，以判断是否划算。图6展示了右转车道设置经济合理性趋势，一般情况下，交通工程师只要根据曲线走向，就能判断项目是否具备经济合理性。主要思路是评估主路上的交通流量和转弯流量的运行成本、事故成本等，权衡设置转弯车道是否划算。比如，如果一条右转车道的工程成本是2万美元，那么，只要主路每小时有200辆车通过，其中有60辆车右转，就能保证收回成本。如果工程成本是5万美元，主路每小时就要有超过600辆车通过才划算。图6中，红色曲线代表限速40英里/时以上的道路，蓝色曲线代表限速40英里/时（含）以下的道路，曲线右侧区域是经济合理区域。

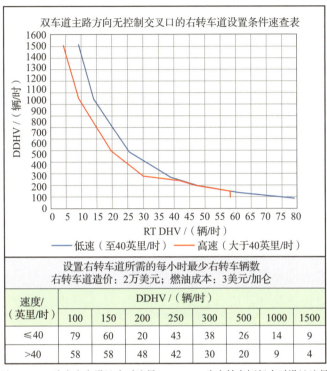

图6 双车道主路方向无控制交叉口的右转车道设置条件速查

除上述技术逻辑和指标依据外,还有交叉口的空间问题,比如,对双向单车道道路而言,转弯车道如何获得空间?这需要分析车速与车道的关系。在交叉口附近,为识别和判断路况,车辆驾驶人要降低车速。因此,车道的路口段是不需要与主段一样宽的,通过减小车道宽度,加上双向车道间的隔离空间、交叉口段的路肩拓展空间,就能获得增加一条甚至两条转弯车道的空间。

11 所罗门曲线对车速控制的启示

速度控制，是交通安全管理领域的热门话题。速度控制的原则是什么？如何依据速度控制原则来规范道路设计和交通管理工作？国内交通工程界对此尚缺乏深入研究。为启发思路并辅助研究，本文介绍一个在速度控制领域颇受推崇，但也颇具争议的技术概念，即所罗门曲线（Solomon Curve）。

美国人大卫·所罗门总结绘制的所罗门曲线，是世界交通安全研究史上第一项有关车速与事故量化关系的成果。所罗门的研究报告发表于1964年，而研究项目始于20世纪50年代，本文通过后期相关报告来管窥这项研究的核心内容。

20世纪50年代后期，所罗门就开始研究交通碰撞事故、驾驶人、车辆三者间的关系。他记录了近1万名有事故记录的驾驶人的面谈情况、车速情况，并与2.9万名无事故记录驾驶人的情况进行对比。这项研究涉及11个州的35段村镇公路，总里程超过600英里。这些路段在美国公路网中极具代表性：3/4是双车道公路，其他是有中央隔离设施的四车道公路；平均里程是17英里，最长的一段是91英里；28段路白天的限速值是55~70英里/时，2段路白天的限速值是45英里/时，其余5段路没有数据记录，只能凭驾驶人判断取值；平均每3英里有2个商业区入口、4个交叉口。为便于对比研究，每段路的典型车速区间内都设置有隐蔽的测速设备。研究过程中，研究人员会不时拦停被记录车速的车辆。

对应区域的交通事故数据采集时间段是1958年6月30日之前的3~4年。为对比事故发生时的车速，研究人员记录了驾驶人意识到即将发生事故时的车速。在事故报告中，这一车速数据源于驾驶人、警察或目击证人的估计。约20%的事故报告中没有这一车速数据。

为对比事故与非事故驾驶人的数据，并考虑对应车速，研究采用了"百万英里"事故数据：首先推算每段路在对应时间段的"百万英里"数据，然后将"百万英里"数据按速度区间做分布统计，接着比较每一速度区间的事故数据，最后推导出每个速度区间的"百万英里"事故状态。

所罗门发现，白天的事故数据与车速数据构成了一个U形曲线（图1）：车速为22英里/时（35公里/时）时，每亿英里有43238起事故；随着车速的上升，事故率逐渐下降，车速为65英里/时（104公里/时）时，每亿英里有84起事故，事故率最低；但自65英里/时开始，随着车速的上升，事故率也开始上升，车速为73英里/时（117公里/时）时，每亿英里有139起事故。夜间事故率的变化趋势也是如此，除车速最低时的事故率小于白天外，其他车速段的事故率都高于白天，特别是车速高于60英里/时（96公里/时）时，事故较白天明

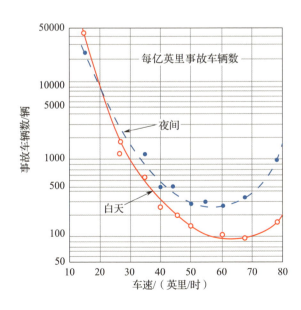

图1 所罗门曲线（车速与事故关系）

显更多。这正是如今国际上普遍采用100公里/时左右最高限速的理论依据。

由于公路上往往存在限速范围和平均车速的概念，所罗门的研究还展现了与平均车速有差异时的事故率趋势，也构成了反映白天和夜间情况的两条U形曲线（图2）：车速低于平均车速35英里/时（同向车速差低于56公里/时）时，事故率最高；车速高于平均车速5~10英里/时（8~16公里/时）时，事故率最低，相关数据见表1。

表1　所罗门曲线数据

速度区间/(英里/时)	每亿英里事故数	每亿英里受伤人数	每亿英里死亡人数
≤22	38873	9343	446
23~32	1274	356	12
33~42	362	110	5
43~52	188	62	5
53~62	143	70	4
63~72	121	93	2
≥73	289	313	118

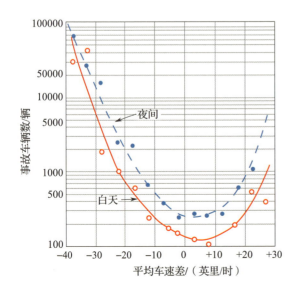

图2　所罗门曲线（平均车速差与事故关系）

所罗门报告所呈现的"低车速高事故率"特征，在当时引起了很大争议。有人质疑他统计的事故前车速大多源于驾驶人的回忆，结论很可能存在偏差。但所罗门指出，即使剔除一半的所谓"主观数据"，U形曲线依然成立，不影响结论方向。

1968年，美国人希瑞罗（Cirillo）发表了与所罗门报告相似的研究报告。所不同的是，他选用的是州际公路数据而非村镇公路数据。研究包含了20个州的交通局数据，并采用一些指标对数据路段的一些特征（例如交叉口等）进行了均匀性修复，时间段为上午9时至下午4时，事故类型都是同向车辆间的追尾、侧撞等。希瑞罗得出的平均车速差与事故关系曲线，与所罗门的U形曲线相似。他发现，车速低于平均车速32英里/时时，事故率最高，而车速高于平均车速12英里/时时，事故率最低。车速高于平均车速的幅度超过12英里/时后，事故率逐渐上升。此外，在城市快速路上，互通区相距越远，事故率越低。

由上述结论可知，在"什么是科学且安全的行车速度"这一问题上，决不能想当然，而是要做大量调查与统计分析。所罗门和希瑞罗的研究，为美国制定近650万公里公路网的速度控制策略奠定了坚实的基础。此后，有人对比验证了两人的研究成果，颠覆了"低车速高事故率"结论，认为事故率与车速正相关，相对较低的车速更安全。

不过，随着人因和应变视距等研究领域的深入发展，主流观点又倾向于支持"低车速高事故率"结论，因为在自由流车速基础上，车速的降低，往往伴随着驾驶任务难度的增加，比如在路口或路况复杂路段。特别是当驾驶人发现异常，刻意选择了远低于道路设计速度的车速时，恰恰说明道路的交通控制措施与实际需求存在明显差异。相似地，在路况较好的路段，一定范围内的高车速并不会导致高事故率，这与驾驶任务难度相对较低有关。此外，在同向车道内，如果驾驶人都选择保持匀速行进，那么事故率就会保持在较低水平，而如果能略微超过平均速度，就说明道路安全条件较好，驾驶任务难度较低，这正符合人因技术中提到的"自诠释道路"（道路使用者友好型道路）概念。

我国的一些高速公路，有时会在同向车道上采用多种限速规则，导致各车道车辆无法在同一速度区间内行驶，从安全角度看，再结合所罗门的结论，这一策略是很值得商榷的，见图3。

图3　我国某高速公路山区段的限速标志

12　减速带的减速效果与技术问题

减速带是安装在公路上迫使经过车辆减速的交通控制设施，通过制造强烈的颠簸感来实现速度干预。我国减速带的主要形式有振荡标线带组合和减速垄，高速公路上一般使用振荡标线带组合，而在社区内或低车速道路上，则以减速垄为主。设置减速带涉及很多工程技术问题。

利用在路面刻意制造高度差来实现速度干预的减速带首见于德国，采用了减速垄的形式，基部宽1840毫米，高50毫米，坡度1∶5。据报道，这种减速垄能使车速降低20英里/时。英国的相关速度干预措施研究始于1992年，范围涵盖道路内外（图1、图2、图3）。

针对交通静化领域，在英语语境下，减速带一类的速度干预措施的通称是"Speed Cushion Scheme"，直译为"速度缓冲方案"。除"Speed Cushion"（直译为"速度缓冲垫"，

图1　用砖石和水泥制作的缓速丘

图2　用水泥制作的缓速丘

图3　沥青和砖石结合的缓速丘

国内常译为"减速丘")形式外，还有一种"Road Hump"形式，直译为"道路拱起"，国内常译为"减速垄"，这是国内目前最常见的一种减速带形式，一般采用橡胶材质，有时也会用水泥。美国将"Speed Cushion"称为"Speed Table"（直译为"速度台"）。为便于读者理解，本文使用"减速垄"和"减速丘"这两个称谓。需要注意的是，译为"减速"其实不如译为"缓速"准确，因为"Cushion"一词有"缓冲垫"的含义。本文将带有缓冲设计元素的减速丘称为"缓速丘"。之所以要关注称谓，是因为没有缓冲的强制减速存在极大安全风险，对驾乘人员和车辆都有不利影响，与有缓冲的减速完全不同。由此可知，在车速很高的路段突兀地设置减速带是十分危险的！

英国运输研究实验室（Transport Research Laboratory，TRL）曾就不同速度缓冲方案的效果进行专项研究（TRL REPORT 312），结论值得借鉴。TRL的研究涵盖了34个地方公路管理局的交通静化方案中的速度缓冲措施，相关路段都有30英里/时的限速和公交车路线。研究评估了速度缓冲措施对车速、交通流、事故、驾驶人行为和乘客舒适度的影响，包括当地居民对相关噪声和振动的意见。

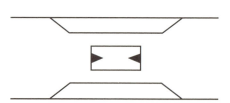

图4　单体缓速丘布局俯视图，路侧有路缘石外展压缩道路宽度的设置，有白色专用警示标线配合（黑色三角区）标示准确位置

研究发现，主要有三种缓速丘形式：一系列单体缓速丘结合车道收窄措施（只适用于单向、低流量道路，图4、图5）；双体缓速丘，可以与车道收窄和隔离岛措施结合（适用于双向、高流量道路，图6）；三体缓速丘，不需要结合车道收窄措施（适用于双向、较宽的道路，图7、图8）。以下主要介绍与缓速丘相关的9项技术问题。

图5　单体缓速丘，留出自行车通行空间

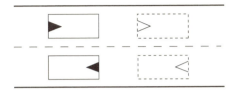

图6　双体缓速丘布局俯视图

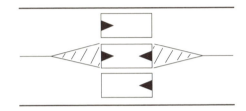

图7　三体缓速丘布局俯视图

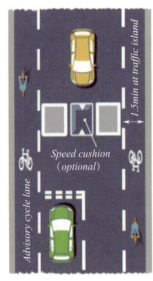

图8　考虑设置自行车道时的三体缓速丘设置方式示意

1. 缓冲区的速度

缓速丘能有效降低车速，但效果不及减速垄。高度同为75毫米的情况下（兼有平顶和弧顶形式），缓速丘对平均车速和第85百分位车速（对应值为17~22英里/时）的影响幅度，比减速垄低2~7英里/时。

研究提取了车辆通过缓速丘前和通过缓速丘时的车速，以及缓速丘的尺寸，采用多重线性回归分析法统计了平均车速和第85百分位车速。结果表明，缓速丘的宽度、长度和坡度，以及车辆通过缓速丘前的车速，都会对车辆通过缓速丘时的车速形成显著影响，缓速丘越窄、越长、坡度越小，车辆通过缓速丘时的车速越高。然而，由于各项因素间存在关联性，比如长度与坡度（长度越长，坡度越小），并不能精确判断多项因素的综合影响，只能得出方向性结论。

通过1600毫米宽的缓速丘时，车辆的平均车速是19.5英里/时，而通过1900毫米宽的缓速丘时，车辆的平均车速是15.5英里/时。也就是说，如果缓速丘宽度≤1600毫米，对于限速20英里/时的道路，在没有其他措施辅助的情况下，可能无法实现有效减速。

公交车和重型货车这类大型车辆，通过缓速丘时的减速幅度小于小型客车，特别是在通过较窄的缓速丘时。摩托车可以绕开缓速丘通过，车速基本不受影响。不过，在高流量路段，由于其他车辆都已经减速，摩托车也会被迫减速。

2. 缓速丘之间的速度

缓速丘的间距为50~105米，平均间距为71米。在平均高度75毫米、平均间距85米的情况下，两个缓速丘间的平均车速和第85百分位车速（分别为22英里/时和26英里/时），比两个减速垄间高1~2英里/时。

缓速丘间距为60米时，两个缓速丘间的平均车速为20.5英里/时，间距增加到100米时，平均车速会提高4英里/时。

缓速丘的间距越大，车辆到达缓速丘时的速度越高，速度差越大。速度差指车辆在两个缓速丘间的途中速度减去到达缓速丘时的速度。速度差越大，车辆的排放、噪声影响越严重。

3. 流量变化

相比没有缓速丘的道路，有缓速丘的道路的流量减少了2%~48%，总体流量平均减少了 24%，这与有75毫米高的减速垄的道路的流量减少幅度相近。流量减少可能与道路行驶舒适度降低有关。

4. 事故

研究没有进行专门的事故统计，但一个相关的减速研究得出了结论，设置缓速丘的道路上，由于车速和流量的下降，伤害型交通事故的减少幅度约为60%。

5. 旅行者的不适感

研究发现，大型客车从中央位置跨越缓速丘时，乘客没有明显的不适感。如果大型客车跨越时没有对准，不适感会增加，这种不适感与跨越75毫米高的减速垄时的情况相近。在舒适感上，不同尺寸的缓速丘对大型客车乘客的影响没有明显差异。

有些缓速丘方案适合单层或双层大型客车，但会导致救护车或轻型客车的乘员有不适感。将缓速丘的宽度减小到1600毫米，会提升救护车和轻型客车乘员的体感舒适性，而对于大型客车，乘员的体感舒适性不会有显著变化（图9、图10）。减小缓速丘宽度会导致车辆通过时的速度有一定提升。研究表明，相比缓速丘间距，缓速丘宽度对车速的影响更大。对小型客车驾驶人而言，缓速丘宽度对接受度的影响明显大于缓速丘间距。

图9　小型客车在通过缓速丘时会尝试从中间跨越，减少颠簸

图10　双层客车可以降低速度对准后平稳跨越橡胶材质的缓速丘

6．驾驶行为

通过观察录像发现，驾驶人驾车经过单体缓速丘时，驾驶行为不受路侧停车位的影响。约55%的小型客车和90%的大型客车会由中央或接近中央的位置跨越缓速丘（图11）。在采用双体缓速丘的道路上，约20%的驾驶人会选择驾车由两个缓速丘间通过。在采用三体缓速丘的道路上，约40%的驾驶人会选择驾车从靠近路缘一侧的两个缓速丘中央通过。有些场景中，双体缓速丘的间隙较大，驾驶人会倾向于驾车由间隙通过，而不是辗轧缓速丘（图12）。这种设置方式会导致一些抱怨和冲撞，因此双体缓速丘的间隙最好不超过1200毫米。

图11 大型车辆和小型车辆通过双体缓速丘时的典型方式

图12 尝试从两个缓速丘之间通过的车辆

路侧停车位会妨碍小型客车由缓速丘中央通行,也会导致驾乘人员的体感不适(图13、图14)。当缓速丘与车道收窄措施结合时,路侧停车位对车辆跨越缓速丘的影响反而减弱了。

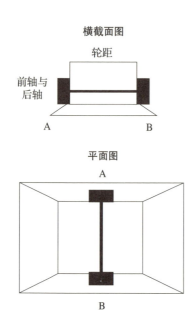
图13 缓速丘宽度、坡度与小型车辆轮距的关系

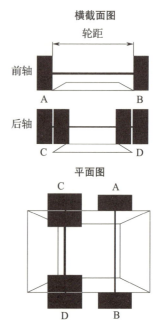
图14 缓速丘宽度、坡度与大型车辆轮距的关系

大部分骑行人和摩托车驾驶人会选择规避缓速丘，利用缓速丘与缓速丘或缓速丘与路缘石的间隙穿行。如果受阻于路侧停车位，则骑行人和摩托车驾驶人会选择从道路中间的空隙穿行，而不是由缓速丘上通行。

7. 公众意见

调查表明，大型客车和应急车辆驾驶员对缓速丘的反应总体上是积极的，但附近有些居民认为标准减速垄是更合适的交通静化措施。

8. 噪声

对轻型车辆而言，缓速丘导致的最高噪声与行驶速度直接相关，车速低则噪声低。但研究发现，随着过往商用车辆比例的增加，或在设置大宽度缓速丘后，总体噪声水平会显著恶化。宽度在1700毫米以下的缓速丘导致的噪声水平都在可接受的范围内，因为商用车辆通过这类缓速丘时，可以利用较宽的轮距跨越通过。

9. 体感振动幅度

以典型的跨越时速计算，1900毫米宽的缓速丘导致的体感地面振动幅度，相比1700毫米宽的缓速丘更大。如果商用车辆没有跨越缓速丘通过，则体感振动幅度会明显增大。因此，设置缓速丘时要考虑布局问题，使商用车辆能利用宽轮距跨越通过，减小振动幅度。

13 路面标线的作用

路面标线是不可或缺的道路安全通行条件之一。用标准化的标线来指示行车路径、分配车道，是保障通行安全和交通流高效运转的必要措施。

标线对驾驶人的价值已经得到了广泛认可，它向驾驶人传达了短距离操作需要的预期行驶路径和横向定位坐标（分配车道），用于对齐车道轨迹的长距离轮廓（行车路径），以及交通规则信息。与大部分交通标志不同，标线传达的信息多数是连续的。

为确保标线传达信息的一致性，我们用国家标准的形式确认、授权并强制执行标线的特征和应用方式，进而使驾驶人的训练和日常操作也保持一致，让所有人能在相同的规则下使用道路。美国的路面标线标准源于《统一交通控制设施手册》（*Manual on Uniform Traffic Control Devices*，MUTCD）。

尽管MUTCD清晰阐述了标线标准，但交通事故依旧不断发生。美国国家公路和运输官员协会（AASHTO）的一份报告表明：全美公路上，每21分钟就会发生一起车道偏离导致的死亡事故；每年有超过2.5万人死于车道偏离事故，占全美公路死亡人数的约60%；在弯道或夜间条件下，脱离路面和迎面碰撞事故占比很高，且致命率是其他条件下的3~4倍；碍于视觉和认知障碍，年长和能力低下的驾驶人非常容易发生车道偏离事故。

研究表明，某些情况下，使用标线能减少特定类型事故，比如添加边线或改善标线（增加宽度或提高逆反射性能）能减少脱离路面和迎面碰撞事故，减少高风险路段的夜间事故和弯道事故。除标线外，轮廓标、线型诱导标和护栏等，也能帮助驾驶人保持在路内行驶，避免脱离路面。

为减少车道偏离事故，确保车辆在路内行驶，AASHTO制订了一项公路安全战略计划，列出了22项任务清单，包括在乡村双车道公路上增设标线、加宽边线、施划雨夜标线等。

各州根据AASHTO的任务清单实施州内道路安全提升工作，并报告成绩。例如，2005—2007年，密苏里州交通局采取以下措施，使州内车道偏离类事故的死亡人数减少了25%：

1）对所有主要公路以及有事故史的小路，完善道路边线和中心线。

2）对所有主要公路，施划6英寸（15厘米）宽的道路边线和车道线。

3）在主要公路上提供4英尺（1.2米）宽的路肩（用标线分开）。

4）改善所有主要公路上已有的护栏和中央隔离屏障。

5）提升标志设置水平。

可能由于标线的单位成本较低（常规标线的成本为0.1~0.25美元/英尺）且任由车辆辗轧，人们往往会忽视它的作用，相关的科学研究也并不多见。事实上，如果计算公路上所有标线的总成本，对交通部门而言仍然是一笔巨大的支出。美国的一份研究报告表明，全美2007年度的标线支出总额约为20亿美元。那么，如此巨额的投入究竟取得了什么效果呢？

对标线应用价值的研究，通常有四个角度：安全研究（Safety studies）、主观评价（Subjective evaluations）、车辆操作研究（Vehicle operational studies）和视认性相关研究（Visibility-related studies）。这些研究主要是设法建立科学的衡量标准，以判断是否值得应用标线，以及应用什么样的标线才能减少交通事故。

标线的综合作用

关于标线的作用，最早建立的共识是"道路边线能减少交通事故"。1957年，美国俄亥俄州的一项研究中，在一段宽度至少为20英尺（6米）的乡村双车道公路上施划边线，施划前后对比发现，路段的交通事故总量减少了19%，伤亡事故减少了37%，交叉口和车道等接入点的碰撞事故减少了63%，夜间碰撞事故减少了35%。1959年，堪萨斯州的一项研究表明，在日平均交通量最低为1000辆车、宽度为20~26英尺（6~8米）的乡村双车道公路上，施划边线后，交通事故致死人数减少了78%，路口接入点事故减少了46%。

1973年的《公路安全法案》（Highway Safety Act）制订了具体的公路安全改善计划，其中包括为标线示范计划提供100%的联邦资金。这一资助项目覆盖了除州际公路外的所有联邦公路。1978年的《地面运输援助法案》（The Surface Transportation Assistance Act）继续为该项目提供资金，直到1981财年。该项目的成果后来以《1981年公路安全管理报告》（以下简称《报告》）的形式由美国交通部部长提交给国会。

《报告》总结，在联邦政府的资金支持下，有38个州参与了标线示范计划，其中有6个州的数据量达到了对标线效益进行重点研究的最低标准（共有225个研究路段）。研究路段必须是双车道公路路段，长度至少为5英里（8公里），路面宽度至少为16英尺（4.8米），限速至少为40英里/时（64公里/时）。除施划标线外，没有其他安全改善措施。统计时，将致命事故与伤害事故合并，不统计仅导致财产损失的事故（PDO）。经上述限定后，从统计学上看，改善标线从总体上可以使夜间事故减少12%，增加道路边线可以使夜间事故减少16%，使低能见度夜间事故减少33%。

《报告》的结论是，在山区和丘陵地区的公路上增设中线和边线，以及在只有中线的公路上增设边线，是相对有效的安全措施，可以使夜间和低能见度夜间事故显著减少。

关于路面宽度，《报告》提出：对于22英尺（6.6米）宽的公路，增设中线和边线，或者只增设边线（因为已有中线），可以使夜间事故减少36%，使低能见度夜间事故减少52%；对于20英尺（6米）宽的公路，可以使夜间事故减少13%，使低能见度夜间事故减少23%；对于18英尺（5.4米）或以下宽度的公路，可以使低能见度夜间事故减少46%。

《报告》表明，在已有中线的双车道公路上增设边线是一种明显具有成本效益的减少交通事故的对策。北达科他州的边线计划表明，尽管只有财产损失的事故增多了，但效益成本比（B/C）达到了23∶1，即每1美元的边线投资，可以减少23美元的事故损失。

1991年，美国人米勒（T.Miller）发表了一项有关标线安全价值影响的研究：根据当时的事故统计数据和成本估算，即使在日平均交通流量仅有500辆车的乡村双车道公路上，边线投资的效益成本比也能达到17∶1，即每1美元的边线投资，可以减少17美元的事故损失。平均而言，标线的效益成本比为60∶1，而且会随交通流量的增加而增加，城市的效益成本比是村镇的2倍。针对双车道乡村公路，如果每年在每15.5英里（25公里）长的路段上发生一起非交叉口事故，那么施划边线就是合理的。

米勒的研究结论是标线可以使交通事故减少21%。鲍利（Bali）等人发表于1978年的一份基于投入产出比的道路轮廓方案选择研究报告，对米勒的结论产生了重要影响。这份报告调研了10个州的乡村双车道公路的安全改造方案，共有500多处。研究结论是，增设边线和中线可以使交通事故减少36%，在已有中线的道路上增设边线可以使交通事故减少8%。根据这些数据，米勒为乡村双车道公路增设边线制作了一个效益成本比率图（图1），展现了交通流量越大，增设标

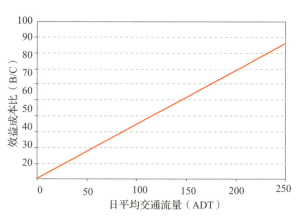

图1 乡村双车道公路增加边线的效益成本比（B/C）

线越划算的趋势。

宽标线的安全作用

2006年，美国联邦公路管理局（FHWA）开展了一个名为SAFETEA-LU的研究项目，对宽标线的安全性进行了广泛研究，包含一项确定哪些州的州际公路在使用宽标线（宽于4英寸，11厘米）的全国性调查，调查项目包括使用的范围、位置和时间，公路的具体信息，以及是否有充分的交通事故、交通流量数据记录等。

调查发现，各项条件达到可对比要求的只有密歇根、伊利诺伊和堪萨斯这三个州，因为只有这三个州广泛使用了宽标线，这样可以最大限度地降低样本选择偏差或不足对平均值的影响。研究重点是伊利诺伊州和密歇根州的乡村双车道公路。按交通事故严重程度，以及单车和迎面碰撞的总数、发生时间、驾驶人年龄和天气状况等分类。

在伊利诺伊州，最终的研究数据聚焦于3973段乡村双车道公路（1817英里），其中，3224段（1511英里）使用4英寸宽的边线，749段（306英里）使用5英寸宽的边线。统计分析时采用了负二项回归模型，结论是宽边线可以减少交通事故。值得关注的是，伊利诺伊州还使用了反光凸起路标（RRPM），州际公路上则使用了隆声带，这些都是能加强标线视认性的设施，对减少脱离车道事故和弯道事故有明显贡献，但会导致无法评价宽标线的独立效果。由于无法分别统计，进行模型分析时剔除了这些变量。

更简单明了的结论来自密歇根州的研究，使用了前后对比评估法，对386个乡村双车道路段（1223英里）的3年数据（2001—2003年），以及加宽标线后的2年数据（2005—2006年）进行了对比。关于宽标线作用的结论包括：总计减少事故5.8%，减少致命和伤害事故24.6%，减少财产损失事故3.9%，减少白天事故10.9%，减少夜间事故3.6%，减少白天致命和伤害事故28.7%，减少夜间致命和伤害事故39.5%，减少湿滑路面事故30.9%，减少夜间湿滑路面事故33.2%，减少单车事故1%，减少单车湿滑路面事故27.6%，减少单车夜间事故0.9%，减少迎面碰撞事故39.3%。

标线的主观评价研究

利用公众意见来评估或评价交通部门的工作表现是一种常见方法。在一些情况下，这类意见也会用于辅助决策。主观评价的结论可以作为用户愿望的指标，但并不总是与安全性的改善或安全驾驶的实际需求挂钩。

1997年，南达科他州交通局开展了一项有关"州政府的财政资金和服务最应该投入哪个领域"的民意调查，共有21个选项。结果表明，"保持标线可见"的公众需求排名第三。这项调查有768位普通民众（驾驶人）和32名州议员参与。1999年，一项后续民意调查结果表明，734名受访者中，有81%的人认为路面标线视认性差会"在某种程度上干扰"或"很可能干扰"安全出行。

美国退休人员协会（American Association of Retired Persons，AARP）组织18名驾驶培训教师在测试场地进行了白天和夜间的驾驶测试。随后征询了这些人的意见，94%的人表示，道路上的8英寸（20厘米）宽边线对他们的驾驶方式有积极影响，尤其是在帮助他们保持车道和使车辆保持在路内行驶方面。欧姆（Ohme）等人开展的行进中目测距离研究表明，参与现场测试评估的驾驶人普遍认为标线宽度超过4英寸更优。利用模拟器评估8英寸与4英寸边线效果的研究，也得出了宽标线更优的结论。

对于驾驶人在各种条件的夜间驾驶时所需要的标线最低逆反射水平的研究，也属于主观研究范畴。这类研究要建立在"驾驶人知道什么能帮助他们在夜间实现安全驾驶"的基础上，尽管驾驶人可能并不知道真正的和具体的安全需求。据此，一些研究人员凭主观判断，辅以驾驶人偏好，得出了标线逆反射水平的结论：通常要达到80~130毫坎/米^2/勒（$mcd/m^2/lx$），建议为200~400毫坎/米^2/勒。

在主观研究领域，有一个重要问题尚未解决，即交通部门对标线的视觉评估结论或个人的主观评价，如何与测量的标线逆反射性能建立可用的关联模型，并与驾驶人的满意度建立联系。

标线对驾驶操作的影响

驾驶任务负荷与道路安全息息相关。测量车辆在车道上的行驶速度和横向位置，可以判断驾驶人的工作负荷水平，这是一种安全评价手段，通常可以在缺乏事故数据时，作为研究标线安全效果的替代手段。这方面研究主要有三个视角：车速、车辆横向定位、驾驶任务负荷（驾驶人工作负荷的心理学和生理学状态评价）。

车速

大多数研究表明，边线与车辆的绝对速度无关，但标线性能会影响道路上的速度差，而速度差是与交通事故率强关联的。

研究者发现，无论白天还是夜间，以下措施都不会提高车速：在只有中线的道路上施划边线；在狭窄的双车道高速公路上施划边线（路面宽度为20~22英尺）；在弯道和弯道上游优化中线和标线逆反射性能。

2006年，齐加诺夫（Tsyganov）等人发表的研究报告表明，针对车道宽度为9英尺（2.7米）、10英尺（3米）和11英尺（3.3米）的乡村双车道公路，在白天和夜间的所有条件下，相对施划边线前的车速，施划边线后的车速均略有提高，但在统计学上的差异并不显著，绝对速度标准差均小于1英里/时。许多专家认为，驾驶人进行减速操作完全基于他们对风险的感知。例如，如果驾驶人察觉到弯道、车道或路肩变窄、路外侧陡降、车轮侧滑等情况，就会相应地降低车速。

车辆横向定位

研究发现，车辆在车道内的横向定位与交通事故率强相关（偏离车道中央），与标线形式并非强相关。不过，研究也对比了4英寸和8英寸宽边线对车辆横向定位的影响，发现在采用8英寸边线的公路上，无论白天还是夜间，车辆定位都更准确，车与车间的定位差异也更小。

在路易斯安那州，为决定是否在乡村双车道公路上增设边线，开展了标线对车辆横向定位影响的研究。经对比实验发现，边线能帮助驾驶人控制行车路径，特别是在夜间，驾驶人通常会将车辆定位到远离边线的位置，而不管是否与车道对齐。

齐加诺夫等人的研究发现，在窄幅双车道公路上增设边线后，车辆横向定位差异减小，即车辆行驶轨迹更趋一致，而车辆行驶轨迹的具体位置取决于车道宽度：对于宽9英尺（2.7米）的车道，车辆行驶轨迹会更靠近新施划的边线，尤其在弯道段；对于宽10英尺（3米）的车道，没有发现一致性的变化；对于宽11英尺（3.3米）的车道，车辆行驶轨迹会更靠近中线，尤其在弯道段。这些变化虽然微妙，但真实存在。前后车行驶轨迹一致性高，有助于降低驾驶任务负荷。

驾驶任务负荷

过高的驾驶任务负荷，必然会挑战驾驶人的承受能力和操作能力，而长时间的高负荷驾驶，正是疲劳驾驶的诱因。

齐加诺夫等人对增设边线的乡村双车道公路进行了驾驶任务负荷研究，车道宽度分别为2.7米、3米和3.3米。研究人员通过监测驾驶人的心率，测量了施划边线前后的驾驶任务负荷。结果是，在狭窄的双车道高速公路上增设边线后，夜间自由驾驶（没有迎面来车）和有迎面来车时的驾驶任务负荷都有所减小。具体而言，增设边线后，在夜间驾驶条件下，参试者的高心理负荷时长平均减少了15%，夜间平均心理负荷率降低了12%。这项研究还使用了其他测量驾驶任务负荷的方法，包括电光皮肤响应、转向波动、加速踏板和制动踏板激活率等。

标线的视认性评价

标线的被发现距离越远，越有利于驾驶人正确控制车辆，避免碰撞。因此，改善标线的视认性，增加被发现距离，是改善道路安全状况的重要措施。标线视认性评价研究有两个视角：其一是评价标线的各种视觉特征，比如不同性能标线的被发现距离和识读效率（眼动仪评价，识别驾驶人在执行驾驶任务期间如何观察和使用标线）；其二是分辨标线视认性（逆反射性能）与交通事故间的关联性。

关于标线被发现距离的研究

评价标线的被发现距离有两种技术方式：一种是静态方式，由驾驶人对可见的行车道分道标线计数；另一种是动态方式，研究者驾驶车辆，记录看到的标线情况，如果是连续长标线，则要记录发现标线的起点与终点间距，如果是虚线，则要计数。以最大夜间发现距离作为评价结论。通常采用不同反光水平（干/湿状态）、不同宽度标线以及不同车辆（考虑车身尺寸和前照灯类型）。研究表明，标线的被发现距离与逆反射率呈对数关系，标线越亮，被发现距离越远。

有关标线被发现距离与标线宽度间关系的研究尚无定论。有些研究表明较宽的标线有更好的视认性，而有些研究则表明没有一致的统计结果或实际差异能支持这一结论。

驾驶人眼动追踪评价

有研究表明，较宽的标线能减少乡村双车道公路上的交通事故。这与标线在驾驶任务中提供的两个视觉支撑功能有关：预览道路坐标（远视觉或中心视觉）和保持车道定位（近视觉或外围视觉）。外围视觉（Peripheral vision）也称间接视觉，指在固定点（视网膜中心）外，即远离注视中心的视觉。视觉领域的绝大多数区域都包含在外围视觉中。"远外围"视觉指视场边缘区域，"中外围"视觉指靠近中心的周边，"近外围"（或准中枢）视觉指存在相邻的注视中心。

在评估增加标线宽度的作用方面，有关中心视觉（Foveal vision）的研究一无所获，根据较宽的标线能改善实际道路交通安全状况的结论，有理由假设较宽的标线对外围视觉有积极影响。沿着这一方向，在研究减少交通事故的措施时，研究人员发现车道定位注意力管理措施（使驾驶人集中注意力的地方）与近距离视认依赖的外围视觉有关。具体而言，宽标线有利于使驾驶人保持车道（研究是在低对比度情况下进行的）。

得克萨斯州交通局资助的一个项目，研究了如何通过允许驾驶人主要依靠外围视觉发现标线来辅助执行车道保持任务。换言之，就是要验证外围视觉系统，至少在约束于特定边界和已知场景中时（例如夜间驾车时透过风窗玻璃观察路况），是否能以极低的认知能力识别目标（指利用余光快速筛选目标）。验证的前提是，驾驶人的中心视觉（注意力）仅在需要时定向观察近距离标线（比如低能见度条件或目标突然出现时），其他时间则投入其他驾驶任务，比如扫视路侧/后视镜、读取标志信息等。通常情况下，在非定向关注时的外围视觉中，大脑会将无数目标识别为"微不足道"，而不调用中心视觉加以关注。如果较宽的标线能减少关注近距离标线时需要使用中心视觉的时长，那么就可以认为较宽的标线是有作用的，因为此时驾驶人能管理其外围视觉的分配时间，搜寻对驾驶任务有用的其他信息，从而获得更安全的驾驶环境。

标线视认性（逆反射性能）与交通事故间的关联性

在标线反射率与交通事故率间建立统计学关联的研究一直没能取得实质性进展，这一领域面临着两项主要挑战：

其一，标线的逆反射性能是动态变化的。研究人员一直没能为标线的逆反射性能退化曲线建立普适性模型。标线的逆反射性能具有一定的可预测性（道路的日平均流量是重要的预测变量之一），但预测结果会受到很多不可预测的实质性变化因素的干扰，比如降雨频率和强度（影响标线清洁度）、标线施划质量，以及路面材料状况等。这些因素导致很难了解每次事故时，确切时间和地点下的标线逆反射性能。换言之，即使有事故数据，标线的逆反射性能也只能假设。

其二，在改善标线逆反射性能前，可能会引入一些其他强化道路轮廓的措施，导致很难通过实际事故数据来判断单纯的标线逆反射性能提升措施效果。例如，新西兰从1997年开始在国家公路系统中实施标线最低逆反射性能政策（70毫坎/米^2/勒），但与此同时，所有国道都根据交通量的变化情况，引入了不同的道路轮廓强化措施，顺序是轮廓标（桩）、中线边线、反光凸起路标。因此，具有中线的公路都是先增设轮廓标（桩），后提升标线逆反射性能的，见图2。美国的研究表明，补充的道路轮廓强化措施，例如轮廓标和反光凸起路标，对道路交通安全状况的潜在影响要比标线更强。2006年，新西兰的研究人员依据1997年前后的交通事故数据，研究了改善标线逆反射性能对道路交通安全状况的影响，发现标线不能作为改善安全状况的唯一措施。

2006年，美国国家合作公路研究计划（National Cooperative Highway Research Program，NCHRP）的一个项目，对比了加利福尼亚州的新旧标线在非日照条件下的安全效果。然而，项目执行面临的最大难题是加利福尼亚州几乎没有真正意义上的旧标线，因为该州有积极的标线维护政策，对高流量公路上的水性涂料标线每年会施划3次，热熔标线每两年施划1次，使标线的逆反射性能几乎总保持在100毫坎/米^2/勒以上的水平，以这种高维护水平的标

图2 新西兰公路的路侧轮廓标设置场景

线为基准来对比新旧标线的影响,很难有说服力。

2007年,美国的研究人员报告了在标线逆反射性能与交通事故频率间建立统计学关联的研究结果:在北加州的多车道公路上,标线逆反射性能的提升可能与预期的交通事故频率降低有关,但关联度较低,在统计学上并不显著;在双车道公路上,标线逆反射性能与交通事故频率的关联度较高。需要注意的是,尽管这项研究使用了实测的标线逆反射性能数据(每年记录一次),但所有数值(总平均值为240毫坎/米^2/勒)都远高于预期中的最低值(100毫坎/米^2/勒),甚至接近普遍认为的理想值。

2008年,爱荷华州进行了类似的研究,对连续3年记录的标线逆反射性能数据(每期测量1次),以及同期的交通事故记录数据进行了分析。从数据的分布和模型,以及仅包含双车道公路的子集看,不能确定标线的逆反射性能与交通事故率相关。但仅选取逆反射性能不超过200毫坎/米^2/勒的记录时,能确定两者具有显著的统计学相关性,即标线的逆反射性能越高,交通事故率越低。

结论

由上述研究可以得出一些简明的结论:

1)在乡村公路上施划中央标线和边线,能有效减少脱离路面和迎面碰撞事故,同时降低驾驶任务负荷,减少疲劳驾驶状况。

2)较宽的标线能辅助驾驶人在近距离操作中判断车辆横向定位,提高驾驶人观察路况和发现危险的效率,降低驾驶任务负荷。

3)提升标线逆反射性能对改善夜间行车时的发现距离,保障行车安全有明显影响。

4)为维持高水平的标线逆反射性能,在高流量道路上,水性涂料可每年复涂3次,热熔涂料可每两年复涂1次。

5)除标线外,轮廓标、线型诱导标、护栏等,也能有效减少脱离车道型事故,且成本低、易维护。

14 用标线引导驾驶人各行其道

驾驶人换道操作不当会使车辆成为"移动路障",不仅影响道路通行效率,还增大了交通事故的发生概率。事实上,标线作为控制交通流的重要手段之一,在引导驾驶人正确、顺畅换道方面发挥着重要作用。

纵向标线是控制交通流的重要手段之一

驾驶人改变行车道和行车排队顺序的操作需求,主要存在于如下场景:

1)前方车道减少。
2)在交叉口前变换车道完成左转或右转。
3)路口接入后有来自其他方向的车流汇入。
4)在高速公路或快速路上准备驶入出口匝道。
5)由进口匝道驶入高速公路或快速路。
6)所在车道前方车辆行驶速度慢,准备换道超车。
7)所在车道前方车辆非正常停止,准备换道超车。

在上述场景中,如果驾驶人处置不当,要么导致交通事故,要么导致延误和拥堵,影响主干道通行效率。为解决这一问题,建立通行秩序,交通工程领域很早就使用标志、标线、信号灯来控制交通流。其中,纵向标线是重要手段之一。

近年来，我国愈加重视道路标线的使用问题，这也是交通流旺盛增长形成的一种客观需求。目前，我国涉及车辆交织秩序维护的法规条款，只有《中华人民共和国道路交通安全法实施条例》中的第四十四条，具体内容包括："在道路同方向划有2条以上机动车道的，变更车道的机动车不得影响相关车道内行驶的机动车的正常行驶。"那么，针对前文所述7种交通流场景，应该如何理解这一法规要求？准备变更车道的驾驶人和在相关车道的驾驶人应该遵循什么操作规则？以下我们从标线的不同形式与涵义说起。

纵向标线如何引导驾驶人换道

道路上最基础、重要的变换车道操作规则指示信息都是通过车道指示标志和车道标线传达给驾驶人的。一般而言，标志设置在路面上方（悬挂）或路侧，视认性相对较高，容易受重视，而纵向标线会喷涂（或粘贴）在路面上，视认性不及标志，容易被忽视。然而，从对驾驶人的驾驶行为影响程度上看，标志是点状信息，除部分连续设置的标志外，没有线性轨迹信息，而纵向标线以线性轨迹影响驾驶人的驾驶行为，相对标志持续性更强，重要程度更高。事实上，很多具体交通操作点的规则都是通过标线提示的。

国际范围内，影响驾驶人变换车道的纵向标线主要有黄色和白色两种颜色，以及单实线、单虚线、双实线、点状线四种形式，形成了9种组合方式：双黄实线、单黄实线、黄虚线、双白实线、单白实线、白虚线、白点状线、黄实线+黄虚线、白实线+白虚线。

纵向标线不同颜色的涵义

黄色纵向标线在各国的使用方法有一定差异。在美国，黄色纵向标线用于指示行车方向，代表行驶方向一致的道路的左侧边缘，跨越黄色标线，就是对向车道。换言之，如果黄色纵向标线出现在驾驶人的右手侧（美国是靠右通行），就表明他在逆行。而在欧洲和大洋洲国家，黄色纵向标线多用于警示或限制，比如限制路侧停车区域。

我国的黄色纵向标线杂糅了欧洲、大洋州和美国同类标线的功能，某种程度上造成了驾驶人的认知混乱，甚至导致了驾驶人对交通规则的漠视。相较而言，黄色纵向标线仅用于指示行车方向，设置在行车道左侧边缘的思路更科学，而路侧禁止停车和禁止跨越等警示或限制任务，可以由其他颜色的纵向标线承担。毕竟，黄色虽然相对醒目，但过度使用就会失去价值。

纵向标线不同形式的涵义

双实线的涵义，国际上基本一致，都是强调禁止跨越或特殊限制（比如强调跨越过去就是逆向车流）。所有国家都不允许跨越双实线借对向车道超车，与黄色单实线作用一致，但设置成本加倍。双实线的优势是便于色盲/色弱的驾驶人识别（在很多国家色盲/色弱的人是可以驾车的）。有些国家允许跨越双实线调头行驶和左转，如美国，有些国家则不允许。

单实线的基本涵义是不鼓励（Discourage）或禁止（Prohibit）跨越，阻止作用弱于双实线。与我国不同的是，很多国家允许在车流分向实线上调转车头行驶，大型车辆转弯半径过大时，可以跨越单实线借道转弯。通常情况下，在不允许越线调头的位置会设置禁令标志，而无标志的地方都是允许越线调头的。对此，交通工程师要根据安全需求和当地特殊交通需求确定。

当单实线无法全面传达规则信息时，就要使用双线组合：虚线+实线，一般用于禁止靠近实线方向的车辆越线借道超车；双实线，一般用于禁止双向车辆越线借道超车。澳大利亚的规则是，如果道路中央是"白实线+白虚线"，靠近白实线方向的车辆，不能越线借对向车道超车，靠近白虚线方向的车辆，在前方没有车辆的情况下，可以越线借对向车道超车（图1）。美国用"黄虚线+黄实线"组合指示借对向车道超车位置（图2）。

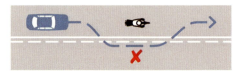

a）靠近实线方向的车辆不能越线借对向车道超车

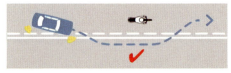

b）靠近虚线方向的车辆可以越线借对向车道超车

图1　澳大利亚"白实线+白虚线"纵向标线的涵义

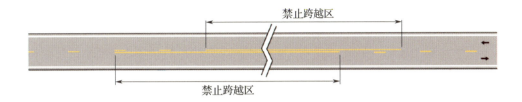

图2　美国用"黄虚线+黄实线"组合指示借对向车道超车位置

需要特别指出的是，一些国家的交通法规明确规定，在允许超车的地方，被超车辆不得加速，妨碍正在超越的车辆完成超越和驶回原车道。澳大利亚就将这一规则明确写入了道路使用法规中。至于一个或一侧车轮辗轧实线是否属于交通违法行为，在欧洲、大洋洲和北美洲的相关法规中都没有明确规定，仅有不得干扰车道内的正常交通流等表述。

单虚线表示路段存在某种宽容的路权限制条件，比如可以跨越虚线后继续按原方向行驶。点状线表示车道功能/路权规则发生变化。

在我国和美国，黄虚线用作双向单车道的中央分隔线（我国的黄标线还承担了其他任务，不只用于代表交通流向），表示在不影响安全的前提下，可以借对向车道超车，再驶回原车道。如果黄虚线变成了黄实线，则表明这一路段禁止借对向车道超车。这类位置有时会配合设置禁止超车的禁令标志和提示危险元素的警告标志。在澳大利亚，黄虚线设置在路缘侧，用作保护特殊用途"畅通通道"的标线，除急救或类似紧急情况外，在标志所示的时间内，不得在路侧停车，公交车、出租车及租赁车辆可以利用"畅通通道"停车上落客。

城市主干道变换车道涉及三种标线

在城市主干道上，主要换道需求是同向多车道的换道超越，以及同向多车道的换道驶离，涉及三种标线：白虚线、白实线、白点状线。理解这三种标线的涵义和使用规则，对保障道路安全畅通至关重要。

白虚线仅表示允许变道，并非鼓励随意变道

白虚线是典型的同向交通流车道分隔线。美国的《统一交通控制设施手册》（MUTCD）写道："一条断续的线，宣示了一种宽容的条件。"这表明虚线宣示的路权是断续的、宽容的，对路权的维护强度弱于实线。

从安全角度讲，虚线不仅指示了行车道的边界，还通过有节奏的断续（视觉频闪效果）为驾驶人提供了速度感和距离感，而持续的实线并不能提供这一感受。我国常见的所谓"六九线"，就是"6米白实线段+9米间距"构成的白虚线。一组虚线（1个白实线段+1段间距）长15米，如果车速为50公里/时，则1秒会驶过一组虚线。驾驶人驾车时只要与前车保持2~3个白实线段的距离，就能实现所谓"3秒跟车间距"，保障行车安全（图3）。整体上看，实线告诉了人们道路边缘在哪里，而虚线告诉了人们车道边缘在哪里。美国常用的是12.2米虚实线组合，实线段长度与间距是1:3的关系（三九线）。

无论白虚线还是白实线，都是在宣示车道路权。驾驶人驾车在车道内正常行驶时，不应该受到其他车道车辆的干扰，只要有车辆试图由其前方汇入，就会对行车安全和效率产生威胁。尽管白虚线是允许跨越的，但必须以保护路权为前提，也就是不得干扰原本在车道内正常行驶的车辆，这正是车

图3 澳大利亚的交通法规要求后车与前车保持"3秒跟车间距"

道两侧都要有标线的原因。

很多国家都要求驾驶人遵守车道使用规则，比如在快车道上，行驶速度要达到一定值，车辆才拥有路权，行驶速度明显低于主交通流速度的车辆必须驶离快车道，否则就是违法。美国道路安全法规要求驾驶人在向右变换车道前，必须转头观察右后方路况，其目的在于增加换道操作难度，避免驾驶人频繁进行不必要的换道，提高行车安全性。

白虚线并不是鼓励驾驶人随意换道，而仅仅是允许换道，它的核心任务是为驾驶人提供车辆运行轨迹参照和勾勒车道边界线，宣示了本车道车辆的优先路权。其他车道的车辆准备汇入时，不能干扰本车道交通流，必须让行本车道车辆。

那么，道路交通流已经饱和了该怎么办？其他车道的车辆如何换道汇入？这就需要更具体的措施和规则。很多国家的交通法规中，都有"不得妨碍正常交通流"的表述和处罚条款，就是针对这种情况设定的路权保护规则。驾驶人处于某路段的正常交通流中时，如果感觉所在车道流速较慢，想换入另一条流速更高的车道，就必须以另一条车道有足够空档为前提，否则不得换道，因为这类换道行为会导致被切入车道的流速降低。当某路段交通流饱和时，所有车辆都顺序前进，不变换车道，才是最高效的通行方式，我们的交通执法机关应该对此下重手治理。在英国的快速路上，一旦前方发生拥堵，可变信息板上就会显示信息，要求所有车辆保持本车道行驶，禁止变换车道，这种控制方式能有效缓解拥堵状况。

有些情况下，比如车辆必须驶入左转/右转车道（包括不得已的变换车道，比如前方车辆出现故障或行驶速度过低），或者本车道在前方消失，就需要专门的交通控制规则和技术。在澳大利亚的交通法规中，有两个非常值得借鉴的场景。图4中，可见车道线在车道汇合前终结，在车道线终结处，只要A车

图4　B车失去相对A车的优先路权

的身位已经超越B车，B车就失去了相对A车的优先路权，必须让行，否则就是违法。如果A车到达车道线终结处时，身位与B车平行或落后于B车，B车就依然拥有优先路权。处于B车后方的同车道车辆，身位一定是落后于A车的，因此必须让行。国内常说的"交替通行"，就是以这一规则为基础实现的。

图5中，可见车道线一直延续到车道汇合处，无论A车身位是否超越B车，B车都相对A车拥有优先路权。当A车因本车道终止，必须越过车道线汇入B车所在车道时，应让行B车（以及B车的后车），必须等到有足够空间时再汇入。此时不能交替通行，而是要保障B车所在车道的交通流顺畅。

图5　B车相对A车拥有优先路权

白虚线诠释了平行车道的两种路权，解决了"谁让谁"和"该保护谁"的问题。

白色点状线提示车道路权将发生变化

见图6，主干道直行车道在交叉口前减少了一条，右侧车道变为右转专用道，标线由白虚线变为白点状线，提示驾驶人路权将发生变化，如果想由非右侧车道驶入右转专用道，就要在白点状线所示路段进行换道操作。此时，原本处于右侧车道的车辆，要避让汇入本车道准备右转的车辆。对宽阔的道路断面而言，这种策略的提示效果优于不设置标线。

见图7，交叉口之间的右侧辅助车

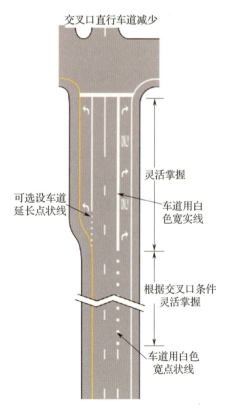

图6　用白色点状线提示路权将发生变化

道，用点状线提示右侧车道的车辆驾驶人，前方车道功能将发生变化，并提示其他车道的驾驶人可以在此路段变换车道，进入右侧车道，且右侧车道的驾驶人必须避让准备驶入本车道的右转车辆。左、右两图的区别在于，左图中的两个连续交叉口的间距小于1英里（1600米），在第二个交叉口上游，右侧车道车辆相对中间车道车辆不再拥有绝对路权，要避让有转弯/换道需求的车辆。

见图8，四车道快速路在要减少两条车道时，用点状线标示出可进行换道

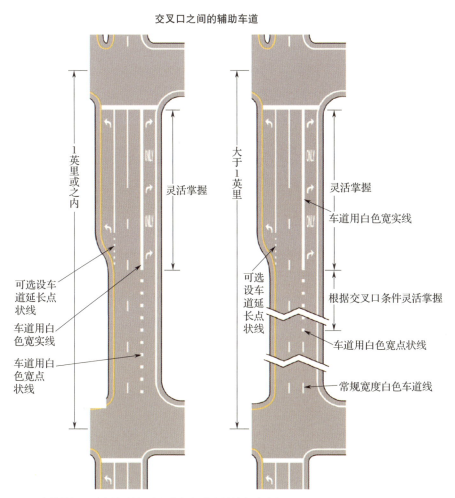

图7　点状线提示右侧车道驾驶人前方车道功能将发生变化

操作的路段，要求起点至少在标线三角区上游800米处。

对驾驶人的有效约束和引导，要通过交通控制手段和知识普及来实现，其中，标线发挥着巨大作用。无论从交通工程角度，还是从驾驶人培训和教育角度，我们都要重视并做好标线的设计与设置工作。

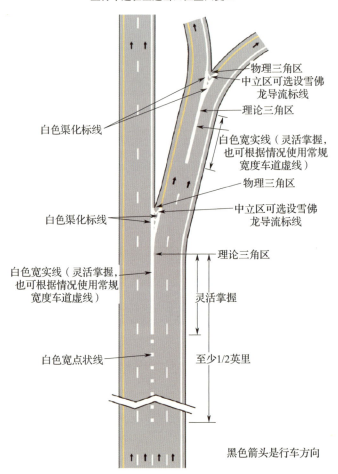

图8　用点状线标示可以进行换道操作的路段

15 英国标线与道钉维护规范引发的思考

道路使用者要根据道路标线提供的坐标，建立运动轨迹的参照，获得车距、车速、方向和行车道的选择信息，这是道路交通安全领域的基础共识。长期以来，我国在针对路面标线和凸起道钉的质量维护规范方面，一直存在空白。

2017年2月，英国发布了新版《高速公路和全功能主干道标线与道钉检查和保养规范》（以下简称《规范》），从技术角度诠释了标线和道钉的维护思路和标准，对路面标线行业具有一定的推动作用，为创造"道路安全通行条件"提供了一个具体的抓手。

《规范》提到的欧洲科学技术研究合作项目报告第331号文件（COST 331），调查了驾驶人夜间行车时对标线的视认性需求。研究表明，驾驶人为确保车辆行驶在行车道内，对车头前方的路面标线是有视认距离要求的。视认距离建立在前视时间的基础上，车辆在前视时间内行驶的距离，等于驾驶人能看到标线的距离。满足安全驾驶要求的最短前视时间是1.8秒，理想的前视时间是2.2秒。标线的前视时间为1.8~2.2秒时，定义为非致命缺陷，少于1.8秒时，定义为致命缺陷，见表1、表2。

表1 标线前视时间与限速值对应关系

前视时间	限速值/(英里/时)					
少于1.8秒	20	30	40	50	60	70
1.8秒(最短)	16	24	32	40	48	56
2.2秒(理想)	20	30	39	49	59	69

表2 检查视认距离的年龄修正参数

<30岁	30~40岁	40~50岁	50~60岁	>60岁
−14.2%	−9.5%	−4.8%	−2.4%	无数据

注：初始检查数据的年龄修正参数，是考虑不同年龄组人群视认能力的修正参数，比如30岁的人进行检查，他能看到100米远的标线，那么，检查标记记录的有效视认距离应修正为90.5米，对于标线评估，要记录检查者的年龄，并取中间值。

《规范》对标线的检查方法进行了详细描述，本文摘译了标线质量条件目测评分机制的部分内容，以管窥整体思路，见表3。

表3 标线质量条件目测评分机制

评估状况	平均分	平均分对应的缺陷特征
仅剩残余	0	致命缺陷
几乎不可见	10	致命缺陷
可见，但有不规则频繁出现的小断点	20	潜在致命缺陷，须根据功能和位置进一步判断，并视情况整改
临界状态，可见磨损和较大断点	30	非致命缺陷
磨损轻微	40	非致命缺陷
无明显磨损	50	非致命缺陷

注：评价范围包含道路边缘使用的凸起型标线，其厚度也是检查内容之一。凸起型标线通常应达到30分，在高速公路上低于6毫米，在主干道上低于3毫米，打分都会低于30分，要归入致命缺陷范畴。

由于标线在道路上是绵延不断的，不可能每次养护作业都全部更换，但一段路的标线质量好，一段路的标线质量不好，又会干扰驾驶人，导致其分心和疲劳。养护标线的基本长度是4倍停车视距，也就是说，如果一个路段的停车视距是200米，一次养护的长度就至少要达到800米。最短养护距离要求，不涵盖20米长度内的小修补。更新标线时，路段内的所有标线模块，比如箭头和文字，都应一起更新，以免使用路人产生不连贯的视觉感受。如果更新标线路段恰好在一个危险路段的上游结束，则要特别注意，危险路段的标线养护水平较低，可能导致风险增大。因此，养护机构要考虑更完善的标线更新计划，确保更新的长度是适宜的。

如果养护路段的标线历史久远，所用材料和形式不符合现行技术标准，则设计单位在考虑标线养护方案时，要根据新的技术标准和规范做特殊更新，并做好记录。需要注意的是，线形和尺寸对标线的逆反射性能有至关重要的影响。

法规领域的标线，如果存留有效面积小于70%，则不宜作为禁令、指示或指引方面的执法依据。如果是执法用标线或重要区域的标线，磨损率超过30%时，必须及时改善（表3中的30分是下限）。

对于反光凸起道钉的养护，要遵循厂家的技术指南（或经过认证的检测），并及时补充缺失的道钉，重点关注残余道钉的结构安全性。

在有路灯照射的路段，标线和道钉的观测效果，要与没有路灯照射时保持一致。针对特殊环境，使用新型标线和道钉的规则是，首先进行完整的技术论证，确保标线和道钉的设计初衷得到充分理解，并明确使用新型标线和道钉时对路网其他道路的影响范围（比如根据条件开放硬路肩作为停车道时，要对标线进行调整）。

标线的技术检测包含以下项目：

- 磨损率（Wear）
- 干状态逆反射系数（Retro-reflectivity，Dry）
- 湿状态逆反射系数（Retro-reflectivity，Wet）
- 颜色（Color）
- 亮度因数或亮度系数（Luminance Factor or Luminance Co-efficient）
- 防滑性能（Skid Resistance）

图1~图13展现了标线的质量与评分的对应关系。

图1　50分标线的近距离效果

图2　为提高湿状态视认性制作的凸起型标线的近距离效果（50分）

图3　50分标线的远距离效果

图4　40分标线的近距离效果

图5　40分标线的远距离效果（虽然并不理想，但表面的修补端不会影响道路使用者对标线的辨识，只是需要注意，这种表面的瑕疵可能导致车辆打滑，对摩托车而言尤其危险）

图6　30分标线的近距离效果

图7　30分标线的远距离效果

图8　20分标线的近距离效果

图9　20分标线的远距离效果

图10　10分标线的近距离效果

图11　10分标线的远距离效果

图12　0分标线的近距离效果　　　　图13　0分标线的远距离效果

　　视觉质量，影响人的行为质量。交通标线，是道路交通控制的基本视觉参照系统，传达了行车轨迹和用路规则，指导着所有道路使用者的行为方式。可以这样说，现在困扰我国的很多交通安全和秩序问题，都与标线的设置水平有关。其中，一部分是设计水平问题，另一部分是材料选择、施工工艺和养护水平问题。这影响了我国道路安全通行条件的过去和现在，如果不及时改善，还会影响未来。由于机器视觉要依托标线完成行车道定位，发展得如火如荼的自动驾驶技术，也很可能受到标线质量的掣肘。

16 停车标志的作用与应用原则

在交通控制领域，有一个非常重要的控制方式，就是"停车"。因为"停车"这个动作，能简单、快速地规避风险，也是人们意识到风险和错误时，最容易产生的条件反射。

针对交通领域，中文语境下的"停车"有多重含义（图1）：行进过程中遇到红灯或交警指挥，临时停车等候放行信号；在路侧临时停车上落客（驾驶人不离车，车辆不熄火）；将车辆停放在停车场中（车辆熄火）。而英文语境下与"停车"对应的是"Stop"，通常只有一个含义，就是在行车道上正常行进过程中，临时停止行进。我们认知中的"靠边临时停车"，对应的英文是"Stand"，为与"停车"区分，中文宜译作"驻车"；将车辆停放在停车场中，对应的英文是"Parking"，中文宜译作"泊车"。英文语境下的区分方法，

图1 我国的停车标志，现实中很少有人会遵守停车标志的指示，而我们的驾驶培训和交通执法，也都忽视了停车标志的重大意义

图2 在美国，驾驶人看到停车标志后，必须先停车再行进

就凸显了交通控制的差异与价值。

在美国的交通法规和驾驶人考培内容中，进行停车操作的指示信号都是由"停车"标志（Stop sign）给出的（图2）。阿拉巴马州的驾驶人资格考试，就要求检验驾照申请人对"停车"标志的认知程度，具体内容是："停车标志，给出适当的信号，在适当的车道上接近停车标志，在到达行人过街通道前停车，并保持停止状态，直到你能安全前进，而不会影响横穿道路的交通流。"

停车标志是解决路口交通流冲突的第一手段

交叉口到底需不需要安装信号灯？很多交叉口在大多数时段车流量很小，安装信号灯后，会导致很多车辆"空等信号"，造成时间和资源浪费。这种情况下，如果选择以停车标志取代信号灯，让路过车辆都有一个"停车"动作，强制驾驶人观察路口状况，及时发现相交车辆和行人，通常就能避免交通事故。

如果是两个相交方向的车辆同时到达路口，而且都停车了，应该遵循什么通行原则？通常是在避让行人的前提下，支路车辆让主路车辆先行，

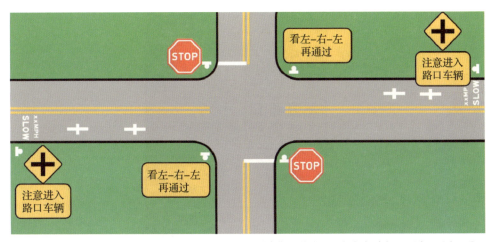

图3 在主支路交叉口，支路车辆驾驶人先遵照停车标志指示停车，再根据标志提示看左-看右-看左，确认无危险后进入主路

对角线上右侧车辆让左侧车辆先行（因为右侧车辆驾驶人的视线受左前A柱影响，需要更谨慎）。一个简单的停车标志，就能解决很多交通冲突问题（图3）。在美国，一个停车标志的造价和安装成本合计不超过1000元人民币。与停车标志有类似作用的还有让行标志，但它的控制等级和约束力都低于停车标志，一般用于流量很小的道路，这里不展开讲解。

停车标志是实现合流路口交替通行的最好控制途径

我国有些城市目前在尝试建立合流路口交替通行规则（也称"拉链式通行规则"），就是在岔路口，要求两个相交方向的车辆相互让行，交替通行（图4）。实践中，即使有指示标志和监控设备，规则执行难度也很大。其实，如果使用停车标志进行控制，无论哪个方向的车，只要到达与停车标志配合的停止标线前就停一下，然后按照右让左、支路让主路、后让先的原则，就能自然形成交替通行状态。这里的关键控制点是要让所有车辆在停车标志前真的停住。

看似简单的"停"字，在汽车化社会衍生出"停车""驻车""泊车"三

图4 我国有些城市尝试设置的合流路口交替通行标志

重含义。在交通控制领域,我们还有很多像这样的概念细分工作要做。在驾驶人考培、交通管理与执法环节,我们要真正明确"停"字的不同含义,达成共识,确保所有交通参与者都能正确理解和运用。

第五章

交通管理理念与技术

01 新城市主义与传统道路交通管理理念的碰撞

经过100余年的汽车化进程,人们越来越重视汽车给城市生活带来的压力和冲击。于是,在道路规划设计和交通控制领域,出现了一系列与传统交通管理理念"背道而驰"的变化。其中最具代表性的,无疑是纽约市在2008年提出的"世界级街道"(World Class Street)计划,它是对"交通静化"(Traffic Calming)概念与"新城市主义"(New Urbanism)理念的实践型诠释。

本文以"世界级街道"计划为例,简述新城市主义理念下的"压缩车道,降低车速,鼓励路内停车"策略,如何颠覆传统理念下的"扩展车道,提高车速,排斥路内停车"策略,见表1。

表1 新城市主义与传统交通管理理念对比

街道设计	传统交通管理理念	新城市主义理念
基本格局	树状布局	互联栅格布局
小路	通常不支持修建	鼓励修建
设计速度	40~48公里/时	32公里/时
街道宽度	通常较宽	通常较窄
转弯半径	考虑车道内车辆转弯	考虑行人过街的时间和车辆类型
交叉口几何形状	为机动车的高效、安全、速度而设计	出于安全原因,不鼓励直行车流设计

（续）

街道设计	传统交通管理理念	新城市主义理念
景观、树木	严控设置	鼓励设置
路灯	少，高大，亮度高	多，低矮，亮度一般
人行道	最小宽度1.2米，在道路右侧波动	最小宽度1.5米，在道路右侧与道路平行（人多地区要2.4米以上）
路侧建筑	退距至少4.5米	没有退距限制
停车	路外停车最佳	鼓励路内停车
道路使用诱因	来自道路使用者集群	来自减少机动车出行量的人群

强制降低车速

城市交通系统中的干扰因素非常多，因此车辆走走停停是常态。经过长期数据跟踪和调研后，人们发现传统的40~48公里/时的道路设计速度，并不是综合效率最高的选择。"新城市主义"主张的道路设计速度是32公里/时。降低车速不仅能减小车距，提高道路通行能力，还能显著降低交通事故的恶性伤害程度。由于驾驶人有安全视距需求，综合考虑道路空间资源利用率、运能和容量，均匀持续的低车速才是最优选择。

鼓励路内停车

通过减小机动车道宽度和街道转角弧度，能缩短行人过街时间，缩短交通流被行人切断的时间。与此同时，路面"闲置"空间也得到了扩展，可以提供给缓慢行驶、四处寻找停车位的车辆，为正常行驶的车辆腾挪出有效的通行空间。甚至可以将路内停车位设置在机动车道与非机动车道之间，充当非机动车道的隔离保护设施。

很多干道的联络线、商业区周边和内部的穿行线，并不需要大型道路。就流动性而言，车辆一旦行至路口节点，速度就会下降，这是流速不均匀导致的延误，会严重浪费道路资源。降低车速、减小机动车道宽度腾挪出的道路空间，如果用于停车和行人通行，则更有利于提升商业区的价值。驾驶人如果能轻易找到停车位，就可能让车辆少行驶0.5公里甚至1公里，这对缓解城市路网压力和节能减排都有重大意义。

鼓励步行和骑行

2001年，美国国家统计局的数据表明，在美国人的所有出行中，有近50%的出行距离在4.8公里以内，有28%的出行距离在1.6公里以内。如果这些中短途出行都以非机动车方式完成，就可能大幅缓解交通拥堵，改善空气质量。从步行能力上看，健康人的步速一般是4公里/时。出于通勤效率的考虑，80%以上的人能承受一次持续20分钟的步行距离，也就是1.2公里左右。如果选择步行、骑行或使用公共交通工具，就可能减少污染物排放和燃油消耗，以及交通拥堵导致的工时浪费，使每辆机动车每公里使用成本节省3~14美分。根据美国联邦公路管理局的统计，全美范围内，一辆机动车每年排放的污染物超过1.6吨，冷起动比热起动要多排放16%的氮氧化物和40%的一氧化碳，可见短途机动车出行对环境有极大影响。

于是，一系列鼓励步行和骑行的道路设计和交通管理理念应运而生：

1）街道的连接模式要合理，适于步行，便于驾车或步行抵达目的地。"断头路"限制了道路的连通性，因此通常情况下不鼓励使用。

2）优秀的街道环境设计，鼓励多种交通方式并存。街道上要设置适合步行的照明装置、植被和人行道，由建筑物去往人行道的距离要在多数人的步行能力承受范围内。

3）要尽可能减小居民区和商业区内部道路的宽度，迫使机动车降低行驶速度。

4）要鼓励使用路内停车，在机动车道与人行道间建立缓冲区。路内停车还有助于降低过往车流的流速，平衡道路资源的整体使用状况。

5）骑行是满足混行交通需求的重要方式，街道设计要提供适当的骑行设施。

6）单体建筑物设计体量不能过大，要呈点状分布，小房子、大房子、车库/仓库、小型公寓、街角店、餐厅、办公楼等，要分布在适宜的步行距离内。

7）街道外要有开放空间，周边要有商场、办公建筑和公寓。

8）大型街区的附近要提供较大的社区型服务中心（在5分钟步行距离内提供办公和商业设施，通常距大部分居民不超过400米）。

路灯

"新城市主义"理念不主张采用灯柱高大、高亮度的大型照明系统，而鼓励使用高密度、低矮、专注于行人需求的路灯。人们发现，夜间可以让道路两侧建筑物的灯光服务于沿途的步行需求。特别是在商业区，可供使用的照明资源非常丰富。与之相对的，是根据安全视距要求，改善车辆的主动和被动照明系统，提高交通控制设施的视认性，使反光材料与车灯充分互动，为驾驶人提供更科学合理的环境对比度，让驾驶人能更多地关注路况，及时发现危险。

对于随处可见的照明功率400瓦的高大路灯，如果高度能降低50%（甚至更低），亮度能降低50%，那么，一座城市一年能节省的电能和钢铁资源将是多大的数量级？

我国正在大力推动城市化进程，为了尽可能节约资源、保护环境、避免走弯路，我们应该重新审视交通管理体系，让城市建设和道路规划在更科学的交通管理体系下发挥更大作用。

02 优化道路交通管理需要科学财政观

流量特征调查工作需要专项财政保障

想拥有出色的城市道路交通效率，就需要出色的交通管理体系。一套完善的交通管理体系的构筑、运转和维持，既需要有财政对基础交通工程、智能交通系统等软硬件的投入，也需要有充分资金保障的评价环节，通过评价环节的持续、科学运转，对交通管理措施和工程项目的投入效果进行预测、跟踪、评价和调整。从交通管理工程角度讲，首先要投入大量资金用于建立道路交通流量特征的调查和分析体系，针对每一个路口、每一段道路、每一条交通走廊、每一个交通流域、每一项交通决策和投资建设项目，进行持续、科学的数据采集、统计和分析，了解交通管理工程和交通组织措施的实施效果，为持续调整优化提供准确的数据支持。建立分析评价体系是智慧城市交通管理中的基础步骤。如果没有对社会通勤时间总量的实时调查和把握，增加公交专用项目、建设立交桥等治堵举措是否有效就无从考证。

在我国大部分地区，财政对交通工程的支出预算往往聚焦于硬件和人力，缺乏对软件的支持，甚至不会设立专属支出项。这就给交通管理措施实现准确和高效目标制造了一道资金障碍。举例而言，交叉口的交通流量往往是不对称的，总有一个方向的流量多一些或少一些。此外，不同时段、不同路段都可能产生差异化需求。如果使用一样的信号灯配时和交通组织方法，就会造成巨大浪费，进而引发拥堵和延误。美国对85座大城市的交通拥堵状况跟踪研究发现，信号灯配时错误造成的交通延误量占总交通延误量的5%。因此，想做好交叉口的交通组织工作，就必须推行有针对性的流量控制措施，包括信号灯配时和对应标志标线的差异化设置。行车道使用方式的动态调整，要考虑白天和夜间的环境变化、早晚高峰路口和上下游的协同需求，以及交通组织的层次和位置。这些工作都需要准确的流量特征数据做支撑，而数据的获取、收集、整理和分析显然要通过大量财政支出来保障。

就一个路口的通勤交通流量特征而言，国际普遍做法是对一周中3天（周一、周二、周三或周四）的早晚高峰、平峰时段流量特征进行调查。如果是有特殊需求的路段，还要将早晚高峰时段进一步分解为以小时甚至半小时为单位的时段，调查上下游交通走廊的流量特征和需求特点。对于有更高智能要求的交通管理系统，还要有车辆专属特征等具体统计数据。一套科学的交通流量数据，能对交通组织方案进行有效指导，为信号灯配时、标志标线设置等工作提供合理依据。事实上，交通流量数据库的建立，正是治堵工作的前提。如果没有细致入微的流量数据，新建的很多快速路就无法发挥预期作用。那么，我们需要多少资源来完成数据的采集工作呢？

一个交叉口的通勤流量特征调查，应该包括对4个方向的直行车、右转车、左转车，以及4个方向的非机动车和行人的运动数据统计。如果做现场调查，则每个方向上至少要有2名工作人员，理想状态是6名工作人员，分别统计机动车、非机动车、行人的数据，随后整合分析。也就是说，这项调查工作共计需要8~24名工作人员。假设早晚高峰时段各2小时，平峰时段上下午各1小时，则1天的调查（工作）时长是6小时，总工时是48~144小时。即使按一般家政服务员25元/时的薪酬水平计算，直接人工支出也需要1200~3600元，一周工作3天就是3600~10800元，这还不包括管理成本和后期的数据整合成本。如果需要每季度或每半年对路口的流量特征和信号灯配时进行一次更新调整，年均支出规模就会相当可观。这还仅仅是局部数据采集，不包括后台数据处理和全流域数据分析与协同。对一座有500个交叉口的城市而言，要想把信号配时和交通组织工作做好,就要每年都根据道路使用情况和道路沿线机构变化情况,对交通组织措施和相关控制设施进行至少2次评估优化。这样一来,每年用于流量特征统计和分析的财政支出就要达到上千万元的规模。此外,获取数据后的工程改造,针对设计资源的鼓励性投入,以及硬件补充和调整投入,则是相对客观的必要支出项目。

反观国内城市,有哪个会为这样的工作拨付专款,提供专门的资金和技术资源?又有哪个会在财政审计制度上允许这类人工服务专项支出?据笔者了解,国内正在实施汽车限行限购政策的某城市,每年用于交叉口信号灯配时服务和交通组织渠化工程运维的财政预算仅数百万元,具体工作通过招标由交通工程公司完成,按每个路口的交通组织方案、路口渠化调整方案形成的工程图数量计酬,一幅图2000元,此外再无其他酬劳。要知道,这座城市拥有2000多个交叉口,以这样的财政观去开展"道路运行管理水平优化",怎么可能奏效?这恐怕也是限行限购、提升路网密度、增加快行线多措并举后,依然无法扭转道路运行水平低下状况的主要原因。

上述支出看似规模庞大,却能极大提升城市运转效率,并产生巨大的社会经济效益。由此节省的社会通勤时间,以及减少的燃油消耗和尾气排放,都是通过其他手段难以实现的。对一座500万人口规模的城市而言,如果平均每人每天能节省6分钟通勤时间,每天就能新增3000万分钟劳动时间。

伴随智能交通技术的进步,越来越多的国家开始依靠智能监控系统完成流量特征调查,这不仅提高了数据获取效率,还能实现对流量特征的实时统计分析,进而动态调整交通组织方式,实时掌控交通走廊的运能和流速。这样的智能交通系统显然囊括了庞杂的软硬件系统,必须由财政体系来支撑相关的软硬件开发和专业咨询服务。

交通标志标线的设计和施工支出要分别立项

交通标志标线设置的科学与否,决定了地区交通管理工作和道路交通的质量。针对标志标线，我国目前只有两种财政支付方式：一是将道路工程总体投资额的1%~3%用于标志标线支出，粗算投入不少，细算则捉襟见肘，勉强能支付工程费，却无法支撑前期设计工作，很多设计师甚至没有经费做现场调研，只能被迫抄图纸；二是将标志标线支出纳入道路日常维护预算，同样只能支付工程费，没有设计费。

反观发达国家，在标志标线设计上的投入就要全面细致得多，相关标准要求标志设计人员必须完成现场调查。为确保视认性，还建议设计人员做实地测试："为标志选址时，最简单有效的测试方法是将实体标志置于预定位置后进行观察。对步行标志而言，这一过程相对简单，因为所需视认距离很短。对机动车标志而言，情况相对复杂，要考虑远距离发现标志并逐渐进入识读距离的过程，观察整个过程中标志的位置是否合理。由于标志选址通常在标志设计前完成，可以用轻质纸板等制作标志模型，置于实际环境中观察位置是否合理。"

以上从两个角度管窥了我国交通管理工作的困境。所谓巧妇难为无米之炊，交通管理工程必须要以科学的财政观做支撑。笔者真切希望，相关机构能尽早出台一系列更积极、更科学的交通管理领域财政政策，为交通安全建设、交通管理优化提供更切实有效的支持。

03 倡导公交优先需要情怀更需要专业

公交优先，这些年频繁出现在各种学术和研究报告里，而且几乎是一边倒的溢美之词。可以这样说，对很多城市交通建设管理机构而言，公交优先不仅成了改变公众出行方式、缓解交通拥堵压力、减少尾气排放的"决胜手"，还成了维护公共利益的"形象代表"。然而，当我们用心观察身边的人和路上的车时却会发现，公交优先既没有降低人们购买私家车的欲望，也没有减少路上的车，更没有改变人们的通勤模式。换言之，口号喊了很多年，公交专用道也在以里程指标的形式强制推广，但我们很难看到明确的统计数据，能证明公交优先达成了预期效果，反倒是公交专用道的增加，"立竿见影"地导致了很多主干道早晚高峰时段的通行效率下降。这到底是怎么回事呢？

公交优先，不只需要情怀，公交专用道也不该是公共利益的化身。要知道，公交运输资源利用不好，甚至会损害公共利益，影响社会运输效率。从交通工程角度讲，公交优先其实是交通控制技术对道路运营优化的专业需要，我们要用专业的视角与对策，来完成对公交车与道路资源的协调管理。

重视公交车的行动特征

在所有道路车辆中，公交车的线路最稳定、行动最迟缓、占据道路资源最多。起步慢、加速慢、变换车道慢、转弯慢、停靠慢，是公交车的共性。此外，越是高峰时段，公交车的出行强度越高，出行频率也越高。因此，对于一条交通走廊，处置不好公交车的通行问题，就会影响其他车辆通行，甚至影响道路利用效率和通行效率。换言之，给公交车分配道路资源之前，一定要做技术价值评判，要搞清楚公交优先是否能减少社会总出行时间，是否能最大化地提高道路资源使用效率。

重视公交车的延误因子

公交车的各种"慢动作"，有些是无法避免的，而有些是完全能设法避免的。比如，针对"变换车道慢"，可以在设计公交线路时尽量减少变换车道次数，在设计公交站时尽量挖掘道路资源，调整断面结构，让"人找车"而不是"车找人"；针对"转弯慢"，可以在设计公交线路时尽量减少转弯次数，代之以直线线路，或设置更多换乘站。在城市里，多数人的出行，特别是早晚高峰时段的出行，都是高度有序的，而且相对容易按规则培养成习惯。针对这类出行需求，只要掌握了规律，就可以沿着"削减延误因子"的思路来逐步调整和优化公交线路。

在国内一些大型城市里，早晚高峰时段，我们总能看到一连串公交车在站台前排成"钢铁长城"。形成这种现象的原因，就是我们忽视了公交车的各种延误因子对通行效率的影响。从交通工程的角度审视，其实不难找到有效的改进方案。有些公交线路，车辆全程要停靠数十个站点，如果每个站点在断面设计上都能做到"人找车"，而不是"车找人"，就能节省大量时间，减少大量排放，同时最大限度上避免停靠站引发的变线剐蹭事故。此外，如果能减少公交车加减速对旁边车道的干扰，旁边车道的车辆就能以更均匀的低车速有序流动。

重视公交车变换车道导致的交通走廊通行压力

在城市道路上，根据识别视距需求，机动车完成一次变换车道操作一般需要14.5秒，其间驾驶人要完成判断和选择操作点、安全操作车辆等任务。这一过程中，变道车辆通常会减速，并将减速趋势传递给互动和尾随车辆，具体影响范围取决于当时的车流密度和流速。如果同方向有三条车道，一辆车从最右侧车道变换到最左侧车道完成左转弯的过程，不仅会影响最右侧车道车速，还会对另外两条车道形成"临时封闭"。相对一般乘用车，公交车变换车道的过程耗时更长，其短时降速对路网的通行能力影响更大，传递和累积效应也更强。此外，公交车每次出入公交港湾，都会对沿途其他交通流形成干扰，犹如"移动路障"。

因此，尽量减少公交车变换车道和进出港湾的扰动，是设置公交车道的关键价值点之一。沿着这一思路，再去审视我们既有公交专用道的设置质量，就会发现，很可能只是一次"多余的变道"，就会让其他优先措施的效果化为乌有。

重视公交车与其他车辆分合流缓冲段的处置

公交车体积大，与其他车辆互动时，会严重恶化后车驾驶人的视距，导致同车道后序车辆被迫减速。在饱和交通流时，由此形成的延误总量不容忽视。因此，在有公交车参与的、需要合流或分流的路段，要压缩行车道宽度，提供充分的路侧缓冲空间和专用交织车道，科学规划隔离设施，缓慢、均匀地稳定车流，使其他车辆驾驶人在有充分预期的情况下有意识、有秩序地通过。

重视出租车与公交车共享专用道问题

近年来，有关公交专用道的价值争论不绝于耳，因为大家总能看到为数不少的"大公交"载着寥寥几名乘客在公交专用道上飞驰。对此，很多城市已经采取了改善措施，比如限时允许社会车辆使用公交专用道。实际上，国际上还有一种典型措施，就是允许载有乘客的出租车与公交车共享专用道。出租车是一种共享资源，对道路资源的使用强度非常高，将出租车的效率提上去，不仅能提高公交车道的使用效率，还能减轻其他车道的压力。更重要的是，出租车的车窗是透明的（法规不允许出租车贴有色窗膜），通过道路监控设备很容易判断是否载客，便于执法监督。这种方式甚至能在一定程度上降低私家车的使用强度。

重视公交车的车型搭配问题

公交车的"慢"，与车身体积大直接相关。实际上，在非高峰时段，我们并不需要公交车具有很高的承载能力，"空空如也"的车厢只会让公众进一步质疑公交优先的价值。因此，针对一条公交线路，最好能根据运能需求特征进行车型的多样化配置，在乘客量低谷时段，使用中型以下客车，降低对路网的影响，提高运行车速。这也有助于提升公交车对公众的吸引力。

城市出行需求，看似"杂乱无章"，其实大部分"循规蹈矩"。如果能把规律的需求服务好，减少延误，提升品质，不仅会使公交出行受益，还能惠及所有道路使用者。

04 统计寿命价值概念

有关"寿命价值"的讨论,很容易引起歧义,因为在现代文明国家,大众乃至司法系统都认为人的生命是无价的,人的寿命不能以任何价格被买卖。然而,由于资源或技能有限,在保障人身安全上,我们不可能无限制地投入。同时,也没有一项安全措施是万能的。因此,现实中我们必须做出定量统计和权衡,为安全投入提供依据和评估手段,确保每一项投入都能达成最优效果。这就催生了一个非常重要的统计学概念,"统计寿命价值"(Value of a Statistical Life,VSL),简称"寿命价值",指减少1个平均死亡人数需要付出的成本(例如购买更昂贵的安全装备以降低死亡风险等)。这是西方国家经济、医疗、保险、环境等领域通用的重要概念。

寿命价值是统计学意义上的概念,而不是伦理道德意义上的概念,通常不附加于个人生活,也不用于个体间的比较。

在行政管理和经济学界,寿命价值用于量化避免死亡对社会的益处,因此也称"预防死亡价值"(Value of Preventing a Fatality,VPF)或"避免死亡隐含成本"(Implied Cost of Averting a Fatality,ICAF)。在社会学和政治学领域,寿命价值是某一类情况下预防死亡的边际成本。许多研究中,寿命价值还包括生活质量、剩余预期寿命,以及特定人群的收入潜力,可用于确定非正常死亡索赔诉讼中的赔付额。

对于经济学中特定人群的寿命价值，现实中并没有标准概念。但在研究人们在健康方面做出的风险回报权衡时，经济学家往往要考虑寿命价值。

举例而言，在10万人的样本中，每个人都被问及愿意支付多少费用，以降低未来1年内每10万人中有1人死亡的风险（比如道路交通安全条件改善、空气质量改善、急救资源增强等），即通过避免1/100000的生命总量的减少来挽救"1个统计生命"。假设问题的平均答案是100美元，那么10万人愿意为避免1年内的"1个统计生命"损失而支付的费用就是1000万美元。

可见，寿命价值估算的是为降低死亡率而付出的成本，不是一个人的实际寿命价值。有些国家政府在保障公民安全领域的预算和政策，就是建立在寿命价值估算基础上的。这样可以避免安全领域支出因被道德绑架而过度，或陷入评估困境。

通过研究人们自愿承担的风险，以及承担这些风险所必须支付的费用来估算和统计寿命价值的方法，称为"偏好揭示"，个体的行动揭示了他/她对某种风险的重视程度。在这一背景下，经济学家会研究个人愿意为降低死亡概率而付出多少代价。这类寿命价值计算方法，在劳资问题上也经常使用，业内称为"差数补偿"，即为艰苦、有害健康和高风险工种的工人支付的高于平均水平的额外工资。差数补偿只是一种理想的统计概念，在实际管理中是存在致命缺陷的。人们对同类风险的看法可能更高或更低，这虽然不等于实际统计风险，但当灾祸真正降临时，差数补偿往往难以真正弥补损失。总体而言，由于个体间存在差异，研究得出的偏好可能并不代表整体人口的偏好。

寿命价值估算经常用于评估政府出台新政策所增加的收益，普遍应用于环境保护和交通安全领域。比如，美国政府曾对1970年通过的《清洁空气法》的收益和成本进行了为期6年的追溯性研究。这项研究受美国环境保护署（EPA）、空气和辐射办公室以及政策、规划和评价办公室委托，由公共卫生专家、经济学家和科学家组成的独立委员会负责执行。在开展收益与成本分析时，研究人员会估算一个人愿意支付多少费用来改善环境空气，以减少或消除对其健康的威胁。他们对美国人口的支付意愿（Willingness to Pay，

WTP）进行了评估和总结，对不同类别进行了统计，包括死亡率、慢性支气管炎、高血压、智力变化和中风等，以获取人们对每一类人身威胁的看法和相应的寿命价值。研究汇总计算了个人支付意愿信息和数值，综合考虑了劳动力市场上的风险补偿、劳工统计局收集的致命职业伤害普查数据等，得出了可以进行对比的单一寿命价值。研究结论指出，1970—1990年，执行《清洁空气法》的收益是巨大的，仅1990年一年就可以获得5.6万亿~494万亿美元的正回报，大幅超出当年为执行法案所要支出的5230亿美元经济成本。

在交通安全领域，1995年，美国政府汇总了50个州在1973—1993年推出的所有交通安全改善措施所带来的经济回报（很多项目追踪了改善前后6年的事故数据），包括道路照明、标志标线、信号灯、护栏等20多项交通工程优化项目。研究发现，在交通标志标线上每投资1美元，就可以得到22.4美元的正回报。这类分析测算之所以能在经济上做量化，就在于应用了寿命价值概念。

值得注意的是，寿命价值与价值观和经济发展水平有密切关联，因此没有定值。在美国，联邦政府只是提供了一套比对和换算方法，使各州政府和相关机构的统计数据具有可比性。统计数据时，要考虑时间跨度差异（如人的年龄差异）和折现率等问题，以提高比对的可靠性。

以下是部分国家对寿命价值的研究结论：

- 澳大利亚的寿命价值为420万美元（2014年）。
- 新西兰的寿命价值为200万美元（1991年），385万美元（2013年），414万美元（2016年）。
- 瑞典的寿命价值为900万~9800万瑞典克朗（不同研究机构有不同数据），官方推荐值是2200万瑞典克朗。注意，瑞典是最早提出"零愿景"交通安全目标的国家。
- 俄罗斯的寿命价值为4万~200万美元。根据民意调查结果，2015年年初的寿命价值（作为死亡补偿费用）约为71500美元。

- 美国的寿命价值数据来源多样,环境保护署的推荐值是910万美元(2010年),食品药品监督管理局的推荐值是790万美元(2010年),交通部2014年的推荐值是920万美元,2016年的推荐值是960万美元。

寿命价值的具体测算方法有很多种,比如终身收入总和折现法(个人生命周期内收入总和与折现计算)、问卷调查民意法等,要根据不同的社会和经济发展水平进行选择。关键是要使测算方法与时俱进,使测算数据能持续地评估每一项公共安全政策的经济效益,这样才能更科学合理地投入公共资源。

第六章

交通拥堵治理

01 解决城市交通拥堵的第一步

拥堵要有科学定义

在大城市的一个交叉口前,等候两段信号灯变化间隔,人们不会认为是"堵车",而在小城市的一个交叉口前,人们可能会认为"堵车"已经很严重了。我国的"畅通工程"评价体系中,用"路口信号灯等候间隔不能超过3段"的指标来定义拥堵,但在北京这样的大城市的高峰时段,3段等候间隔并不罕见,似乎等候5段间隔才算得上拥堵,更何况一个信号灯周期的时长并不是固定的。

在谈论城市交通拥堵治理对策前,对"交通拥堵"进行准确定义是至关重要的一步。我们首先要依托道路交通管理技术的基础理论,来明确以下观点:

1)城市道路交通管理的首要任务是实现人和货物的安全运送。

2)安全运送的手段要求效率和更优的投入产出比,也就是道路资源的更合理占用。

3)一座城市的道路交通资源,主要服务对象是本地居民和货物,主要服务内容是本地交通出行和通勤出行。

4)衡量道路交通运送效率的首要指标是社会出行时间总量和社会通勤时间总量,对本地居民影响最大的是人均通勤时间。

所谓通勤交通，是本地居民上下班路上的交通行为（一般以上班时长为基础计算），而社会通勤时间总量，是受统计人群的通勤时间总和。20世纪60年代，美国人提出的单程通勤时间承受范围是不超过30分钟。如今，美国的人均通勤时间约为28分钟，在一些大城市会增加到42~45分钟。

在美国的交通统计报告中，我们会发现三项非常有意思的交通拥堵统计指标：

1）出行时间指数（Travel Time Index，TTI）：高峰期通行用时与平峰期通行用时之比，假设某路段平峰期自由流车速用时20分钟，高峰期用时26分钟，则出行时间指数是1.3。

2）通勤者压力指数（Commuter Stress Index，CSI）：通勤者高峰期出行时间与平峰期出行时间之比。

3）年度单车通勤延误量（Yearly Delay per Auto Commuter）：以单车为单位，计算一年中私人通勤车辆和乘员，高峰期出行相比平峰期出行多耗费的时间总和。

可见，对于交通拥堵问题，美国人一直在围绕出行时间做统计分析，重点是计算出行时间总量和延误。也就是说，交通拥堵的第一特征，是车速的不合理下降，而直接后果就是通勤时间增加，出行时间变得不可靠了。

这并不难理解，拥堵带给人们的最大痛苦，其实不是拥堵本身，而是出行时间不可靠（或者说是延误）所带来的压力和成本增加。沿着这个思路，我们就会发现，解决拥堵问题的对策显然不是限购限行，而是设法削减所有可能导致出行时间延误的因素，设法削减全社会的出行时间总量。

事实上，修建快速路和立交桥、开辟公交专用道，以及限制路口左转车流等一系列措施，都与管理出行时间有关，都是要降低社会出行时间总量。

治堵不需要摸着石头过河

美国得克萨斯州交通研究所（TTI）对美国439座城市的调查表明，在

1982—2010年的近30年中,平均出行时间指数约为1.2,而且在从1982年的1.09攀升到2002年的1.25(峰值)后,便开始逐年下降,从2008年开始,一直控制在1.2以下。出行时间指数1.2是什么概念?假设平峰期从家到单位的通勤时间是30分钟,那么高峰期的通勤时间就是36分钟。如果能有这样的交通质量,恐怕大多数人都不会再抱怨什么。

美国交通部门和科研机构的治堵措施分为三个基本途径:

1)增加基础设施的运送能力(修建更多道路),见图1。

2)通过运行管理提升现有道路通行能力(在现有道路资源中挖掘更多运能)。

3)鼓励采用更少产生拥堵的交通和土地使用模式,也就是出行需求管理(TDM),包括非驾车出行、科学规划用地等。

由于能同时应对导致拥堵的常规原因和突发的不可靠通行影响因素,通过运行管理提升现有道路通行能力,也就是优化道路运行管理措施,是目前最有效的治堵途径。

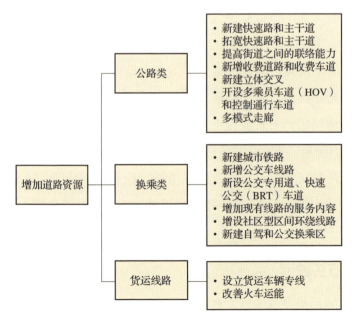

图1 增加道路资源措施

美国2011年的统计表明，1982年，439座统计城市通过优化道路运行管理措施节省了800万小时出行时间，通过使用公共交通工具节省了3.81亿小时出行时间。到2010年，这439座统计城市通过优化道路运行管理措施节省了3.27亿小时出行时间，通过使用公共交通工具节省了7.96亿小时出行时间。也就是说，经过28年的努力，通过优化道路运行管理措施节省的出行时间增长了近40倍，而通过使用公共交通工具节省的出行时间只增长了约2倍。

事实上，美国的出行时间指数从1998年开始就超过了1.2，且多年在1.24左右徘徊，但2008年突然从2007年的1.24降到了1.2，且此后稳定在1.2以下。那么，2008年发生了什么呢？这一年，以纽约市为例，纽约市交通局提出了"世界级街道"理念和街道再造计划。在这份雄心勃勃、充满想象力的计划里，治堵不再是拓宽道路，而是压缩道路，不再是提高车速，而是降低车速，同时为行人和骑行人提供了更多的保护和路权，很多地方甚至腾挪出路面空间，用于建设咖啡店和停车位。由此形成的交通管理理念，就是如今我们耳熟能详的交通静化（Traffic Calming），这是新城市主义观念和思潮的一部分。经历了过度关注机动车发展的阶段后，人们开始重新审视城市生活环境和交通需求。

反思我们目前的交通治堵措施就会发现，在增加道路资源和改变出行需求与方式上（图2），国家都投入了巨大精力和资源，却恰恰忽视了优化道路

图2　交通需求管理措施

运行管理措施。今天，我们的道路上有太多错误完成驾驶任务的情况，比如找错路、变错道，因为犹豫不决而降速，因为无处泊车而游荡，这些造成道路资源被低效占用的行为是我们首先要去面对的，而它们所导致的道路拥堵也是最容易解决的。

图3所示为美国交通部门整理的优化道路运行管理措施，其目的就是全方位减少浪费，全力提高每一辆车、每一名交通参与者完成交通出行行为的质量，降低他们犯错误的概率。

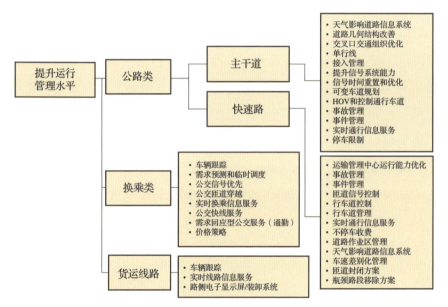

图3　优化道路运行管理措施

治堵对策建议

在尝试逐步改变人们出行方式的同时，我们要做出更大努力，管理好既有的道路交通资源，用与时俱进的管理手段来纠正浪费资源的行为，向管理要效率。

为完成这一任务，我们要做好以下工作：

1）解放思想，建立更科学的拥堵延误评价指标体系，为治堵工作提供准确目标。

2）重视交通控制设施在优化道路通行质量和效率上的作用，大力改进标志标线等控制设施的技术标准，投入资源、保证资金，提高设计和施工质量，积极引导驾驶行为，加速优化全体驾驶人的驾驶任务完成质量。

3）全面调查各地通勤交通流特征，在大数据支持下，建立主要通勤走廊的通行效率维护措施和应急预案。

4）依托科学的交叉口控制技术，严格制定并优化信号灯使用规则，高度重视改造前交叉口流量特征调查，针对各地通勤交通流，有的放矢地开展交叉口交通组织优化工作。

5）利用智能交通技术，以车辆身份识别技术为依托，建立可以定性的车速与行驶轨迹跟踪系统，全面建立准确有效的交通管理评价体系，打造物联网时代的智能交通管理技术平台和车辆诱导平台，对货运车辆和客运车辆实施更高水平和更高效率的管理。

6）建立更科学高效的交通事故管理和处置机制，特别是针对突发事故路段上游车流的引导措施，用模式化的程序工作和设施，减少突发事件对交通流的影响。

7）对重点区域，特别是学校和医院周边，实施专项化停车资源整治与再造计划，动态管理周边占路停车资源。

8）对有明确和固定通勤规律的学生运送问题，制订专项管理计划，统筹安排运送资源，包括校车、私家车和其他社会车辆。

9）全面优化公交线路，从行车道变化和通行效率影响因素的角度，审视公交专用道的价值和设置方法，提高公交车的使用价值，减少公交车导致的延误和拥堵。

10）尽快完善交通管理领域教育资源，加速提高交通管理人员和交通工程人员的专业能力。

02 交通治堵要建立"量"的概念

本文尝试从宏观视角，梳理出一些交通治堵思路，为有志于此的读者抛砖引玉。

第1个量：道路交通需求量

美国交通部统计发现，20世纪70年代，美国人日均出行量是2.3次，到20世纪90年代，人日均出行量增长了1倍，达到4.6次。随着国家经济发展，人民生活水平提高，交通出行量增长是必然趋势，人们对出行品质提出更高要求也是必然趋势。想靠减少出行总量、降低出行品质来治堵，是有违发展规律的，既不科学也不现实。但这并不意味着所有交通量都不能减少，经过细分和研判，一些低效的、负面影响较大的交通量是有必要减少的。例如，针对"弃私家车和公务车转向公交车"问题，先要分析其中有多少能合理实现，再制定相关政策。

建立科学的交通需求量统计分析体系，是交通管理的基本功，也是合理引导人们交通出行方式的前提。如今，越来越多的国家开始依靠智能交通系统建立更精确的交通流量统计体系，有些甚至可以精确到单车的运行轨迹和习惯，进而对交通需求特征进行详细分析，寻找精准对策。如果1个人1年的机动车出行里程是20000公里，那我们就要先了解这20000公里由哪些元素组成，再逐一分析这些组成因素，有多少交通需求可以节省？有多少交通需求可以用电话、互联网和快递代替？有多少交通需求一定要离家？有多少交通需求可以由公共交通工具满足？有多少交通需求可以通过经济杠杆来改变？

放大到全社会的交通需求总量，我们也要有本明细账。现在很多城市都在大规模建设公交线路，但很少有城市能厘清通勤交通量特征，比如，通勤距离30公里和通勤距离20公里的人，谁更愿意坐公交？单程通勤时间40分钟和单程通勤100分钟的人，谁更愿意坐公交？大多数人在通勤时间与通勤成本之间如何取舍？更进一步，公交线路通常会占用大量道路资源，对其他交通形成阻断或干扰，投入产出情况到底如何？划算不划算？

在审视快速增长的交通流量时，我们要划分出各种交通流量的层次。在制定一项政策或管理措施时，我们要测算将会产生的交通流总量，并制定替代对策，甚至计算将会产生的碳排放量。有保有压，有增有减，才可能收获更好的管理效果。

第2个量：道路交通资源常规占用量

居民的日常生活和工作需求会形成一个必然的、相对稳定的常规交通量，占用必要的交通资源。这部分交通量的发生，具有很高的规律性和必要性。比如出行时间、出行线路、出行距离、出行方式，都能具体到每天的某个时段、某条线路、某段距离、某种方式。常规交通量超出沿途道路的常规供给量时，才会形成真正的瓶颈路段。除此之外的任何所谓车路供给量冲突，都不能直接归结为瓶颈，更不能单纯归咎于车多。以惯用的交通管控措施，很难抑制这部分交通量。如今号召的"公交出行""地铁出行""错峰上下班"，其实主要是试图缓解常规交通量对道路集中时段的压力，效果如何，有目共睹。实际上，现在我们完全可以依靠计算机和互联网来制定和评判交通管理措施。比如，可以建立一个网站，由出行人群根据一定时期内（例如一个加油周期)的出行时间来统计出行方式,包括驾车行驶速度的变化情况等,通过整理后台数据,就能获得很多施策依据;也可以依托道路监控体系和车辆号牌识别体系,直接获取每一辆车的轨迹和流速,再通过规模计算来形成判断和结论。利用交通量统计数据对常规出行进行科学组织,按区域和路段实行"削峰填谷"式的临时道路管控措施,相比盲目增加公交线路,制造更多低效交通资源占用量,是不是既能获得更多回报,也能节约社会成本?

明确常规出行量后,还要根据不同的流量和需求性质采取有针对性的措施,这样才能让治堵措施取得更显著的效果。

比如,针对家长接送孩子上下学的出行需求,可以在学校配合下,通过电子政务网站统计出行线路和时间,据此设置专区、专车而不专校的学生专车,配备随车安全员,建立有安保措施的专用停车、换乘设施。这一系列举措能鼓励家长让孩子乘坐专车,有效削减原有的私家车或其他形式的交通量,进而缓解早晚高峰时段的交通压力。相比全域限行,这样是不是更容易被人们接受?

再比如,仍然利用电子政务网站,对通勤相关的交通需求量、交通方式、线路等数据进行统计,在此基础上,通过协商、限时强控、路段有条件限行(小范围执行单双号限行伴随短距离强制步行政策)、周边区域驻车换乘区间通勤/摆渡车等方式,来缓解办公区的交通压力。对于大城市的中央商务区,提供安全、清洁的小型电动通勤/摆渡车,是不是能让一些原本自驾通勤的白领人士在距离办公地较远的地方驻车,换乘通勤/摆渡车来完成最后的3~5公里路程?相比通过收取高额停车费来迫使他们乘坐地铁或公交车,这种方式是不是更容易被接受?北京近些年涌现的"定制公交"就运用了类似的理念,只是在实施上还有很大优化空间,也需要更多政策支持。

第3个量:错误型交通流量

假设一辆机动车年平均行驶里程是1万公里,年平均错误行驶里程占比

0.1%，即10公里，按全国2亿辆机动车计算，每年就会形成20亿公里的错误交通流量。再按单车百公里油耗10升计算，仅此一项，就要浪费2亿升燃油。在道路上设置指路标志和交通指引服务设施的目的，就是要减少错误型交通流量。在我国，交通标志投资在道路建设投资中的占比往往不足1%，且使用周期一般都超过10年。试想，如果能将交通标志投资占比提高2~5倍（实际占比仍然不高），会带来多么可观的道路使用效率提升，以及社会整体效益提升。日本东京的面积约为2188公里^2，有超过80万块正规交通标志，其中指路标志超过70万块，各类停车场标志标识超过30万块。美国645万公路里程的道路网络中，有5800多万块交通标志。这些数据告诉我们，建设汽车社会要高度关注道路通行条件，要高度重视对用路人的行为引导与控制，这是保障出行安全和出行效率的基础。

第4个量：延误型交通流量

延误型交通流量对交通效率的影响类似于"蝴蝶效应"。在交通流中，只要有一位驾驶人因为没能及时获取行车信息而违章变道，就会导致后车的连续制动，造成整个区域的交通流速下降，甚至引发交通事故。

我国城市主干道和快行线上，有很多单向三车道以上的宽阔路段，这些路段通常缺乏预告型指路标志系统，无法在识别视距前细化提示路口距离、行车道使用方式和可变道点段，导致任意的非及时变道行为时常发生。我们在驾车过程中会发现，一些全封闭的快行线上，到达前方出口路段前的几公里就会出现车行缓慢甚至拥堵情况，这往往与出口路段预告标志系统设置不科学直接相关。在美国，对于单向三车道以上的道路，以及大小车混行路段，国家标准明确要求使用置顶型对应行车道标志逐级指引，保障大观测角及关键视距下的标志视认性，同时规定右侧出口提示标志不得设置在行车道左侧，这都是为避免视认不及时导致突然变道而采取的措施。当前，我国同类设施尚待完善，在管理上也多寄希望于驾驶人不犯错误，这间接放大了不确定因素的影响。只要有一位驾驶人因技术欠佳或路段不熟而违章变道，其他车辆就都会受干扰。此外，我国部分城市还存在信号灯配时不良导致的延误。美国对85座大城市的统计表明，信号灯配时不良导致的交通延误量占全部交通延误量的5%。通常的评价指标是，当信号灯导致路口强制延误超过80秒时，就属于严重延误，必须进行改造。我国目前尚未形成针对信号灯配时不良导致的交通延误总量/占比，以及相关社会延误总量的统计机制。

除上述原因外，恶劣天气、黄昏和黎明等视认困难时段、不科学设置夜景照明和路灯等，都可能干扰驾驶人的判断，最终给道路交通带来"莫名痛苦"。我国很多城市，一到雨天的傍晚时分就会出现交通拥堵，究其原因，很多人只想到路面湿滑问题，而没有关注驾驶人的路况观察能力下降问题，实际是这两者共同导致了延误交通流量积累和交通流减速。

第5个量：横向交通流截断纵向交通流形成的阻断流量

我国很多大城市都会通过增建道路的方式来提高交通运能，进而应对机动车保有量增加所带来的问题。但开展道路规划时，又往往会忽视东西向交通流疏通给南北向交通流带来的影响，也就是横向交通流截断纵向交通流形成的阻断。横向累加的交通流量所形成的阻断流量，在一个区域内形成规模并不断传递时，就会导致交通拥堵和延误。

例如，一个上下八车道路口，如果一位老人不能在行人绿灯点亮时段走完全程，剩下的路程就需要车辆的礼让配合来走完，这无疑会影响车流的正常速度。那么，如果有更多的人因为道路/路口过宽而无法在允许通行时段穿越，车辆等候的时间肯定会更久，殃及更大范围内的车流。通过在道路中间设置二次过街安全岛，就能在一定程度上缓解行人穿越导致的交通流阻断问题。国内很多道路规划设计人员在机动车道宽度设置上存在误区，总认为路越宽越好，可事实并非如此，到底要建多宽的路，是有一套科学测算方法的，《道路能力手册》对此有专门论述。

城市交通流的最大特点是方向交叉频繁，因此更需要合理规划道路宽度，增加路网密度，为行人和非机动车提供更舒适的移动空间。相比压制机动车增长量或出行量，科学设置信号灯并根据路口流量特征进行配时维护和动态调整，能更有效地减少延误流量的累积，提高道路通行效率。

第6个量：停车位里优化出来的交通流量

停车位不仅仅是一种服务设施，从交通流量管理的角度看，它同时具有优化交通流量的功能。近年来，很多大城市开始提高中心城区的公共停车位收费标准，旨在减少前往中心城区的车流。然而，长此以往是不是可能导致消费人群慢慢淡出中心城区？其实，停车位的规划、建设和使用完全可以更合理些。比如，以某个交通吸引点为中心，在步行10~30分钟可达的地带设置低价甚至免费停车区/位（可以由对口消费单位承担停车费），在距离稍远的地带设置区间通勤/摆渡车，这样就有可能让一部分人放弃驾车直达交通吸引点，选择通过步行或换乘方式完成最后一段路程。与此同时，在交通吸引点周边要设置临时停车区，供老人、孩子或行动受限人士临时上下车。将部分汽车流量转化为步行流量，对沿途商业发展也会有一定促进作用。纽约交通局的研究表明，大多数人的步行速度是4公里/时，可承受的步行时长是20分钟，如此算来，如果能在交通吸引点周边1200米范围内规划建设停车区，就有可能形成更好的交通组合方式。再如，在一些非高峰时段车流量很小的路段，如果能增设一些服务于附近1~3公里范围内交通吸引点的限时调价公共停车位，不仅能调节车流通行时段，还能通过增加步行流量来优化汽车流量。

总之，科学规划停车位，可以将不同人群出发点到交通吸引点的10公里机动车流，优化为8公里机动车流+2公里步行流。北京目前有600余万辆机动车，如果停车位优化能使每车每年少行驶1%的里程，以每车年均行驶1万公里计算，每年就能节省超过6亿公里单车小时的交通流量。当然，为停车选好位置只是第一步，更重要的是设置大规模停车区预告标志系统，提前、详细、全面地引导机动车驾驶人前往停车区。

实际上，停车位的优化潜力还远不止于此，比如停车位的布置/施划方式，如果是斜向交错布置，车辆入位无须倒行，可迎头直接驶入，倒行出位后可直接直行离开，相比常见的往往要倒行入位的垂向布置停车位，整个入/出位过程能节省不少时间。

第7个量：交通事故形成的成本总量

长期以来，我国只测算道路交通事故造成的直接财产损失，而没有测算它的间接经济成本，例如行政处置、医疗救援、占用道路导致的消耗和延误。这使各级行政管理机关和企事业单位一直没能充分重视道路交通安全，经常性忽视相关刚性需求。

据统计，美国的年车辆撞击型事故约有550万起，造成超过200万人受伤，超过3万人丧生，经济损失超过990亿美元，这还不包括交通事故导致的交通延误所形成的社会经济成本。2003年，全美85座大城市的交通拥堵造成了37亿单车小时的延误，浪费了23亿加仑汽油（1加仑=3.79升，相当于单车每小时浪费2.35升），导致了630亿美元的生产力损失，有25%的交通拥堵是交通事故所致，造成约180亿美元和近8亿加仑汽油的浪费。

如果我国也能对交通事故导致的拥堵和延误数量、1年内交通事故导致的行政处置成本、排放成本、医疗救援成本、警力资源消耗量等进行详细统计，就会使更多人意识到道路交通安全对于社会经济的重大意义，对于行政支出、医疗支出的重大意义，从而激发对道路交通安全建设的更大投入。采取积极的财政政策来预防道路交通事故，应该是一项基本国策，特别是在经济转型期，当我们需要向管理要效益的时候，这种投入往往具有四两拨千斤的效果。

03 城市交通治堵的 10 项基本任务

四通八达的城市交通路网运转起来，需要很多节点的协调互动，一个节点阻滞，就会影响全网的交通效率。负责城市日常交通运转的各种机构，是构成路网的关键节点，而决定节点协调质量的基础条件，是构成路网的线。

我国大型城市道路交通的运行管理任务，通常是由多个部门协同完成的。举例而言，道路红线内涉及的土木工程改造，需要路政部门委派给施工单位具体实施，而计划和资金多由交通委办定；标志标线、信号灯等涉及的道路使用规则多由交管部门负责，但作为标志标线、信号灯设置和调整依据的交通流量数据，又分散在交管部门、市政部门和公路部门；车辆管理涉及交管部门、市政部门、环卫部门和公交公司，而支撑城市运转的货运管理又涉及运管部门和市政服务部门；涉及道路上空和红线外的景观变化，要由城市规划部门审批。如此多的部门，如果协调不利，特别是遇到没有先例的需求，从计划动议到批复实施，就可能要耗费1年甚至更长时间。等到真正实施时，道路交通状况和具体点段的需求可能早已改变。我们很多城市的治堵工作，就是在漫长的流程中贻误了时机。

以上是我国交通治堵工作在宏观层面面临的挑战，而在微观层面，我们需要统筹完成10项基本任务来支撑决策和方案实施。

1. 组建并维持一支本地化的、有话语权的、深入了解城市情况的交通工程师队伍，这是"花小钱办大事"的关键

说明：设想和方案再好，不细化落地也没有任何实际意义。车流和人流的梳理，落地时靠的是标志标线和信号灯的引导与控制。车道的宽度设置、虚实隔离措施的搭配、转弯半径的设置、人行道位置的选择、上下游/区域车道的匹配与信号联动，需要的是科学理念和专业技术。这些工作都不简单，不能用"外行"来将就。纽约市在"打造世界级街道"的战略规划中，就特别强调要"留住和吸引最好的交通工程师、规划师和工程经理"。拥有一支优秀的交通工程师队伍，是一座城市的幸运，更是每一位市民的幸运。

2. 科学且持续的出行时间采集与评价（点、线、面）

说明：出行时间的可靠性和变化趋势，是决定出行质量和体验的关键因素，也是评价一座城市各项交通规划、管理措施是否有效的关键指标。这并不一定需要高科技手段，投入有限的人力和物力资源，在重点职住区和路段上定点、定对象采集样本，通过长期跟踪就可以实现基本目标。

3. 强规律出行数据的持续采集和专案专策

说明：一座城市的交通量中往往有超过80%的本地交通量，且主要服务于本地居民的通勤需求。对这种强规律出行的数据进行有计划的采集和跟踪，并建立专案专策，相比全域粗放管理出行需求更容易且更见效。寒暑假交通状况良好，开学季交通状况急剧恶化，已经成为很多大城市的常态，针对强规律的上下学出行需求，如果能以专案专策应对，则必然会在治堵上取得立竿见影的成效。

4. 全网信号灯配时以明确所有走廊和节点的延误情况和总量，实施全域联网以实现路网资源可协调

说明：信号灯只有联网才能有效分配道路资源，让交通走廊发挥积极作用，特别是在高峰时段，割裂的信号灯控制策略只会破坏交通走廊的流畅性。在大数据和互联网技术已经高度发达的今天，如果对信号灯仍然只能单点控制，而不能联网控制，那么任何交通智能化建设都是妄谈。

5. 建立交通吸引点、秩序混乱路段、事故黑点路段专案

说明：交通压力大的路段，对路网交通流畅性干扰最大，但也是需求相对规律且交通特征显著的路段。面对这种路段，一是要建立台账，二是要站在全局视角审视评价对策。

6. 采集货运需求数据，建设货车专用通道

说明：货车运输对路网流畅性干扰较大，对交通控制措施、人行横道等的设置位置和方式都有特殊要求。货运成本和货运质量与城市经济运转效率息息相关。采集所有货运需求数据，厘清货运车流的特征、频次、数量，不断跟踪货运需求变化，及时调整货运专用通道的设置规则，是改善道路运行管理水平的关键。在货车通道的使用上，有很多细节需要关注，以纽约市为例，为帮助货车司机熟悉货车通道，市政府印制了货车通道专用地图，制作了电子版互动查询地图，还在市区和周边道路上设置了大量指引告知标志。

7. 公交车和专用道的优化与整合

说明：公交车起步慢、停靠慢，犹如"移动路障"，对道路流畅性影响很大，加之公交场站会吸引大量步行人流和非机动车流通勤换乘，公交线路

与专用道的布设质量与交通效率高度相关。在规划与运营阶段，要持续开展人流起始点统计分析，公交车进出站交通冲突点分析，专用道效率跟踪与评估，公交场站位置与效率持续监测和阈值型动态调整，以及公交优先对策效果跟踪评价。

8. 详细调查并逐一落实停车需求

说明：一方面，我们一直抱怨停车资源紧张，车位利用不充分，而另一方面，我们却发现所有车其实都有地方可停，没有一辆车会因为无处可停而被消灭。如果我们能公开透明、事无巨细地梳理城市车辆的停泊位置和条件，找到内在规律和需求，就有机会通过优化规则来完善停车管理。一套健康的、灵活的、透明的停车管理规则与资源配置要求，会对城市的交通运转和经济生活产生积极影响。

9. 持续审计非机动车和步行出行条件，制定专案专策

说明：在大城市中，非机动车与行人的数量规模非常庞大，两者的出行特点是有时间和半径限制。建立针对他们的出行需求统计数据，厘清他们的行程规律，就能有的放矢地缩短出行时间、改善出行体验，间接提高机动车通行效率，进而提升整体道路空间的使用效率。

10. 积极、灵活地支撑高水平交通工程设计服务的财政政策

说明：交通工程设计有一套基本规范作支撑，其中最难的是对数据的科学采集与运用。采集数据需要大量人工和技术手段，尽管没有直观成果，但会极大影响车道分配的合理性、交叉口渠化的质量、信号灯配时的质量、主干道接入道路的质量，事关城市道路建设投资的使用效率。如果在这些方面

没有形成积极的财政政策，就会导致交通工程设计举步维艰，最终造成城市交通管理水平低下，事故与拥堵频发。美国马里兰州交通局资深交通工程师梁康之先生介绍说，如今，美国的交叉口车道数据仍然要依靠人工采集，由专业人员现场记录或根据监控视频记录车和人的数量，人工成本是3000美元/天。梁先生所在的郡，每2~3年就会针对交叉口流量做数据采集工作，然后评估是否需要调整交通控制方案。

上述10项任务，很多都会在日常工作中遇到，提炼归拢到一起，会发现它们是相互关联的，必须统筹应对。比如，面对一个拥堵点，如果没有具体到车道和高峰小时的车流量数据、人流量数据，就无法制定合理、有效的对策和措施；如果没有上下游/区域的交通流量数据和评价指标，就无法判断改善措施对路网的影响到底是正面的，还是负面的。

04 城市治堵不能只靠智慧信号灯

如今,很多城市开始推广所谓智慧信号灯,就是用大数据来计算和支撑信号灯配时。一些研发企业甚至雄心勃勃地将智慧信号灯称为"治堵神器"。想要依靠智慧信号灯来打赢一场"治堵战役",恰恰说明我们的交通产业界和交管部门仍然缺乏有效的治堵对策。

智慧信号灯不能包治百病

信号灯的配时优化技术已经有数十年历史。智慧信号灯提供的主要是支撑配时的数据采集手段和数据整合能力,以及信号灯之间的联网和协调能力。毋庸置疑,互联网企业的介入和大数据技术的出现,为极大提升工作效率创造了条件。

然而,交管部门对此应该有更清醒的认识。交叉口的交通控制,需要结合各种流量特征的数据调查,来制订交通工程方案(图1);需要利用标志标线与导流设施的配合,来调整交叉口视距;需要控制行人、非机动车、机动车的行走线路和频率,来减少交叉口冲突点,简化冲突区域,降低冲突频率。这些工作只依靠智慧信号灯是无法完成的。更何况,很多交叉口其实根本不需要设置信号灯。

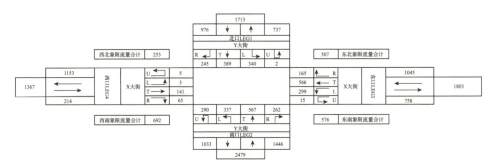

图1 美国资深交通工程师梁康之为北京某交叉口制作的早高峰时段交通流量流向分布图，分车道标注了早高峰时段流量数据。这是做好交叉口控制的基本功，在没有基本技术和财政政策确保这项工作完成前，很多治堵措施都难以奏效（R代表右转，L代表左转，U代表调头，T代表直行）

严格意义上讲，信号灯是在大部分交通控制措施失效后才应该采用的一种控制用路行为的手段，其目的是通过强制性的部分延误，来确保道路使用秩序。

既然是手段，就要有效率上的考量。评估每一次强制性的人为延误是否值得，正是大数据技术应该覆盖的领域之一。这也是智能交通技术出现后，业界普遍寄予厚望的一个方向，即交通管理措施的效果评价和提升。

不过，在交叉口基本交通控制工程建设完善前，忽视基础性工作，将治堵工作完全寄希望于信号灯配时优化，并不是科学的做法。

举例来说，信号配时要考虑行人过街的能力，还要考虑驾驶任务的难度。正常成年人的步行速度约为1.5米/秒，而老人和儿童可能要慢得多。如果交叉口的几何空间布局不合理，就会导致行人过街用时过长，机动车驾驶难度过大。要知道，再智慧的信号灯也无法缩短行人过街的时间延误，无法提高固定距离的通行速度。

城市出行主体高度有序

一座城市的交通出行是高度有序的。从空间角度，城市中有医院、购物中心等交通吸引点；从时间角度，城市中有相对规律的早晚通勤高峰时段。

面对高度有序的出行需求，道路功能的稳定可靠和安全便捷，要比智慧多变更重要。

城市中规模最大的出行主体是本地居民，他们的主要出行目的是上下班、上下学和维持生活，他们会根据自己的出行需求选择最合理的出行方式。也就是说，城市的大部分出行，无论行人、非机动车，还是机动车，都是经过计划且能逐渐形成习惯的。按照美国的统计，大约有80%的城市出行与通勤有关。

因此，人们对交通拥堵的感受，取决于对出行时间准确度的期待。与此相关的指标除"出行时间指数"（Travel Time Index，TTI，点对点高峰通行时间与平峰通行时间之比，假设平峰通行时间20分钟，高峰通行时间24分钟，TTI就是1.2）外，还有"计划出行时间指数"（Planning Time Index，PTI），即人们为计划行程准备的时间与真实需要时间之比。比如，假设某人平时上班的路程，不拥堵时只需要20分钟，而他为出行预留了48分钟，那么PTI就是2.4，说明他对拥堵的预期比较高。

对一座城市而言，道路使用者期待的是稳定的线路、可靠的时间、安全且便捷高效的出行方式，对这类需求进行数据采集和方式细分，是大数据技术的天然优势。但这只能用于支持决策，而无法解决实际拥堵问题。

正是出于对稳定可靠的需求，每一个交叉口的主要流量，都有显著的穿行特征与规律。这种特征与规律一旦形成，往往就不会出现很大变化，除非关联区域出现对交通流产生较大影响的新交通吸引点。这种情况下，控制交叉口的手段，通常是规律性的、重复性的，不需要智慧多变。这也是晚高峰时交警需要在交叉口执勤的原因。信号灯的灵活配时能发挥一定调控作用，但无法起主导作用。

遇到突发情况，同样不能只依靠智慧信号灯。完善的应急预案、正确的导流措施，以及能及时投放的警力、控制设施和防护装备，才是处置突发情况的关键。比如，英国的"智慧快速路"（Smart Motor Way）技术规范中强调，道路上每隔2.5公里的区间内，必须配备应急救援资源，以应对事故和突发事件,保障主干道的通行效率。

实践表明,运行良好的智慧信号灯,能更有效地提前分流和导流。这种应用不限于交叉口节点的信号灯,还包括行车道上的控制信号。控制信号对应单一车道,一般利用可变信息板显示,红色图标通常代表禁止通行,绿色图标通常代表正常通行。通过对交通量的动态监控与预判,可在大型主干道上调整行车道供给模式,并利用分车道信号灯动态调整流量。

英国是最早提出"智慧快速路"概念并出台相应信号与控制规范的国家。值得关注的是,英国的规范更强调分车道标线的形式差异,而不是通过信号灯来控制交通(图2)。

图2 英国智慧快速路系统对硬路肩的动态控制场景,可见左侧硬路肩(国内常称应急车道)上的可变信息板显示"50",代表车道开启,限速50英里/时

05 排队管理对交通拥堵治理的启发

排队对我们来说司空见惯，通过排队管理可以优化人们的排队体验。那么，如果将排队管理的理念与方法运用于车流管理，是否能为交通拥堵治理带来启发呢？

排队也是一门技术

人流、车流过多时都要排队，因此管理人流、车流的一个重要领域就是排队管理。

无论管理人流还是车流，如果忽视了人的感受，就会造成多方面影响：浪费社会劳动力有效时间，浪费公共资源，降低服务设施运营质量，降低城市运行效率和生活品质，等等。因此，研究排队管理方法，有着重要的社会和经济意义。

有关排队的技术理论研究，公认的先驱是丹麦数学家、统计学家、电信工程师埃尔朗（A.K. Erlang），他利用数学方法建立了一个公式，计算一家电话公司需要多少条线路和多少名接线员，才能为一定数量的客户提供顺畅的接线服务（图1）。这很像交通工程师需要根据车流量和人流量，来测算道路需要多少条车道以及采用什么控制方式，才能保障交通流的顺畅。自埃尔朗首创排队理论至今，相关研究文章已达上万篇，他的计算方法得到广泛应用。不过，埃尔朗的研究并没有涉及排队者对公平性的感受。

图1 丹麦数学家、统计学家、电信工程师埃尔朗（1878—1929年），排队理论首创者

排队时的体验和公平性会极大影响人们排队的感受，这种影响甚至超过了排队时间。在无法缩短排队时间的情况下，可以通过设计合理的排队队形等方法来改善人们的排队感受。事实上，目前人们对交通拥堵的感受，很大一部分源于感性认知，比如，如果在路口忽视了维护车辆排队的公平性，就很容易导致交通秩序混乱。

心理焦虑与电梯间的镜子

很多写字楼的电梯厅都会安装镜子，或者干脆采用镜面电梯门和内壁，恐怕很少有人想过这样设计的原因到底是什么（图2）。其实，这就是排队管理中的一种心理干预技术，其目的在于降低人们对等候时间的关注度。

"镜子法"起源于第二次世界大战后的美国，那时，众多摩天大楼拔地而起，为减少人们对电梯等候时间过长的抱怨，很多电梯厅里装上了镜子。这些镜子能分散人们的注意力，让人情不自禁地花时间审视自己的外表，尝试整理装束和容貌。在无法缩短等候时间的情况下，让人们"照镜子"很好

图2 采用镜面内壁的电梯

地发挥了减少抱怨的作用。

类似的转移关注点的心理战术还应用在其他不少领域。比如，机场托运行李的卸载和搬运都很耗时，很多人会抱怨下飞机后提取行李的时间过长。因此，有些大型机场就会"故意"设计漫长的旅客出场通道，让旅客下飞机后步行很久才能提取行李。这是"用步行时间来置换行李提取大厅的等候时间"，不仅减少了人们对提取行李时间过长的抱怨，还减少了行李提取大厅的人群积压情况。再如，有些城市会利用单行线绕行或禁止左转弯的方法来疏解交通压力，这是"用绕行时间来置换交通冲突点的排队时间"，降低了对道路等候空间的需求压力（静止的汽车队列的起动和疏通都更耗时），排解了驾驶人的心理烦闷，减小了由此引发的秩序压力。

等待是一种心理状态，会导致人们无聊和厌烦，进而引发行为失当。要管理人流，就要了解人们等待时的心理状态。很多时候，人们对人多、拥堵的抱怨都源于感知。设计人群流动管理方式时，要以人为中心，要考虑供需双方的心态。如果缺乏对人的行为特征的敏感性，就可能让排队变成灾难，最终导致一团乱麻。更可怕的是，当人群拥挤不堪时，很多管理者想到的不是"疏导"，而是把人"轰走"。

"先到先得""换队超越"与"路怒"

排队的人会非常关注排队的公平性，因此"先到先得"是维持排队队形的核心原则。如果一种排队方式导致公平性破坏，就会极大恶化排队感受。对道路交通而言，就意味着更多的"路怒"和混乱，进而引发更多延误。

并行队列是常见的排队方式，但不同队伍的前进速度不同，就会导致一些人想方设法地"换队超越"，道路上经常出现的"频繁换道超车"就属于同类问题。显然，"换队超越"违反了"先到先得"原则，后到的人可能因为选择了前进速度更快的队伍而超越了先到的人。受益者也许不会因此而沾沾自喜，但受害者肯定会大为光火，甚至诉诸暴力。"频繁换道超车"和"路怒"

其实就源于这一心理问题。为此，从技术角度讲，要谨慎采用并行队列和多车道平行并进的设计，特别是要尽量减小换道超车的可能性。因为这种行为破坏了公平性，而公平性又是人们评价服务质量和社会状态的关键标准。大多数情况下，要尽量开发和保障一条车道的运能（形成交通工程中的"关键车道"），同时利用辅助车道和设施，来分门别类地优化目的地不同的道路使用者的心理感受。

公平的蛇形队列

蛇形队列也许是迄今为止应对排队问题的最佳方案（图3）。采用蛇形队列时，所有人都会集中在单一队列中，而且总是队首的人先得到服务。至少在公平性感受方面，蛇形队列要明显优于并行队列，因为它恪守了"先到先得"的原则。我国很多银行采用的排号机，其实就是根据这一原理设计的，排号机给每个人发一个号，人们按排号顺序依次前往第一个空出来的窗口。管理车流时，需要占用更多空间和时间的"换道超车"行为，往往会导致大

图3 典型的蛇形队列

范围的干扰和拥堵。因此，通过在交叉口前增加更多车道来改善通行效率的做法，经常会事倍功半，进一步加剧混乱和抱怨。如果车流量很大，一条关键车道无法满足需求，不得不保持并行队列，就要考虑不同交通流的目的地，做好不同车道上的车流引导和控制工作。

如果排队空间受限，不得不采用并行队列，则要安排专人负责调度，确保队首的人总能先得到服务。很多超市收银处、机场安检口都会采用这种方式。道路上的分车道信号灯其实也具有相同的作用。

除了要考虑队形与公平性的关系外，信息的告知也很重要。排错队、选错车道后，当事人的感受可想而知，这很可能导致秩序混乱型延误，甚至交通事故。因此，科学设置行车道指示标志和目的地引导标志意义重大。任何情况下，管理人流、车流，都要关注排队的具体需求，包括及时准确的信息告知和因地制宜的心理疏导。在交叉口，我们的很多信号灯配时、交叉口渠化和行车道选择引导信息，都没有考虑用路人对信息传达方式和时间的需求，更没有考虑用路人的心理感受和承受力。这就是交叉口频繁陷入秩序混乱状态的主要原因。

登机方法对车流管理的启示

机场是最需要科学设计排队方式的地方。目前，值机和交运行李大多已经采用蛇形队列，安检也在逐步推行。但登机仍然是一道难题，因为登机时，不同座位号（目的地）的旅客会混在一起使用一条过道（主干道）前进，随后再分开，进而形成很多运动轨迹上的冲突，导致延误（图4）。这与目的地不同的车辆在主干道上通行，时不时有车辆要驶离主干道的情形很像。

登机系统的复杂程度与服务目标多样化有关，因为旅客有各种各样的需求。天体物理学家贾森·史蒂芬（Jason Steffen）设计了一种登机方法，让座位靠窗的旅客先登机，并且采用由后向前的顺序，这样能避免旅客拥挤在过

图4 典型的单队登机

道（主干道）中导致延误。还有一种更简单的方法，称作"Wilma Method"，让人们按座位类型登机，不分前后，先是靠窗的，再是中间的，最后是靠过道（主干道）的。这样让所有人立即进入机舱前往座位，能避免过道（主干道）阻滞，至少比目前很多航空公司按座位前后放人的方法要快。

上述两种方法有一个共同点，就是利用过道（主干道或主车道）旁的座椅间空间（支路或辅道）先容纳一部分人（交通流），尽快腾空过道（主干道或主车道），以减少延误。这其实就是交通管理中常说的"提高关键车道断面流量"。在多车道道路上，完全可以运用这一思路，先保障关键车道的流畅性，将那些因准备转弯而减速的车辆，尽早引导到辅助车道上行驶。

第七章

交通事故对策

01 预防交通事故要做好人因分析

在交通工程和交通管理领域，我们经常听到一个概念——人因，也就是人的因素。很多人习惯于将交通事故的原因归结为人因，那么，到底什么是人因？"人的因素"与"人的行为因素"有什么不同？厘清这些概念，对交通工程和交通管理工作都有重要意义。

人因的概念

驾驶机动车，从运动速度上看，是迄今为止人类个体在地面独自操作机械所能实现的最快运动形式之一。

在驾车高速运动时，人的感知能力、反应能力和操控能力，都受到驾驶任务需求的巨大挑战。当人的能力不足以应对这种挑战时，就会导致车辆失控，进而造成交通事故。导致驾驶人不足以应对驾驶任务的客观能力缺陷，就是交通工程领域所说的人因。

"人因"是个舶来词，源于英文"Human Factor"。这个词诞生于20世纪30年代，原指人在操作机械时，自身的自然属性导致的技术故障。可见，"人因"不是指人的行为或表现，而是指人在操作机械时导致损害事件发生的客观作用因素。按此逻辑，也许将"人因"称为"人本因素"更合适，以区别于人的行为因素。

请判断以下内容,哪些属于人因范畴?

①酒后驾驶

②忽略了红灯

③低估了道路的弯度

④失去对方向盘的控制

⑤突发心脏病

⑥车厢内有昆虫干扰

⑦过高地估计了道路的宽度

⑧低估了车辆的间距

⑨对道路弯度感到惊讶

⑩危险驾驶行为

⑪忽略了一个让行标志

⑫错误判断了道路的走向

答案是②③⑦⑧⑨⑪⑫属于人因范畴。总结来看,可以将人因理解为人与生俱来的弱点,而不是主观故意。

这恰恰与美国《统一交通控制设施手册》(MUTCD)所阐述的逻辑相一致:交通控制设施要考虑的对象是"通情达理和审慎的道路使用者",标志、标线、信号灯的设置,是使这一人群"能够合法而有效地使用街道、公路、行人设施和自行车道。"

如果我们对此理解不准确,将人的主观故意行为也囊括进人因范畴,就会因行为性质不同、针对性不强以及控制对象范围过广,而使交通管理措施丧失有效性。这正是为什么我国在交通管理领域,长期以来更多地将交通标志、标线、信号灯视为执法依据,而忽视了它们对道路使用行为的控制和引导价值的原因。很多情况下,这种错误认识也是导致行业人士不重视标志标线的根源,他们总认为标志标线改变不了违法行为。殊不知,标志标线更大的价值,是控制和引导"通情达理和审慎的道路使用者"的行为。

人因分析应遵循三大公理

道路设计和交通控制措施，都应当考虑人的能力和自然特点，因此"人因"的技术概念，在指导道路设计和事故原因分析上有着无法替代的重要作用。国际交通工程界总结"三大公理"，用来探究事故发生机理，改善道路通行条件，从而达到在前端预防事故的效果。

六秒公理

六秒公理指道路必须给人以充分的反应时间。一般驾驶人平均需要4~6秒才能完成驾驶行为的调整。车辆如果以100公里/时的速度行驶，6秒大约会驶出200米。用户友好型道路允许驾驶人进行调整以适应新的道路情况。

在道路上，任何关键变化点之前，至少要给驾驶人6秒的时间，比如在路口前、弯道前。在道路上，还要移除遮挡视距的障碍物，让驾驶人对路口的到来有预期。如果道路本身的条件无法满足在6秒之前就让驾驶人关注到这些情况，就需要利用标志标线进行提示，或从根本上对道路进行工程改造。

在我国，行道树和路侧绿植，很多时候会成为典型的视距遮挡障碍物，破坏路侧视距净空。当不符合六秒公理时，谨慎的驾驶人会选择降低车速。我们日常驾车上路，遇到的莫名其妙的车流减速和追尾事故，多数是上述原因所致。

视区公理

视区公理指道路必须给驾驶人安全的视区。机动车驾驶人的视区变化比任何其他运动都更频繁。视区可以使驾驶人稳定，也可以使其躁动，可以使其疲倦，也可以使其兴奋。单调或有强烈对比度的道路边缘地带，视觉和光线误导及视错觉，都会影响驾驶质量。

用户友好型道路，要避免路侧景观单调、视觉引导线断裂、视觉引导线与道路本身线形不一致等问题，还要避免有不顾道路方向和重点，或同时存在视觉吸引和干扰的问题。在英文中，视觉吸引物体有个很形象的名字叫"Eye-catching Objects"，直译是"抓眼球的物体"。

道理很简单，如果我们需要驾驶人去关注人行横道上的行人，但其视区范围内最抓眼球的却是人行横道附近上空的指路标志或霓虹灯广告，行人的安全就会受到严重威胁。

逻辑公理

道路必须遵循驾驶人的预期逻辑。驾驶人沿道路驾车行进时，必然带有心理预期或倾向性，这源于其过往经验或最近的观察理解。出乎意料的、非常规的因素，会打乱驾驶人基于心理预期建立的一连串下意识动作，导致其行为"磕绊"。处置干扰因素往往要耗费几秒时间，而这几秒时间有可能就是致命的。

这就好比你面对一段踏步高度不一致的楼梯，你的心理预期是用一致的抬腿高度匀速攀爬，但突然出现的反预期的踏步高度，很容易让你跟跄甚至绊倒。你攀爬的速度越快，跟跄的概率就越高。

道路设计者要设法使道路特征符合驾驶人的心理预期，要设法将那些无法避免的变化信息尽早、尽可能清晰地传递给驾驶人，以避免驾驶人因突然的变化而困惑。

驾驶任务难度过高，对驾驶人的能力要求超出一般人的应对能力范围，这种情况下的交通事故是难以防范的。我们今天面对的交通困境，无论交通事故频发还是交通秩序混乱，其实都源于道路上存在很多违背上述公理的因素。

因此，就交通安全而言，建立正确的人因概念并形成共识，是道路设计、交通设施改善及安全水平提升的重要前提。

02 预防交通事故的关键概念

重视驾驶任务需求、设法降低驾驶任务难度能有效防范交通事故

在驾驶人培训、道路设计和交通事故防范领域，有一个非常重要的技术概念，即驾驶任务需求。驾驶机动车是人操作机械，用速度克服距离障碍的过程，即完成驾驶任务的过程。有任务就有需求，完成任务的需求越大，难度就越大，也越容易导致事故。

正视驾驶人开车时面临的任务需求，提供容错条件来对冲驾驶任务难度压力

我们在进行车辆碰撞事故分析时，往往会忽视驾驶任务的难度，忽视事故发生前的过程，进而忽视触发事故的真正原因，将事故后果与人的错误直接联系在一起。这就很容易导致我们忽视人在驾驶车辆时所面临的需求挑战，同时也会忽视那些可以减少事故、降低伤害的因素。

人很容易犯错误，但判断错误甚至操作错误并不一定会导致事故，因为还有纠正错误的各种机会和因素，比如对方车辆的紧急避让、路侧净区的容错功能等。道路环境中具有容错概念的设置就是降低驾驶任务需求难度的具

体措施。就驾驶任务需求而言，有能力避险的心理预期和真实条件都非常重要，因此事故预防对策研究的重点是由车辆可控到车辆失控的过程，车辆失控的最初1~2秒未必会发生碰撞，这时是否有容错机会至关重要。

驾驶任务需求包括物理环境、车辆性能、速度，以及其他道路使用者等因素，驾驶人的能力受到生理特性、教育、培训、经验、个人能力等因素的影响。当驾驶任务需求小于驾驶人能力时，车辆可以受驾驶人控制；当驾驶任务需求超过驾驶人能力时，车辆就很容易失控。速度是驾驶任务需求的一个重要决定因素。

帮助驾驶人及时快捷地获得必要信息，以降低驾驶任务难度

驾驶任务由控制、指示和导航三个基础元素组成，忽视这三个基础元素中的任何一个都会出问题。

为完成驾驶任务，驾驶人需要从道路上的众多信息中采集必要的信息，完成对运动状态的判断。从道路上采集的信息主要包括：

1）驾驶过程中随路况变化的路面信息：交通标志标线、行车道和路肩宽度、渠化、道路容错条件（对道路容错空间的判读，例如车多人多路窄，容错条件差，驾驶人会降低车速，更慎重等），以及横向和纵向校准（驾驶人依靠周围视距判断自身位置、方向和速度）等。

2）途经道路的使用规则信息和与其他道路使用者的互动。

3）自车和他车的特点：各种车辆的尺寸、加减速能力、稳定性等。

4）与驾驶任务无关的刺激信息：引人注目的路边广告、风景和活动等，这些分散源影响很大，特别是在城市里。

在常规车速下，道路环境所提供的信息量通常远超人们所能处理的信息量，这还不包括驾驶人自发的注意力分散行为，比如操作车载音响、聊天、使用手机等。此外，在不同的时间段、天气、地理条件下，驾驶人的信息采集和筛选能力会遇到不同的挑战。

驾驶任务需求是一个复杂而庞大的"技术系统"。在复杂的条件下，如果希望驾驶人能高效率、高质量且从容舒适地完成驾驶任务，就要设法降低驾驶任务难度。最直接的低成本方法就是帮助驾驶人及时快捷地获得必要信息。如果忽视了这些要素，就可能出危险。

利用驾驶任务需求的概念防范交通事故

由于历史原因，长期以来，我们严重忽视了设法降低驾驶任务难度的重要性。这种忽视一方面体现在缺少研究如何向驾驶人提供有效信息的意识和机制，另一方面体现在缺乏吸引和释放驾驶人注意力的概念，缺乏专注于理解和调教道路使用者（主要是驾驶人）获取道路使用信息的方式，即道路使用者获取、理解信息，并将信息应用于驾驶任务的方法。

树立驾驶任务需求理念，积极引导驾驶人自我保护

美国在20世纪70年代初提出积极引导的概念，就是为了让人们树立驾驶任务需求的理念。时任美国联邦公路管理局局长蒂曼（N.Tiemann）在1973年的国会报告中写道："如果我们不能始终在危险时保护驾驶人，就必须向他们提供足够的信息，让他们能自己保护自己。"引导级的信息呈现，需要明确、清晰、显眼地满足识别视距的指标要求，以确保对速度和路径选择的科学决策性，避免危险。在积极引导的概念里，驾驶行为与道路环境构成了一个信息系统，一方是驾驶人作为操作因素，另一方是道路上正式和非正式的信息录入。

驾驶人培训应重视驾驶任务需求难度

重视驾驶任务需求难度，不仅有助于交通安全管理，还对维持交通秩序

大有裨益。例如，美国在培训/考核驾驶人向右侧并道时，会反复要求驾驶人必须先向右回头，使目光扫过右侧前车窗、B柱、右侧后车窗，进而观察右后方路况，确认没车时才可以开始操作，做不到就判定考核不通过。我们可以想象一下，如果一个驾驶人能将目光从正前方移开，就说明他确信前方路况是安全的，尽管在高速行车时向右后方扭头观察采集信息的过程并不舒适，但能大幅减少随意向右并道的危险行为，这就是对驾驶任务需求技术概念的巧妙利用，即通过增加驾驶任务难度来抑制随意变道的行为。

　　高速行驶、变换车道、转弯、泊车等，是驾驶任务需求的基本类型。在高速公路、多车道道路、超视区交叉口、秩序混乱处行车，以及从开阔道路空间进入小空间停车位等，驾驶任务难度都相对较大。在提出驾驶任务需求后，从削减驾驶任务难度方面入手，就有可能不断减少道路上的各种困难和风险，让交通事故越来越少，让驾车变得越来越容易。

03 减少交通事故需要设置专业交通工程管理部门

长期以来，一出现重大交通事故，我们的网络上就会掀起一番论战，在事故责任归属和事故原因上各说各理。

概括起来，参与论战的主要有两个阵营。一方是交管部门，他们认为，事故原因是道路存在设计缺陷，比如下坡过长、视距不足等，如果道路设计能更科学些，很多交通事故就可能避免；另一方是道路设计和建设部门，他们认为，道路设计和建设完全符合标准规范，事故原因是对人和车的管理不到位，世界上不存在绝对安全的路。

双方观点似乎都是客观事实，那为什么大家无法达成共识呢？

通过分析建路、养路、用路、管路这个链条就会发现，我们的道路交通运输管理体系，在职能部门设置上缺少了非常重要的一环，就是交通工程管理部门。在我们的工程概预算中，通常将交通工程归类为道路附属工程支出。由于交通工程没有被视为道路使用者安全使用道路的基础保障，这类项目往往是短期且非独立的。

什么是交通工程？维基百科中有一段话概括很到位：交通工程是土木工程的一个分支，在道路上使用工程技术手段实现人与货物的安全高效流动。它专注于交通流安全有效流动的研究领域，比如道路的几何布局、行人步道和横道、自行车道、交通标志和道路标线、交通信号灯。交通工程只针对交通运输系统的功能部分，而不牵涉道路的基础设施。

我们目前对交通工程项目的决策与管理过程相对混乱，有的在交管部门，有的在公路养护部门，有的在市政部门，有的要委托设计院或大专院校具体执行，缺乏专业、系统、持续的管控。

在一些地方，行政主管一句话就能修改道路使用方法，用绿化破坏路口的三角区视距，而不会经过交通工程师的专业调研和审核。更有甚者，在一些大型交通枢纽、高速公路建设项目中，交通工程设计被当作道路附属部分，随主体结构设计"白送"。既然是"白送"，怎么能指望交通工程师一周三四天、一月三四周地去持续采集流量数据，分析气候和路网，分析交通流特征和变化趋势呢？结果就是在设计标志标线、分车道等方面都靠抄图纸来应付。

我们有很多交通枢纽的道路建得像迷宫一样，这与在交通工程上不舍得投资、设计不专业有很大关系。忽视交通工程的直接后果，就是道路使用者要"凭运气"使用道路，而不会遵守科学的规则和方法，最终导致拥堵甚至事故。

每天在道路上巡逻执法的交警，发现了一些道路安全问题，比如边沟存在安全隐患、下坡过陡、人行横道位置不对、限速不合理、驾驶人找不到路等，却没有对应的机制来反馈和解决问题。结果是一出事故就被追责，由此导致了交管部门与道路部门的观点分歧。

此外，我们在道路建设资金与运营资金的分类上也存在问题。在固化的工程预算与结算制度下，在道路建设期内，资金保障相对充分，尤其是土建部分，但道路交付使用后，再申请交通工程资金就非常困难。由于交通工程只是附属项目，资金来源和规模都不稳定，无法支撑可持续的、熟悉本地情况的维护力量。

无论什么道路，建成后都可能要使用几十年。沿途的人口、单位、城镇等会发生变化，衔接的路网会不断扩大，人和车形成的交通流也会发生变化。比如，当下的交通流与20年前的交通流相比，在速度、规模、频率、车种等方面都有了翻天覆地的变化，如果工程技术措施不及时跟进，必然后患无穷。

那我们该如何调整呢？如果某个路段上新建了一家饭馆，中午和晚上新增了几十辆车的停车需求和交通流压力，该由谁来解决问题？只靠交警执法吗？

道路上的交通流管理，我们通常认为是交警的工作，车辆什么时候该停止、什么时候该减速、什么时候能转弯，都是由交警决定的，因为不按交警指示行车就会挨罚。这其实就陷入了一个误区。

交警的主要职责是执法，控制交通流本该是交通工程师的责任，而不是交警的责任。只有在突发紧急情况下（比如发生交通事故），需要打破常规控制交通流时，交警才应该接管交通流。

交通工程师要统计道路上的自由流车速，要采集各种与道路安全相关的要素，诸如停车视距、识别视距、三角视距、超车视距等，要观察交通流的类型和需求，要判断不同车道的功能配置，要评估标志标线的设置质量，要考虑行人使用道路和过街的方式，要考虑公交车停靠站的位置和方式，要考虑是调整左转弯车道的长度，还是调整信号灯配时，等等。这些工作会随本地经济发展和土地利用方式的改变而改变，是一个持续的动态过程。

反观美国的情况，交通工程管理部门遍布每一个县，且都配有熟悉本地道路和社会情况的专职交通工程师，他们每天审视自己辖区道路的使用情况，接受本地居民的问询和建议，调整道路使用方案，依据本地居民意见和需求审视道路改扩建工程方案，研究如何让每一个社区的居民都能安全高效地使用道路。此外，美国联邦政府交通部门还会定期为地方交通工程师提供专业技术培训，分享成功案例，更新设计规范，介绍前沿安全研究结论。

据资深交通工程师梁康之先生介绍，他所在的蒙哥马利县，仅为一个常规交叉口采集流量数据，就要花费约3万美元，通过派专人到现场一辆辆地数车，来决定车道配置方式，是否需要信号灯，如何做信号配时调整。像这样的针对一个交叉口的数据采集和措施评估工作，一般每两年就要做一次。

我们完全可以适当借鉴美国经验，尽快统筹建立交通工程管理职能部门，为真正用好道路资源夯实基础。

04 美国的低成本交通安全对策

道路交通运输在追求速度和效率的同时，也是在用安全作筹码。没有绝对安全的道路，但有越来越安全的道路。在交通安全问题上，人们一直在追求付出与效果的平衡。

美国道路交通安全服务协会总结了一套类似我国"生命防护工程"的低成本交通安全对策，在联邦公路管理局（FHWA）的支持下，向全美推广了16个对策案例。

对策案例1：减少车辆碰撞事故——改善道路标志标线

20世纪90年代初，美国加利福尼亚州Mendocino县交通局开展了一个交通安全核查项目，要求提高交通标志质量，增加交通标志数量，见图1。

此后，该县每年针对辖区内1600英里二级路中的1/3路段，检查交通标志缺失情况、反光亮度等，相应开展增加交通标志和升级反光膜工作。

1992—1998年，Mendocino县政府共投资79260美元进行改造，使19条监控二级路段上的交通事故量下降了42%，避免经济损失1258万~2373万美元。在没有改造的一批路段上，事故量上升了27%。该项目的投资收益比高达1∶159~1∶299。2004年，FHWA为表彰和推广该项目，特别资助了相关培训

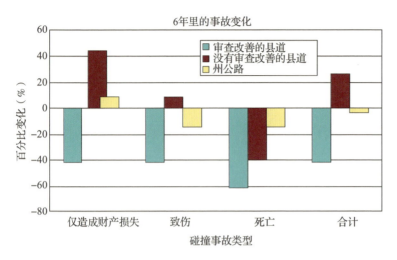

图1　Mendocino县1992—1998年的交通安全核查项目情况

会议。

该项目当前仍在进行，反光材料已经由高强级全面升级到钻石级。

对策案例2：降低弯道车速与减少车辆碰撞事故——增加道路轮廓桩和线形诱导标志

见图2，FHWA的研究表明，道路轮廓桩能减少15%的致命事故，6%的致伤事故，25%~58%的脱离路面事故；线形诱导标志能综合减少33%~49%的事故。堪萨斯州的研究表明，线形诱导标志能减少87%的致命事故，综合减少32%的事故。蒙大拿州的研究表明，线形诱导标志能综合减少25%的事故，减

a）道路轮廓桩

b）线形诱导标志

图2　道路轮廓桩与线形诱导标志

少35%的夜间冲出路面事故。

对策案例3：有效影响车速——在学校区域限速区间结束位置增加限速标志和黄闪灯

见图3，得克萨斯州的研究表明，在学校区域限速区间结束位置增加限速标志和黄闪灯，能减少15%~35%的超速现象。由表1和表2可以看出，穿越学校区域的车辆超速现象较多，设置限速标志和黄闪灯后，绝大部分路段的状况有一定改善。

图3　学校区域限速区间结束位置的限速标志和黄闪灯

表1　学校区域限速情况

位置	校区路段长度/英尺	限速值/(英里/时)		穿越路段形式
		常规	校区	
1	2675	45	30	4车道+双向左转车道
2	1820	45	30	2车道+双向左转车道
3	1750	50	30	4车道+双向左转车道
4	1000	35	20	2车道+双向左转车道
5	1265	35	20	4车道+双向左转车道

表2　穿越学校车辆超速比例　　　　　　　　　　　　　　（单位：%）

位置	到学校区域限速路段结束位置的距离/英尺									
	500		400		300		200		100	
	之前	之后	之前	之后	之前	之后	之前	之后	之前	之后
1	70	59	78	70	80	71	80	73	82	73
2	—	—	78	74	79	77	76	79	76	75
3	91	82	90	81	89	81	88	78	86	69
4	34	29	43	28	45	33	46	35	47	34
5	—	—	47	37	52	43	51	42	55	46

对策案例4：降低车速与提高驾驶人遵守规则的比例——使用车速反馈仪

见图4，得克萨斯州Del Rio市的研究表明，设置移动车速反馈仪后，穿越学校区域车辆的超速比例从81%下降到18%。圣地亚哥市警察局调研发现，在限速20英里/时的学校区域内使用移动车速反馈仪，使穿越车辆的超速比例从77%下降到20%。休斯敦市的经验研究表明，90%的驾驶人会在限速20英里/时的学校区域超速，使用固定车速反馈仪后，这一比例下降到15%。

a）移动车速反馈仪　　　　　　b）固定车速反馈仪

图4　在学校区域使用车速反馈仪

对策案例5：提高驾驶人遵守交通规则的自觉性——增加道内行人过街提示标志

见图5，在低车速区设置道内行人过街提示标志，告知驾驶人有行人过街，以及相应的操作规则，可以有效提高驾驶人遵守交通规则的自觉性。纽约市在7个限速地区（限速值≤30英里/时，平均日车流

a）州法律，行人在　　b）州法律，行人在
斑马线上时，让行　　斑马线上时，停车

图5　道内行人过街提示标志

量7200~15500辆，双车道）的研究表明，设置提示标志后，遵守交通规则的驾驶人比例提高到16%。

华盛顿州Redmond地区在13个路段（限速值≤30英里/时，双车道）设置了道内行人过街提示标志，遵守限速规则和停车避让行人的驾驶人比例由19%~67%，提高到68%~98%。

对策案例6：提高双车道安全性——施划路侧边线以增加路肩宽度

见图6、表3，提高双车道安全性的主要措施是施划路侧边线，以边线的形式营造出一部分路肩。俄亥俄州交通局的研究表明，增加路肩宽度（至少20英尺宽），可以净减少19%的交通事故，37%的死亡交通事故，63%的道路连接点交通事故，35%的夜间交通事故。堪萨斯州的研究表明，施划路侧边线减少了78%的死亡交通事故和46%的道路连接点交通事故。

图6　增加道路边线外侧路面宽度

表3　有无道路边线的平均事故率对比

水平线形调整	平均事故率（百万车英里）	
	有道路边线	无道路边线
无调直处理	1.50	1.63
直线	1.70	1.81
弯道	4.30	5.80

对策案例7：提高道路安全性——增加道路纵向标线宽度

新泽西州Morris县于1981年开始使用8英寸（约20.32厘米）宽标线，对比

1980年的交通事故数据，致命和致伤交通事故量下降了10%，其他交通事故量下降了33%。

FHWA的研究表明，如果道路总里程是1000英里，每年只要减少8起边线交通事故，就可以收回加宽标线的成本。

阿拉巴马州交通局推荐，在日均车流量2000~5000辆的24英寸宽双向道路上，特别是经常下雨的地区，使用8英寸宽标线可以明显降低交通事故率。

对策案例8：减少双车道相撞事故——使用反光凸起路标（反光道钉）

据美国国家公路交通安全管理局（NHTSA）统计，90%的致死交通事故发生在双车道公路上。20世纪70年代末，佐治亚州交通局在662个平面弯道中线上设置了反光凸起路标，使夜间事故减少了22%，见图7。

图7　使用反光凸起路标

俄亥俄州在187个事故多发路段（平面弯道、窄桥、叉路口和停车后准行区）设置了反光凸起路标，针对这些地区设置路标前后发生的3320起交通事故进行分析，发现总交通事故率下降了9%，致伤交通事故率下降了15%。

20世纪90年代末，纽约州交通局在没有照明的路段和乡村公路的事故高发路段设置了反光凸起路标。根据对20处交通事故点的研究，总交通事故量减少了7%，夜间交通事故量减少了26%，雨夜交通事故量减少了33%。此外，引导缺陷导致的交通事故量（侧滑、冲出路面、正面碰撞等）减少了23%，夜间同类交通事故量减少了39%。新泽西州交通局的研究表明，反光凸起路标的安全投资回收比高达1∶15.49~1∶25.51。

对策案例9：减少冲出路面的事故——在路肩和边线上使用振动标线

密西西比州交通局在Larmar县的双车道边线上设置了振动标线，使交通事故率下降了25%，见图8。在对619位驾驶人的调查中，88%的人认为应该使用振动标线。华盛顿州Kitsap县在乡村公路上使用振动标线保护自行车，取得良好效果。得克萨斯州交通局的结论是，根据边线宽度的不同，振动标线的成本效益比为1∶2~1∶221，交通流量越大越划算，见表4。

图8　路肩边线上的振动标线

表4　4种日均车流量范围和7种路肩宽度范围的成本效益比

日均 车流量/辆	路肩宽度/英尺						
	0.0~1.5	2.0~2.4	4.5~6.0	6.5~8.0	8.5~9.0	9.5~10	>10.0
≤1500	125∶1	111∶1	108∶1	153∶1	115∶1	100∶1	2∶1
1500~2999	111∶1	123∶1	113∶1	93∶1	91∶1	73∶1	120∶1
3000~4499	57∶1	76∶1	127∶1	149∶1	139∶1	90∶1	221∶1
≥4500	96∶1	199∶1	102∶1	161∶1	144∶1	200∶1	60∶1

对策案例10：减少正面和侧面碰撞事故——在中线上使用隆声带

2004年，美国有57%的致命交通事故发生在乡村公路上，其中90%发生在双向车道公路上。为此，FHWA推荐通过在中线上设置隆声带来改善安全性，见图9。

特拉华州对一段2.9英里长的道路设置中线隆声带前3年和后6年的数据进行了对比，

图9　中线隆声带

发现正面碰撞事故减少了90%，侧面碰撞事故减少到零。

1996年，科罗拉多州在一段17英里长的道路上设置中线隆声带后，对比设置前数据，正面碰撞事故减少了22%，对面相向碰撞事故减少了25%。

加利福尼亚州等7个州对210英里长的道路（日均车流量为5000~22000辆）上98个事故点进行观测后得出结论，设置中线隆声带使交通事故率降低了14%，正面碰撞事故减少了21%。

对策案例11：提高标线可视性——在隆声带上增加道路标线

密歇根州对在隆声带上施划标线措施跟踪1年后得出结论，全天候标线可使隆声带的视认性提高6~20倍，见图10。得克萨斯州交通研究所的研究表明，隆声带+标线组合与普通标线相比，可增加25英尺的视认距离，前者的结构拥有更好的排水性能。

图10　隆声带上增加标线后的白天和夜间效果

对策案例12：为驾驶人提供地平面信息——在路面上水平施划标志

得克萨斯州交通局在乡村公路一个限速55英里/时的标志下游400英尺位置路面上，施划了弯道和减速提示标志，使车辆的平均入弯速度由61英里/时下降到59英里/时，见图11。另有一项在城市四车道公路上开展的

图11　水平施划的路面标志

研究，限速55英里/时的道路，施划路面标志前后情况差异显著，施划前只依靠标志牌的违章率为94%，平均车速为66英里/时，施划后平均车速降低到59英里/时。此外，在道路上施划箭头标志后，走错方向的事件从387件下降到28件，改善率达到93%。

对策案例13：降低车速和减少碰撞——使用线形诱导标线

明尼苏达州Eagan市一个限速30英里/时的居民区路口，1997年施划线形诱导标线后，平均车速由41英里/时下降到35英里/时，见图12。

图12 线形诱导标线

威斯康星州85号公路的一个分流路口，施划线形诱导标线20个月后，通行车速由69英里/时下降到53英里/时，交通事故减少了43%，重型车辆交通事故减少了86%（从7起减少到1起）。

对策案例14：减少公路铁路交叉口的违规穿越——纵向渠化路口

佛罗里达大学的一项研究表明，设置渠化隔离设施前后，路口绕过栏杆违规穿行的车辆，由每2194辆中有25辆，变为每1246辆中有1辆，见图13。北卡罗来纳州的一个为期20周的观察研究表明，设置渠化隔离设施前后，路口违章穿行事件由每周43起减少到每周10起，下降幅度达77%。

图13 路口渠化隔离设施

对策案例15：减少恶性脱离路面事故——使用路边缆索护栏

NHTSA的32项研究表明，缆索护栏可减少约45%的致命交通事故和50%的致残交通事故。目前，美国使用的缆索有松散型和紧绷型之别，也有成本较高的弹力型，见图14。

图14　路边缆索护栏

对策案例16：减少迎面穿越型对撞事故——使用路中央缆索护栏

20世纪90年代，华盛顿州政府出于节省开支的考虑，在25英里路段的三个位置放弃使用水泥墩等高成本拦挡设施，改用缆索护栏，使穿越型交通事故减少了76%（安装前每年16起，安装后每年3.8起），见图15。

图15　路中央缆索护栏

1999—2000年，南卡罗来纳州有57起穿越型交通事故，造成70人死亡。2000年后，州政府在315英里中央隔离区小于60英尺的公路上，设置了中央缆索护栏，3年内成功拦挡1913辆车，只有15辆车冲过护栏，造成8人死亡。每次修复成本只有1000美元。

2001年9月，俄克拉荷马州政府在一段7英里的路段上设置了中央缆索护栏，该路段1996—2001年共发生22起穿越型交通事故，死亡10人。自设置护栏开始到2004年5月，共发生238起冲撞护栏事故，只造成3人受伤，无死亡记录。每次修复成本只有270美元。

05 美国交通事故成本构成元素

交通事故成本分析与统计，是一项要求思维缜密并具备跨学科能力的技术工作。除交通安全领域的知识和技术外，还需要统计学、经济学、医学、社会学、财务、保险等方面的知识。本文介绍一些美国交通事故成本构成的要素，以帮助读者认识这项工作的复杂性和重要性。

交通事故综合经济成本统计意义

尽管美国在50年前就已经开始尝试建立交通事故的记录统计体系和经济分析体系，但时至今日也没能建立起全国统一的交通事故成本测算和分析系统。联邦政府在这方面所做的工作，是从建议和指导的角度，推动各州根据自己的情况建立事故成本分析体系，并通过采用一套规则来使各州的统计数据能相互换算和比对，最终完成全美的交通事故综合统计和比对。

推动交通事故成本分析与统计的一个重要原因，是安全改善项目能降低一个或多个地点的交通事故发生频率或严重程度，是一种用经济手段置换安全的努力。每个项目都要在经济上具有合理性，即项目的效益（例如预测的交通事故减少）总额应超过实施项目产生的费用总额（例如工程建设、维护、用户为改变所要支付的费用等）。交通事故成本是对事故改变的情况（即投资收益)进行货币形式的量化,以便与安全改善的成本进行经济比较。

交通事故成本包括四项非常重要的基础工作,以下逐一介绍。

明确交通事故基础成本概念和估值对照方法

为进行交通事故综合成本统计,首先需要建立交通事故单位成本概念、伤人型交通事故单位成本概念,并将这种单位概念贯穿于成本效益分析全过程。由于各州的交通事故单位成本是不同的,只要有可能,还要根据联邦政府的国家估值进行调整。需要注意的是,使用交通事故单位成本要有一致性和连贯性,否则就无法进行有效的趋势比较。表1是美国联邦公路管理局(FHWA)在公路安全成本效益分析指南工具中使用的综合交通事故单位成本。

表1 综合交通事故单位成本(2016年美元计价)

严重程度	综合交通事故单位成本/美元
K(致命伤)	11295400
A(疑似重伤)	655000
B(疑似轻微伤)	198500
C(可能伤害)	125600
O(无明显伤害)	11900

表1中的K、A、B、C、O分级模式(KABCO模式),是美国各州警察使用较多的一种典型交通事故严重程度记录模式,各级含义如下。

- K级:致命伤(Fatal injury),从涉车交通事故发生开始的30天内,有至少1人死亡。如果事故发生后初次定级未定为K级,但30天内伤者去世,则要改为K级。
- A级:疑似重伤(Suspected serious injury),人未死亡,但有以下伤势结论,严重的撕裂,导致潜在的组织、肌肉、器官的暴露或大量失血;四肢骨折或扭曲,(手臂或腿)粉碎性伤害;疑似颅骨、胸部或腹部受重伤,不仅有淤伤或小开裂伤;严重烧伤(身体10%或以上的Ⅱ度或Ⅲ度烧伤);从事故现场抬离时失去知觉;瘫痪。

- B级：疑似轻微伤（Suspected minor injury），在事故现场可以明显发现的任何伤害，但非致命伤或重伤。例如头部肿块、擦伤、瘀伤、轻微撕裂（即皮肤表面的伤口，出血很少，没有暴露较深的组织和肌肉）。
- C级：可能伤害（Possible injury），报告或宣称的任何伤害，非致命伤、疑似重伤或疑似轻微伤。例如短时丧失意识、宣称受伤、一瘸一拐，或抱怨疼痛、恶心。可能是伤者自己报告，也可能是伤者的行为表现像受伤，但没有显而易见的伤口或伤害。
- O级：无明显伤害（No apparent injury），没有明显伤害，没有理由相信该人在机动车交通事故中受到任何身体伤害的情况。没有人身证据表明受伤，该人没有报告正常生理功能有任何变化。

在伤害级别编码里，A、B、C级都是非致命伤，非致命交通事故则是A、B、C、O。正式文件里，O级事故经常称作PDO，指交通事故仅造成财产损失。在美国，还有一些州有U（Unknow）级交通事故，意思是不知道是否有伤害和伤害程度，具体取决于各州的法规。美国国家公路交通安全管理局（NHTSA）为了通览各州的报表统计数据，对严重伤害提供了转换参照表，以便参照尚未使用KABCO模式的州的数据。

统一专业术语建立基础共识

为规范交通事故的统计记录用语，首先统一了一批专业术语，以便横向工作。

- **交通事故**（Crash，有碰撞之意，考虑国内习惯认知，本文统一译为交通事故，指道路上的涉车碰撞事故）：可能涉及多辆车、多位车辆乘员和非乘员的事故。每次交通事故至少包括1名涉案人，可能包括1项或多项伤害。每次交通事故中受害者的最大伤害严重程度决定了事故的总体严重程度。
- **交通事故成本**（Crash cost）：对一些关于交通事故的损失和影响用货币形

式进行量化估值，可能是交通事故的成本、每次受伤的费用或其他费用。

- **交通事故费用构成部分**（Crash cost components）：碰撞成本的各个方面，例如医疗费用、财产损失费用。

- **等效财产损失**（Equivalent Property Damage Only，EPDO）：使用同等数量的财产损失型事故（PDO）成本做权重，来计量交通事故成本严重程度的方法。例如，给定1000万美元的致命碰撞单位成本和10000美元的PDO单位成本，那么致命事故的EPDO权重就是1000，因为致命的交通事故单位成本相当于1000个PDO成本。EPDO近似于交通事故成本，而且对年度更新的依赖程度不高，只是不能与其他货币利益或成本相比较。

- **发生率**（Incidence）：在一定时期内，辖区内发生交通事故或受伤的频率。

- **伤害**（Injury）：所有人在交通事故中都可能遭受多处严重伤害。受伤人员通常按伤势严重程度分类。伤害通常指一个人遭受的个人伤害。在统计中，个人伤害泛指每人。

- **涉案人**（Involved person）：包括在车祸事件中的人，作为驾驶人、乘客、骑自行车的人或行人（即不仅是证人），他们可能在车祸中受伤或未受伤。

- **受伤者**（Person-injury）：受伤人员的数据。尽管一个人可能在车祸中多部位受伤，但"受伤者"一词有助于澄清伤者数量，避免多重统计。每位受伤者都只能计算一次，是因为这些费用是按每位受伤者计算的，而不是对一个人受到许多潜在伤害做分别考虑。受伤者是按每个人遭受的最严重的伤害分类。

- **单位成本**（Unit costs）：每次交通事故的具体成本值（即交通事故单位成本）或每次伤害或涉案人员的成本值（即受伤者单位成本）。单位成本可以按严重程度、类型或两者都考虑进行分类。

- **未加权成本**（Unweighted costs）：按分解严重程度和类型分列的交通事故估算成本。

- **加权成本**（Weighted costs）：对估算的交通事故单位成本或受伤者单位成本，在两种或两种以上的交通事故类型或严重程度级别中进行平均或混合得出的成本。例如，对死亡型交通事故的成本和严重伤害型交通事故的成本，按相应交通事故比例进行加权平均，以制定一个加权成本，用于表现所有致命和严重伤害交通事故的成本。加权成本分为使用K/A表示的致命和严重伤害加权成本，和使用A/B/C表示的非致命伤害加权成本。

对经济成本进行综合概括分类和定义

从成本类型上说，交通事故会造成有形和无形后果：有形后果或经济成本，可以直接用货币来衡量，例如医药费、工资损失；无形后果，例如在车祸中受伤的人的身体痛苦和情感痛苦等，构成了交通事故的其他影响。无形后果可以通过质量调整寿命年（Quality-Adjusted Life Years，QALY）的方法进行货币化表示。因此，经济成本（也称人力资本成本）是交通事故影响的货币量化形式，包括与碰撞应对、财产损失和医疗费用有关的货物和服务支出等。在交通事故的经济成本中，还包括因受害者总体健康状况下降而给个人和社会造成的直接和间接成本，由以下部分组成：

1）警方在事故现场提供的紧急服务、紧急医疗服务（Emergency Medical Services，EMS）、消防服务和事件管理等。

2）在急诊室、医院为住院病人和门诊病人提供的医疗服务，医院外费用（例如理疗、康复、处方、假肢、家庭改装），以及出现死亡情况下的验尸官服务。一些研究将紧急医疗费用纳入医疗费用。

3）以现值表示的受害者剩余寿命期工资损失和附带福利等组成的市场生产力损失。

4）由于丧失履行正常家庭责任的能力（即与受伤或死亡的受害者和为照顾交通事故受害者的其他家庭成员有关的能力）造成的家庭生产力损失，相当于为完成相同的任务而雇佣一个人的现值。

5）保险管理部门处理事故造成的保险索赔（例如医疗费用、债务、残疾、劳资补偿、福利付款、病假、财产损失、人寿保险），以及辩护律师的费用。

6）因员工缺勤而产生的工作场所费用（例如新员工再培训、加班完成受伤员工的工作、管理人事变动）。

7）因法院履行司法程序而产生的法律费用和车祸引起的民事诉讼费用。

8）因行程延误而对非事故涉案人员造成的拥堵影响，例如燃料消耗和污染增加等。

9）对车辆、货物、道路和路侧设施造成的财产损失。

10）非致命伤害的损失估值。

非致命伤害造成的无形后果主要指丧失生活质量。失去的生活质量可以通过估计人们对自身寿命的价值估值来量化（即通过确定人们为避免死亡或受伤风险而付出的代价，往往基于市场选择的公开偏好，例如决定购买更安全、更昂贵的防护装备或设备），然后量化因交通事故而损失的全寿命周期中的部分。其中有两个基础数据，一个是全寿命周期的统计价值，另一个是QALY。统计寿命价值（Value of a Statistical Life，VSL）是基于支付意愿的寿命估计价值，以货币价值形式来反映为避免一人死亡而支付的成本。VSL不是对生命的评价（平均实际寿命），相反，它是风险降低的估值，不包括经济成本。

为非致命伤害损失估值的直接指标是QALY，它是在VSL的基础上，根据健康问题的持续时间和严重程度决定的成本概念。与健康相关的生活质量评级数字量表，由代表死亡的0值到代表完美健康的1值不等。美国交通部（USDOT）的统计寿命价值指南采用最大缩写伤害量表（MAIS）确定了非致命伤害水平的相对对冲因素。这样，在建立了折损率和全寿命价值概念的基础上，就可以根据不同等级的伤害和年龄等条件，做出非致命伤害的估值。

交通事故综合成本（又名社会交通事故成本）是有形影响（即经济成

本)、货币化伤痛和苦难的结合。测算综合成本的目的是确认交通事故造成的所有影响。

对事故伤害严重程度建立货币计量基础和规则

在反映伤害程度的方法上,除KABCO计算法外,美国还有些州采用了伤害简化量表(Abbreviated Injury Scale,AIS)。

AIS是汽车医学促进协会开发的整数量表,用于对个人伤害的严重程度进行评级。AIS包括流行的医学术语,提供了国际公认的基于解剖学的工具,来为伤害严重程度排序。见表2,AIS按个人伤害的相对严重程度进行6级分类,其中,1表示非常轻微的伤害,6表示目前无法治疗的伤害。0表示没有伤害,9表示伤害级别未知或不可分类。医院和机动车交通事故调查人员(例如国家公路交通安全局、公路安全保险研究所)采用AIS对实际伤害进行分类,也包括据此数据改进车辆设计等。

AIS是针对伤害个案的计量工具,而对在碰撞事故中受伤最重的人的计分(Maximum Abbreviated Injury Scale,MAIS),表示的是事故伤害级别。

表2 伤害简化量表(AIS)的伤害代码

序号	伤害	示例	死亡可能性(%)
0	无(None)	无伤(No injury)	0
1	小伤(Minor)	浅表撕裂(Superficial laceration)	0
2	一般伤(Moderate)	胸骨骨折(Fractured sternum)	1~2
3	重伤(Serious)	开放性肱骨骨折(Open humerus fracture)	8~10
4	严重伤(Severe)	气管穿孔(Perforated trachea)	5~50
5	危重伤(Critical)	肝脏与组织破裂(Ruptured liver with tissue loss)	5~50
6	极限伤(Maximum)	主动脉全分离(Total severance of aorta)	100
9	无进一步说明(Not further specified)	N/A	N/A

表3~表5有助于更好地理解这种统计思路。

表3 《公路安全手册》不同严重程度交通事故单位成本参照（2001年美元计）

交通事故严重程度（Crash severity）	交通事故单位经济成本（Economic crash unit cost）/美元	质量调整寿命年单位成本（QALY crash unit cost）/美元	综合单位成本（Comprehensive crash unit cost）/美元	等效财产损失权数（EPDO weights）/美元
死亡（Fatality）（K）	1245600	2763300	4008900	542
致残（Disabling injury）（A）	111400	104600	216000	29
明显伤害（Evident injury）（B）	41900	37100	79000	11
疑似伤害（Possible injury）（C）	28400	16500	44900	6
仅财产损失（PDO）（O）	6400	1000	7400	1

表4 《公路安全手册》的各类交通事故单位成本参照（2001年美元计）

交通事故类型（Crash type）	单位经济成本（Economic crash unit cost）/美元	综合单位成本（Comprehensive crash unit cost）/美元
灯控交叉口追尾（Rear-end, Signalized intersection）	16700	26700
非灯控交叉口追尾（Rear-end, Unsignalized intersection）	10900	13200
侧撞/超车（Sideswipe/Overtaking）	17600	34000
灯控路口角度碰撞（Angle, Signalized intersection）	24300	47300
非灯控路口角度碰撞（Angle, Unsignalized intersection）	29700	61100
交叉口行人/自行车（Pedestrian/Bike at an intersection）	72800	158900
非交叉口行人/自行车（Pedestrian/Bike, Non-intersection）	107800	287900
灯控路口对撞（Head-on, Signalized intersection）	15600	24100
非灯控路口对撞（Head-on, Unsignalized intersection）	24100	47500
撞击障碍物（Fixed object）	39600	94700
其他/未明确（Other/Undefined）	24400	55100

表5 《公路安全手册》不同严重程度交通事故单位成本参照更新版（2016年美元计）

交通事故严重程度（Crash severity）	交通事故单位经济成本（Economic crash unit cost）/美元	质量调整寿命年单位成本（QALY crash unit cost）/美元	综合单位成本（Comprehensive crash unit cost）/美元	等效财产损失权数（EPDO weights）/美元
死亡（Fatality）（K）	1688100	4052000	5740100	568
致残（Disabling injury）（A）	151000	153400	304400	30
明显伤害（Evident injury）（B）	56800	54400	111200	11
疑似伤害（Possible injury）（C）	38500	24200	62700	6
仅财产损失（PDO）（O）	8700	1400	10100	1

有了上述基础参数，就可以根据各种事故记录数据库的数据，对全国的交通事故成本进行有效统计。美国的交通事故数据库体系庞大，记录了各种交通事故的类型、严重程度、发生位置和特征等信息。

总之，无论道路建设，还是车辆生产与研发，第一核心主题都是安全，而安全不是免费的，是要付出代价的，这是一种科学的发展意识。在高速发展和大规模投入的时代，如果能尽早建立这种重要的经济概念，就能为更好地分配资源、提高道路交通安全管理能力，提供重要的政策支撑和技术保障。

06 审视我国高速公路的安全通行条件

本文从软条件和硬条件两方面，来探讨我国的高速公路安全通行条件。

完美驾驶与容错空间

众所周知，高速公路上车速是非常快的。熟悉驾驶任务与需求模型的朋友应该知道，车辆行驶速度越高，驾驶任务难度越大，对驾驶人的能力要求也越高。客观上要求驾驶人判断路况准确、及时，采取措施正确且有力。但是，有了这些就一定不会出事故吗？答案显然是否定的：除非是完美驾驶，否则还是可能出事故。因此，在设计高速公路时，制定行驶规则的过程中就要考虑一个相对的容错空间，容错空间越大，驾驶人出错后自救的成功概率就越高。从这个角度讲，我国的高速公路提供给驾驶人的容错空间是严重不足的。

20世纪60年代，美国的国家规范就提出了"路侧净区"概念，其基本理念是为驾驶人提供一个操作失误时可以完成自救的空间。研究发现车辆时速100公里时，平坦道路的路侧如果有约30英尺（约9米）宽的净区，大约85%的驾驶人就能在出错时完成自救，而时速110公里时，路侧净区的宽度要达到38~46英尺（12~14米）。我国的公路设计技术里也有相似概念，但在执行时，出于种种原因，特别是路权的原因，路侧净区在很多地方都被"牺牲"了，其中最严重的就是高速公路。我国高速公路行车道的右侧外,往往只设计了宽度有限的硬路肩,有些甚至连硬路肩都没有,随后就是波形护栏。路内侧也是,车道与中央护栏间的距离非常近,这种设置方式等于强制压缩了驾驶人遇险时的自救空间。尽管笔者无法获得一手的事故数据资料,但看看许多碰撞事故的处置场景,受困车辆没有腾挪空间,消防员甚至要负重长跑才能抵达现场,就会知道容错空间有多么匮乏。

我国的高速公路,无论是穿越繁华市区还是农田荒野的路段,大多设置了具有高弹和导向能力的波形护栏,用于阻止车辆冲出路面。这个看似安全的措施其实需要满足一个非常重要的前提,就是无条件地阻止车辆不冲出路面,相比有条件地让车辆冲出路面更有价值。然而,在大部分现实情况下,车辆冲出路面往往只会形成单车事故,而留在路面上则很可能造成数辆甚至数十辆车的连续撞击事故。看看我国大部分高速公路的路外侧空间,这种阻挡式装置的安全价值和经济价值都非常值得商榷。

超车视距和超车道的保护

在我国刚刚有高速公路时,是有超车道和行车道之分的,这是当年引进高速公路技术时,一项非常重要也非常有价值的安全考虑。但随着经济的发展,车辆的增多,整个行业逐渐忽视了超车专用道在高速公路上的安全价值。

我国的高速公路主路面车道外两侧都是没有安全净区的,因此变道超车等不规律驾驶行为更需要一个空间来释放危险性,超车道的作用正在于此。

大多数发达国家在设计道路时,对超车视距都有详细且明确的指标规定。比如在美国和加拿大,要求时速100公里时的超车视距要达到约650米,时速120公里时的超车视距要达到约800米。国际道路联合会年鉴对世界范围内的超车型事故进行统计后发现,超车视距不足400~600米时,事故率会大幅提高。

目前,我国的高速公路没有专用超车道,也没有强制要求慢速车在右侧车道行驶,当小型车快速接近大型货车,或空驶大型货车接近满载大型货车时，由于前方视距大幅压缩，借道超车成为很多驾驶人的必然选择。如果此时有车辆长时间占据最左侧车道，就等于压缩了超车视距，其危险性可想而知。一旦超车时发现危险，又没有空间可供躲避，向右侧车道紧急变道就形成了巨大威胁。很多大型货车遭遇超越车辆的突然变道后紧急转向，进而导致躲避型侧翻和碰撞事故，就是超车视距不足，超车道缺乏有效保护所致。这也是为什么很多国家要求车辆首先要靠右侧车道行驶，只有在右侧车道饱和的情况下，才可以使用左侧车道的原因。长期占用左侧/内侧车道的驾驶方式，在缺乏路侧净区的高速公路上，是应该被严格禁止的。

车辆自身安全行驶条件与加强执法检查力度

主动型和被动型灯具，是车辆的重要预防型安全技术。特别是在不良视认条件下，开启全车灯光是基本的安全常识和技术要求。这也是联合国推动货车安装高规格车身反光标识的主要技术原因（联合国及欧盟技术标准ECE R104）。俄罗斯曾历时3年对94家运输企业的3万辆货车和大型客车进行跟踪比对，发现车身反光标识可使综合事故率下降67%，死亡事故率下降62%。我国近年开始采用车辆年检的社会化服务，引入竞争机制，这本来是积极变化，但由于执法水平和力度没有跟进，且技术手段落后，导致车检企业为争抢客源而在安全标准的执行上妥协放任，最终使一项事关人民生命安全的技术规范流于形式。很多货车驾驶人不重视车身反光标识的使用，这是导致货车事故多发的重要原因。从执法和监管角度看，要么宽进严出，要么严进宽出，两头都放，则贻害无穷。

高速公路安全视距维护与反光材料优化

安全视距，是全天候、全路况的安全行车要素。视距不足时，就要降低车速，以满足新的视距要求，这是基本的限速常识。1995年，美国交通部为解决强阳光、雨/雾/雪天气导致的视认困难问题，特别推动了荧光黄绿钻石级反光材料的应用。这种材料能改变紫外线波长，使不同色光叠加在可见光范围内，大幅提高了交通标志和相关设施的视距。日本的一项海岸公路研究表明，在多雨雾的天气条件下，警告标识采用荧光黄绿钻石级反光材料，相比采用一般反光材料，视距提升了三倍。我国在2012年版的反光材料国家标准里，已经引进了相关技术，但至今推广范围仍然有限。与这一技术标准同时引进的，还有解决大角度视认问题的门架标志和大型路侧标志反光材料技术，用于改善车辆，尤其是大型货车驾驶人的视认条件，降低他们对设施照明的依赖程度。

路漫漫其修远兮，我国的道路建设和公路运输在很短的时间里实现了飞跃式发展，这与交通人的勤奋和努力是分不开的，也是需要尊重的。接下来，我们还有更宏伟的路网建设与完善计划，也有像生命防护工程这样的安全改善计划，如果能尽早将这些安全理念融入道路建设和完善工作中，于国于民，善莫大焉。

我国亟需健全交通事故数据统计体系

国家视角的交通事故损失

交通事故损失一般会占到一个国家国内生产总值（GDP）的1.5%~3%。2021年，我国GDP为114.37万亿元人民币，按此测算，交通事故损失可能超过3万亿元人民币。然而，面对如此规模的损失，我们还没有建立一套全面的交通事故数据统计和分析体系，去跟踪和评价相关改善措施。

我国大力投资建设公路网，全面迈向汽车社会只有20多年时间，1996年的公路投资规模首次达到GDP的2%。这与美国自1956年出台《联邦公路资助法案》开始，利用2%的GDP启动全国公路网建设，用20年时间建成世界第一大公路网的节奏几乎如出一辙，只是时间相隔了40年。

美国在1966年出台了《道路交通和车辆安全法案》，1968年成立了国家公路交通安全管理局（NHTSA），1975年正式推出了全国交通事故数据统计和分析系统，即"死亡事故分析报告系统"（Fatality Analysis Reporting System，FARS）。此后，经过30余年发展，美国的交通事故数据统计体系逐渐完善，形成了一套包含8个数据系统，由点到面、深浅结合的交通事故数据国家统计体系，为道路交通安全、经济投资计划、车辆生产和安全措施投入等提供了全面的数据和研判支持。

在机动车保有量和道路交通经济体量上，我国已经仅次于美国。对于交通事故数据采集的规模和难度，我们的认识还明显不足。对美国现行交通事故数据统计体系进行全面深入研究，有利于提高我们的建设效率，甚至可能帮助我们实现弯道超车。

美国交通事故统计体系的8个数据系统

美国记录的交通事故数据，以警察报告的数据为基础，大约占全美1年发生的约1600万起交通事故的1/3。目前，美国警察每年实际记录约620万起涉车交通事故，基本规则是至少有1辆车涉及碰撞事故，使用统一编码格式记录。

据美国政府部门测算，要完成上述统计工作，1年至少要花费约10亿美元。为此，20世纪70年代，NHTSA创造了一种方法，将以样本为基础的各州既有数据，以高效的方式整合在一起，达到了及时且节约的目的，1年只需要花费约3000万美元，平均1起警察报告的事故记录花费不到5美元。数据统计经费源于美国国家统计局的整体年度预算。他们先将警察报告的交通碰撞事故基础信息以统一格式录入2个数据系统，再将更详细的现场调查数据分别录入4个数据系统，最后建立2个以既有各州数据为主的数据系统，合计8个数据系统，具体如下。

1）死亡事故分析报告系统，以警察报告的交通碰撞事故为基础，统计至少有1人死亡的事故。平均每起事故的统计工作要花费150美元。该系统的碰撞事故数据档案包含超过100项编码数据，用于为事故、车辆和人员定性。

2）国家汽车抽样系统总测算系统，根据全美范围每年分层抽样的55000起交通碰撞事故建立，表征620万起警察记录的涉车碰撞事故的情况。

3）国家汽车抽样系统碰撞性能数据系统，提供全美有代表性的车损和乘员情况数据（车辆碰撞性能），每年采集约4500起碰撞事故的数据，表征每年620万起警察记录的涉车碰撞事故中的轻型客车碰撞情况。

4）国家机动车碰撞事故原因调查系统，提供全美有代表性的交通碰撞事故原因数据（一级预防），每年采集约3000起碰撞事故的数据，表征每年620

万起警察记录的涉车碰撞事故中的代表性事故。需要注意的是，这项调查始于2005年。

5）特别事故调查项目，每年深度调查200起交通碰撞事故，平均每起事故的数据统计工作支出约8000美元，用作早期预警系统，并为新技术提供详细碰撞事故数据。

6）碰撞事故伤害研究和工程协作网项目，这是一项合作研究计划，参与人员包括一级创伤中心外科医生、流行病学家，以及碰撞事故调查员和交通工程师（共8人），他们组成了真实重伤害碰撞事故数据分析和前瞻性研究团队，每年对约400起乘员事故数据进行研究，通常在事故后的12个月内进行持续的数据采集和研究。每起事故的记录成本为9500美元。

7）州数据系统，共29个州参与提供数据，揭示交通安全问题，协助开发和评价驾驶人行为项目，评估车辆碰撞性能规则，研究避免碰撞事故。

8）碰撞事故后果数据评估系统，将车辆碰撞事故档案与医疗信息档案联通，提供有关车辆事故伤害后果和成本的详细数据。

数据统计体系的价值

值得关注的是，美国的交通事故数据统计体系并不是强制性的，各州自愿以合作协议的形式参与。这与美国的交通事故不追究NHTSA和警察的责任是相同的逻辑。交通事故的成因复杂，人、车、路都会涉及。交通安全管理机构和执法人员并不是事故的直接责任方，追责方向的错误，很可能导致事故真相被掩盖。在交通事故统计中，NHTSA的职责是研发系统，指导并培训技术团队，拨付由统计局提供的经费。以这种方式获取的数据，除去隐私保护内容外，会向全世界开放使用。

NHTSA对事故数据统计体系的价值陈述：事故数据在拯救生命、防止涉车碰撞伤害领域，承担着基础而又独特的职责，NHTSA与安全行业携手，通过预防（防止发生碰撞事故），提升车辆碰撞性能（消除碰撞中的伤害和死亡），有效的碰撞后处置（通过健全的急救医疗服务系统减轻碰撞后果）来行使职责。以完善的科学手段建立起来的有质量保障的碰撞和死亡数据系统，是减少车辆碰撞导致的人身伤害和经济损失的基础。

交通事故数据，为美国各级政府的公路安全决策提供了基础性的情报支撑。可获得的、及时的、准确的、标准格式的数据，使决策者能甄别导致碰撞事故的主要因素，开发和评价安全对策，支持交通安全计划，评估减少碰撞事故及减轻事故伤害程度的措施进度，设计制订有效的车辆安全规则和安全资金计划。

NHTSA的统计体系，是全美交通碰撞事故数据的唯一来源，包含致死致伤情况、致祸因素、乘员保护（防撞性）情况、安全项目评估等内容。相关行业单位要依靠这些数据编写报告、统计文件，或开展研究。这些数据不仅支撑着NHTSA的工作，也为全美乃至全球范围内的相关行业单位开展交通安全工作提供了巨大帮助。

第八章

行人、自行车与低速电动车管理

01 全向行人过街与巴恩斯之舞

2018年夏天,北京交警在鲁谷地区首次尝试设置了"全向过街十字路口"(图1)。在北京,这是一种全新的过街形式,也称"全向斑马线"。

图1　2018年8月18日启用的北京第一个全向过街十字路口,行人不必等待两次信号灯周期,就可以直接斜向完成两条街道的穿越

"巴恩斯之舞"（Barnes Dance）是全向行人过街形式的一种浪漫称谓，除此之外，还有很多技术性称谓，例如美国的"Pedestrian scramble"，直译为"行人混行"，或"Diagonal crossing"，直译为"斜向过街"，或"Scramble intersection"，直译为"混行交叉口"；加拿大的"Scramble corner"，直译为"混行角"；英国的"X Crossing"，直译为"X形过街"，或"Exclusive pedestrian interval"，直译为"全行人相位"。这种行人过街形式的关键，是有一个信号灯全红周期，所有方向的机动车都必须停下来，让行人全方向自由穿行交叉口空间，包括横向、纵向和斜向。

"巴恩斯之舞"最早出现在20世纪40年代的美国和加拿大，但后来遭到很多交通工程师的反对，逐渐销声匿迹（图2）。因为这种方式过于倾向行人，导致机动车通行效率损失过大。近十几年，得益于行业对行人通行安全和便捷性的更多关注，"巴恩斯之舞"又重新兴盛起来。

之所以将全向过街形式称为"巴恩斯之舞"，是为了纪念一位叫亨利·巴恩斯（Henry A. Barnes）的美国交通工程师（图3）。他1906年生人，1968年

图2　洛杉矶的"巴恩斯之舞"

在工作岗位上因突发心脏病去世。巴恩斯是美国丹佛市的第一位交通工程师，做过丹佛、巴尔的摩、纽约等城市的交通局局长，发明了很多交通工程应用，包括信号灯绿波、触发式信号灯和公交专用道等。尽管他从未声称全向过街形式是自己发明的，但他确实是这种过街形式的坚定拥护者。巴恩斯曾介绍说，他是在观察了女儿上学路上过街时的艰难体验后，迸发了对全向过街形式的热情。20世纪40年代，他首先在自己的家乡科罗拉多州丹佛市，大力推广全向过街形式。

图3　美国著名交通工程师亨利·巴恩斯

同时期，堪萨斯城和温哥华也开始测试这种过街形式。后来，巴恩斯又把这种形式推介到巴尔的摩和纽约。1962年，他成为纽约市交通局局长后，开展的第一项行动就是在纽约寻找适合采用全向过街形式的交叉口。他上任10天后，纽约就有了第一个全向过街交叉口，位于第42街与范德比尔特大道交汇处（42nd Street and Vanderbilt Avenue），收获了广泛的赞誉。藉此成功案例，巴恩斯开始在纽约市内的多个交叉口采用全向过街形式，涉及华尔街、第42街、第五大道、麦迪逊大道和布鲁克林等（图4）。在巴恩斯的传记《一

图4　美国街头的全向过街示意标志

个有着红眼睛和绿眼睛的男人》中，记述了一个名叫约翰·布查男（John Buchanan）的市政厅记者的报道："巴恩斯让行人如此高兴，甚至在路中央起舞"。巴恩斯自己则评价说："看看现在的情况，一个在市中心的购物者，需要把四叶苜蓿草护身符（Four-leaf clover）、巫毒教护身符（Voodoo charm）和圣克里斯托弗护身符（St.Christopher's medal）集合在一起才能安全地过马路，而据我所知，一个学习过方法论的交通工程师，就有能力解决这个问题，我们不需要为这样的问题去劳烦上帝。"

然而此后的几年里，"巴恩斯之舞"在美国遭到了很多反对和批评，很多城市甚至一度取缔了这种形式，因为它有可能导致交通拥堵，降低机动车的通行效率。直到近十几年，随着交通控制技术研究的深入，新城市主义的推广，"巴恩斯之舞"才再次逐渐为业界所接受（图5）。正如巴恩斯的一句名言："你不能又当好人又解决交通问题。"意思就是交通管理难以避免地要约束人的行为，总要有人做出妥协。

如今，"巴恩斯之舞"在世界上很多国家都得到了应用。资料显示，日本有300多个交叉口采用了这种形式，其中最著名的是东京涩谷站（Shibuya）外的交叉口，在信号灯的控制下，一次混行可以让3000人完成过街，这已经成

图5　夜幕下的涩谷站"巴恩斯之舞"

为东京城市景观的象征。

英国尽管是最早使用斑马线和人行横道信号灯的国家,但引入"巴恩斯之舞"的时间却相对较晚,直到2005年,伦敦的巴尔哈姆镇(Balham Town)才出现了全英第一个正式的全向过街系统。

根据美国的最新国家标准规定,在有信号灯控制的交叉口,如果信号灯提供了四个方向的全红相位,则行人可以斜向通过交叉口,相应的标线施划方式见图6。这与我国近年来开始出现的全向斑马线异曲同工。

实际上,关于全向过街形式一直存在争议。反对者认为它会大幅降低机动车的通行效率,甚至会导致驾驶人因"心灰意冷"铤而走险,因此这种过街方式对信号灯系统的协调能力构成了很大挑战。此外,在设置全向过街形式时,不仅要考虑行人过街的数量与需求,还要特别考虑为行人预留合理的驻足区,使行人在等候信号灯时有足够的站立空间,并能保持耐心。

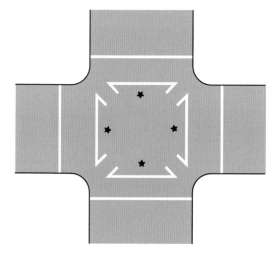

图6 美国2009年版《统一交通控制设施手册》中描绘的全向过街交叉口标线施划方式

02 美国中小学区的步行安全审计制度

徒步走走，好处多多。很多发达国家都将从小培养国民的步行出行习惯视为重要国策，并为此不断完善基础设施和安全管理规则。

美国倡导非机动车出行的科学视角与行动

根据美国"全美家庭出行情况统计"（NHTS）数据，2001年，美国人出行量中有近50%的出行距离在4.8公里之内，28%的出行距离在1.6公里之内。如果这部分大多为非机动车出行，则可能大幅改善空气质量，减少交通拥堵。

采用步行或骑行等非机动车出行方式，可以减少机动车排放、燃油消耗、拥堵导致的工时浪费等，每公里节省出行成本3~14美分。

从环境价值的角度出发，根据美国联邦公路管理局（FWHA）的统计，每年美国机动车产生的污染排放超过1.6吨，冷车起动比热车起动要多排放16%的氮氧化物和40%的一氧化碳，短途机动车出行的危害可见一斑。

"安全去上学全国合作伙伴计划"（Safe Routes to School National Partnership，SR2S，以下简称"合作伙伴计划"），是美国在2005年发起的一项专注于中小学生上学途中交通安全提升的社会公益活动，致力于在城市、郊区和乡村打造更具活力、平等、健康的社区生活体验。行动计划包括针对不同年龄组的未成年人进行安全出行技能教育,对上学路线进行步行审计等。其中,步行审计制度(Walk Audit)很有借鉴意义,能反映出交通安全的细致需求和具体的操作思路(图1)。

图1　小朋友们参与步行审计工作,用尺子测量行人步道上的一个高差,这个高差可能导致磕绊

步行审计的目的

"合作伙伴计划"指出,计划的第一步是明确目的。你的核心目的可能是:

1)吸引社区居民关注,并对他们进行步行能力和交通安全教育。

2)判断哪条路是去往学校的,或可能选择的步行线路。

3)对一段街道进行技术评估,以支撑最终的改善方案和资金使用计划。

4)促使决策者们参与其中,促成改善计划。

你的目的,将决定你邀请什么人参与步行审计,采集什么信息,在哪里行走。

"合作伙伴计划"特别指出,安全审计可以记录一条路的步行条件,发现一条步行路线在使用中可能存在的隐患,并就此集思广益,找到解决办法,记录和督促整改,跟踪改善效果,等等。

建立问题清单

针对一条上学的线路,也许只需要记录普通居民所关心的问题,也许还需要有交通工程师提供技术角度的审视和支持。因此,在审计筹划阶段,需要建立一个问题清单,让人们记录自己发现的问题,作为一项重要的基础工作,见图2。根据这份清单,我们就可以明确审计工作组需要什么样的人。

在挑选审计评价的工具时,要考虑的主要问题包括:

1)谁来进行审计?是社区成员、学生,还是交通专家?

2)采集街道上的问题细节需要具体到什么程度?问题排查清单的复杂程度如何?

3)如何使用采集到的信息?

4)现成的工具是否遗漏了应该采集的信息?

注意:如果有需要采集的信息却没有现成的工具,则需要自己制作工具。

图2 步行审计工作组的前期筹备场景,成员集思广益,调整要检查的各种问题,建立问题清单

考虑线路位置和审计时间

建立问题清单后，就要开始考虑审计线路的位置。重要的思考点包括：

1）这条线路对参加步行审计的人而言方便吗？

2）这条线路是人们经常步行的线路吗？

3）这条线路是直接连接一个吸引人流的地方吗？只要线路是方便、舒适和安全的，人们就更可能选择步行而不是驾车吗？

4）待审计路线有多长？通常情况下，步行审计的路线长度是0.5~1英里（1英里≈1.6公里），由于审计会比正常行走耗费更长时间，一般情况下，多数人会选择以30分钟走完800米的方式进行审计。

在审计时间方面，也要考虑周密。一般情况下，应该选择上下学时段，这样可以观察步行或骑行的学生们如何与机动车互动。也可以选择黄昏和黎明时段，因为这两个时段能看到的情况与中午会有很大不同。

参与步行审计的人员

参与步行审计的主要人员一般包括：

1）社区居民和审计区域内的商业店主。

2）学生和家长。

3）本地交通工程师和交通官员。

4）与交通安全相关的其他部门成员（警察、医生，以及公园和娱乐设施管理者）。

5）学校教职员工和学生安全员。

6）校车驾驶员。

7）学校领导。

8）本地议员。

9）本地社会团体、组织或邻区观察员。

参与人员要配备纸、笔、测量工具、相机、画板和饮用水等，并穿着反光背心等，有组织地开展步行审计工作（图3、图4）。如果审计任务相对复杂，则要提前进行必要的培训和讲解工作。

图3　步行审计工作组成员依据事先建立的问题清单排查各种情况

图4　步行审计过程

步行审计要观察的主要内容

步行审计过程中要观察的主要内容包括：

1）道路的基础条件。要记录物理环境，比如人行步道的条件，交叉口的行人过街设施、标志、照明装置、路椅、公交站等。

2）人们步行、骑行和驾车时的状态。观察有多少人步行或骑行，他们是否能用手推车，是否提着重物或其他东西，如何互动，是否遵守交通法规。询问步行和骑行的人对道路的意见，特别是住在附近区域经常步行和骑行的人。记录下交通流的状况、车速，以及驾驶人是否遵守交通法规。

3）影响步行舒适度的因素。理解影响人们步行舒适度的因素，有助于提出改善措施。人们是否感觉过于暴露在机动车环境中？步行环境是否有隔绝感且令人厌恶？行道树能提供乘凉空间吗？

4）鼓励审计人员多拍摄照片，眼见为实。

道路空间是基础公共空间之一，每一种道路使用行为都是相互关联的，关注步行条件的安全、健康、舒适，是对城市交通质量的基本支撑，要实现这样的出行,不能靠战役性思维和宣传运动,而要用战术思维,无微不至地持续关怀和纠错,这就需要可持续的政策引导,以及持续的资金、人力投入,只有这样才可能打造真正的美好社会。

表1和表2是真实的步行审计工作表,仔细浏览,你就会明白要打造一条安全的上学路,需要完成哪些工作,做出哪些努力。

表1　社区学校步行审计表样本

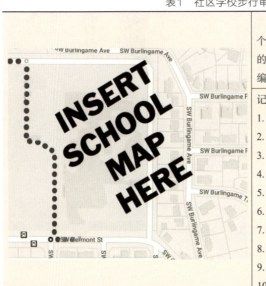	当你沿地图所示线路步行检查时,请将每一个你觉得应该记录的点,以编号的形式在相应的地图位置标注出来,并在以下记录表中,按编号顺序逐一记录摘要内容。 记录: 1. 2. 3. 4. 5. 6. 7. 8. 9. 10.

审计内容:人行步道和自行车道			
• 有人行步道吗?够宽吗? • 人行步道的路面有开裂、断痕或不完整的地方吗? • 有什么妨碍行程或影响接入的危险点吗? • 有自行车道吗? • 儿童能安全骑行吗? • 过街容易吗?安全吗?	安全 • 有机动车时步行感觉安全吗? • 感觉有犯罪和暴力威胁吗? • 车速高吗? • 照明条件如何?	校区 • 有学生步行或骑行上学吗? • 学校大门附近有安全的过街设施吗? • 学校大门外有直通的、连续的人行步道和自行车道吗?	邻里街区 • 周边建筑物维护得好吗? • 有空置的建筑物吗? • 有其他人在这里闲逛吗? • 有操场或公园吗? • 公园安全吗?有维护吗?

表2 通用步行审计问题清单样本

提示：请填写你在步行环境中发现的问题，可以记录一段线路，也可以记录整条线路。

人行步道： 无人行步道或步行通道； 人行步道损毁、开裂，或存在通行危险要素； 人行步道被阻挡，有景观、绿植过于茂盛、设施立柱、标志、车辆等； 人行步道不连续； 人行步道宽度不足（两人无法轻松并排行走）； 人行步道与机动车道间无有效分隔（草地、树木、泊车等） 其他问题：	总体上，人行步道的安全和质量感受是： 
过街设施和交叉口： 道路过宽导致过街困难； 信号灯留给过街的时间不够； 过街信号灯没有行人触发按键； 没有斑马线或标线脱落严重； 必须走很远才能找到一个安全和有斑马线的过街位置； 交叉口位置的路缘石没有服务于手推车、轮椅、拉杆箱和行人等的坡道开口 其他问题：	总体上，过街设施和交叉口的安全和质量感受是： 
驾驶人行为： 驾驶人在"停止"标志前和斑马线前不停车； 感觉有超速现象； 驾驶人不礼让行人； 驾驶人有分心行为（打电话、发短信，以及与乘客聊天等）； 驾驶人不注意观察过街的行人，突然转弯或疑似有敌意 其他问题：	总体上，驾驶人行为的安全和质量感受是： 

（续）

安全： 车速过高； 车流量过大； 路灯过少或缺失； 路上的人看起来有威胁； 有未栓绳的狗或其他无人看管的动物 其他问题：	总体上，安全感受是： 
舒适度： 遮阳措施不足，比如缺少遮阳棚、树木； 缺乏行道树和景观设施； 有空地或凋敝的楼宇； 街道缺乏路椅和休息空间 其他问题：	总体上，该区域的舒适度和步行吸引力感受是： 

补充评价：

03 自行车道设置基础知识

我国是自行车大国，但从道路的角度，对自行车的使用尚有待完善。特别是将自行车笼统归类为非机动车的法律分类方式，给自行车的使用和专用道路设计带来了很多问题，进而影响了道路交通的秩序和交通流的流畅与安全。有鉴于此，本文以美国的《自行车道路设施设计指南》为出发点，梳理一些值得思考的知识点，重新审视我们的自行车管理问题。

为了体现技术准确性，本文没有采用国内惯用的"非机动车"称谓，因为"非机动车"的含义广泛，客观上，电动自行车与自行车在对策需求上也是有差异的，本文只针对自行车。按照美国的自行车骑行技术标准界定，电动自行车（Mopeds）有持续动力，因此属于机械动力车辆，在行驶速度、加减速需求、制动反应等方面，与人力骑行有本质区别。

自行车道的基本宽度

骑行人基本轮廓需要至少 1.0 米（40 英寸）的操作空间，通常情况下，将 1.2 米（4 英尺）的操作空间设定为任何自行车专用道或骑行人愿意使用的车道的最小有效宽度，见图1。如果机动车流量大、机动车行驶或骑自行车的速度高，以及货车和公交车的混合交通量增加，则需要1.5米（5英尺）或以上的更舒适的操作空间。如果骑行人能力和车辆性能的差异都比较大，就需要考虑超车条件，见图2。

图1 自行车道的基本宽度

图2 考虑大流量和超车需求的自行车道

以通勤为目的的骑行是不鼓励并排骑行的，那样既危险又低效。进入自行车道的骑行人有先后之分，考虑到人的体能共性，骑行方式以跟随为主，即使是等信号灯等情况，也应该是排队等候，而不是挤作一团，因此几乎不必考虑长时间的并排骑行需求，而只需要考虑依次通行和超车需求。在自行车流量很大的地方，可能要设置两条自行车道时，需要考虑分车道标线的问题，见图3。

行进中的骑行人与车旁障碍物一般需要保持0.8~1米的距离，这也是自行车骑行时需要考虑的有效宽度。

图3 自行车道标线

骑车人的类别

尽管自行车道的物理规格可以是相对一致的，但骑行人的技术、能力、自信心和偏好是千差万别的。有些骑行人充满自信，认为自己可以在任何法律允许的地方安全骑行，认为自己可以和任何高速运动且密集的车流谈判，避免危险，见图4。有的人认为机动车完全可以避让自己，更有甚者会无视法规或根本没想过有多危险。而大部分成年人，更愿意在专用车道或相对宽敞舒适的空间里骑行，也更希望能躲开机动车流。很多儿童也能娴熟地驾驭自行车，但经验和风险意识不足。在路面条件上，所有骑行人都会希望路面平坦，排水孔和井盖也是经过平整化处理的。

图4　拥有自信心和高超技术能力的骑行人在启动通过路口

从1994年开始，美国联邦公路管理局将骑行人分为A、B、C三类，以帮助道路设计者根据具体情况进行不同的设计决策：

A类，高级或有经验的成年骑行人（Advanced or experienced riders）。像驾驶汽车出行一样，他们是出于便捷的目的骑行，希望前往目的地的过程尽量减少绕路和延误。这类人不介意和机动车一起行进，但他们希望有充分的操作空间，比如自行车专用道或路肩，以避免为避让机动车而被迫换道。我们日常所说的自行车通勤者，一般是指这类人。

B类，基础或缺乏自信的成年骑行人（Basic or less confidence riders）。这类人以自行车作交通工具时并不是很自信，一般是在去商店或看望朋友等情况下才会骑行，但希望能避开高速和繁忙的机动车流，或有很宽裕的道路可以让机动车轻松地超越自己。B类骑行人可以在社区道路里从容骑行，使用共享车道、专用车道或宽路肩等。

C类，未成年骑行人（Children），这类骑行人通常是自己骑行或与父母一起骑行，速度可能不快，会落在父母身后，但也有骑行的主要目的地，比如社区里的学校、便利店或休闲健身场所等。居民区里的街道，机动车流量少，有明确的机动车和自行车道隔离标线，可以为未成年人提供骑行条件，也避免鼓励他们进入主干道的机动车道骑行。

自行车道的规划决策

自行车道设计时需要考虑骑行人的类型。目前，没有任何一种类型的自行车道能适合所有类型的骑行人，也没有任何一种类型的自行车道或公路设计形式能帮助技能不娴熟的骑行人提高技能水平。在任何一种运输走廊里，骑行人面临的设施条件都可能有不止一种选择。道路设计决策会影响用路人对出行方式的选择，影响自行车的流动性和可达性，进而影响自行车的使用水平。例如，一条四车道的公路，有3.6米（12英尺）宽的车道，没有路肩，限速为85公里/时（55英里/时），往往只能吸引最自信的骑行人。同样的公路，如果有1.5米（5英尺）宽的路肩或自行车道，就可能为更多的成年骑行人提供足够的"舒适的操作空间"，吸引他们骑行。但对未成年或不太自信的成年骑行人而言，这种条件仍然不够理想，因为这两类骑行人可能会尽量选择使用社区内部道路，只在不得已的连接段短暂与机动车共享道路。如果在设计道路时为四车道道路提供有连续铺装的硬路肩，有经验的和许多以休闲为目的的成年骑行人，就可能出于便捷的原因，持续使用硬路肩。自行车道的规划，还要为所有使用者提供连续性和一致性。骑行去学校的未成年人，不应该被迫跨越没有控制的主干道交叉口，路肩或行车道不应该在一个困难的交叉口或繁忙的公路延伸段，在没有任何预告措施的情况下突然结束。

自行车道的类型选择

自行车道的类型选择取决于许多因素，包括道路用户的能力、特定的走廊条件和设施成本。用户的能力也不仅仅指技能，还包括身体条件时间（表意不明）和其他条件，等等。以下概述了四类自行车道。

共享道路（Shared Roadway）

以美国650万公里的路网来看，大多数自行车出行其实都发生在没有指定自行车道的街道和公路上，因此共享的本质是自行车与机动车的路权平等，其特点是没有禁止自行车上路，但也没有专门考虑自行车的需求。在是否需要设置自行车道的决策上，有三个支持排除设置的思考点：①在某些情况下，社区既有的街道系统可能足以实现自行车的高效行驶，并不需要为自行车提供标志标线；②在某些情况下，街道和公路可能不适合自行车行驶，而在不适合的道路上强行为自行车提供车道以鼓励骑行是不合理的；③有些路线可能是自行车需求很低的交通走廊，无论道路状况如何（例如小型住宅的街道），都不适合再设置自行车道。

一些乡村公路除会有附近居民使用外，也会有城际和休闲出行的骑行游客使用。在大多数情况下，只有在需要加强与其他自行车路线的连续性时，才应该指定此类路线为自行车路径，见图5。在这类道路上，设置和维护1.2

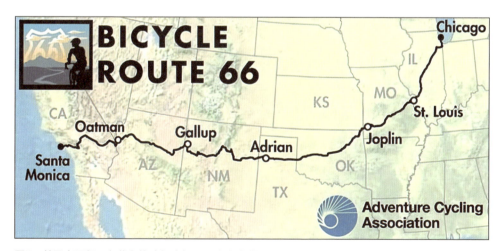

图5　美国中西部一条著名的骑行路径66号自行车线

米（4英尺）宽的硬路肩与100毫米（4英寸）宽的边线，可以为骑行人和驾驶人提供更安全和方便的路径。

自行车路径标明型共享道路（Signed Shared Roadway）

有自行车路径标志的机动车和自行车共享道路，其服务目的如下：

1）提供与其他自行车道的连续性。

2）将高骑行需求走廊指定为首选行驶路线。在共享道路上的自行车路径指引标志有很重要的意义，它不仅可以指示目的地，还可以提示骑行人，相较于其他路径，这种路径有更利于骑行的特定条件，见图6。同时也告诉用路人，道路管理方为骑行做了特殊工作，以确保道路更适合机动车和自行车共享，另一方面也提醒过往的机动车驾驶人，这条路上有自行车骑行人。

图6　设置自行车路径标志表明是共享道路（缺陷是没有硬路肩）

自行车道（Bike Lane）

自行车道指在有大量自行车使用需求的走廊上，通过设置适当的标线和标志划分出的自行车专用道，见图7~图10。其目的是改善街道的骑行条件，为骑行人和机动车驾驶人划定路权，并设法使每个骑行人的移动方式更可预测。自行车道还有助于提高道路能力，促使自行车和机动车的混行更具秩序和效率。建造自行车道的另一个重要原因是为了更好地容纳在既有街道上缺乏舒适骑行空间的骑行人，主要通过减少机动车道的宽度或禁止在路侧停车、划定自行车道来实现。除划定车道外，还应该采取其他措施确保自行车道的有效性，比如对路面井盖和排水口等进行平整化处理，清除或充分警示障碍物，交通信号设置考虑骑行人需求等。对自行车道而言，定期维护是头等大事，因为骑行人无法使用有坑洞、碎屑或碎玻璃的车道。

图7　将自行车道设置在公交车出租车合用道与机动车道之间的道路布局

图8　自行车道和待转区

图9　英国的自行车道实例

图10　典型自行车道

要让自行车专用道更好地发挥作用，很重要的一项工作是确保自行车道的联网。同时，在决定提供自行车道时，必须考虑机动车驾驶人和骑行人双方的需求。

共用通道（Shared Use Path）

一般而言，共用通道应该用于没有街道和公路提供走廊连接的地方，或是有很宽的公用设施（比如公园或校园）或铁路路权的地方，这类地方允许建造共用通道而不受附近平行街道的影响，见图11、图12。共用通道应该提供道路系统未提供的机会，比如提供休闲骑行，或在确保尽量减少机动车和行人穿越的条件下，直接充当通勤路线。最常见的应用地点是河畔、海滨、运河、公用设施通行权、废弃或依旧在用的铁路通行权、大学校园内或穿越公园与公园之间的路线，以及一些新规划开发的区域内。

图11　为减少绕行和过街，共用通道会出现双向行驶的设计，与机动车逆向而行（英国）

图12　共用通道（美国）

共用通道的另一个常见作用是减少因断头路（Cul-de-sacs）、铁路和公路，或因自然屏障（水体、山脉等）导致的绕行。共用通道的设计除要考虑骑行人的安全外，还要考虑其他用路人，如行人、慢跑的人、遛狗的人、推婴儿车的人、坐轮椅的人、玩滑板/轮滑的人。

在为骑行选择适宜的道路类型时，首要考虑的是确保所做的选择不会鼓励或要求骑行人、机动车驾驶人，以不符合道路规则的方式使用道路。在选择适当的道路类型时，必须考虑骑行人和机动车驾驶人的需求。

道路类型的选择，一个重要的考虑因素是连续性。通常在同一路线上交替使用共用通道和自行车道会引起不便，因为当路线特征改变时，可能需要骑行人穿越街道。此外，由于存在必须穿越街道的不便，在共用通道末端连接的街道上，很可能会因为存在逆行条件而发生交通事故。人们有时看到的在道路一侧的双向自行车道，往往是从有相对宽裕的空间的共用通道进入机动车道后的延续段，目的是减少过街或绕行等带来的不便，是权衡利弊之后的个案型的技术选择，会有严格的保护技术要求。

通常情况下，在人行道上是不可以骑自行车的。因为行人与骑行人的速度差和运动方式差异很大。然而，在少数情况下，比如在长且窄的桥梁上，如果骑行人是偶然出现或不常使用，则人行道可以作为替代自行车道的设施，人行道与道路间只要有显著的高度差并有适宜的障碍物保护即可。

自行车骑行条件的排查

规划或改善自行车设施，第一是排查既有自行车出行的条件，主要包括问题、缺陷、安全隐患和骑行人需求。第二是观察既有骑行条件。针对那些比较典型的鲜有骑行人使用的自行车道、设施和道路，应该检视骑行的适宜性，以及机动车流量、公交车和货车占比、车速等，因为这些因素对骑行人有明显影响。第三是排查各种障碍物和危险因素，比如不合适的建筑物大门、路面遗撒和碎物、路肩隆声带、窄车道、沿途单位专用道、粗糙路面、桥梁金属伸缩缝、铁轨、不良视距、未考虑骑行需要的信号灯，等等。第四是检视那些脱离道路的共用通道上的骑行条件，比如河畔、废弃铁路、隧道和公共设施的走廊等。第五是检视自行车停车设施的数量和防盗条件。第六是排查河流、高架路、隔离栏等会阻断自行车穿行的情况。

自行车交通流一般会产生在居住区与高可达性目的地之间。首先要检视这些区域的周边，分辨既有和潜在的骑行人。重要地点一般是学校、就业集中地、公园、商业中心、邻里社区、休闲娱乐设施、大学和军事基地等。在公交换乘站、轮渡码头和其他换乘枢纽，应该提供骑行抵达的便捷性和自行车停放设施。

在自行车高使用率地点可以采用计数方式统计流量需求，但需要注意的是，自行车计数往往会低估潜在用户数量。沿途的交通吸引点也要评估，因为那里可能有大量潜在骑行人，一旦骑行条件变好，这些人就会选择骑行。涉及自行车的交通事故数据也应该作为研究重点，这样可以了解如何提高安全骑行条件和具体改善位置。

排查既有自行车骑行条件时，公众参与是基础要求。骑行和不骑行的公众的意见都会很有帮助，还包括一些专业组织，比如自行车运动专业教练或市民群体等。

美国波特兰市的自行车路网（图13）：

◆ 深蓝色实线是多用途自行车道，机动车不得驶入；深蓝色虚线是多用途骑行路线，路面没有硬化。

◆ 绿色宽线是自行车大道，绿色街区里有为自行车提供的标线和引导标志；绿色窄线是机动车流量低的共享道路。

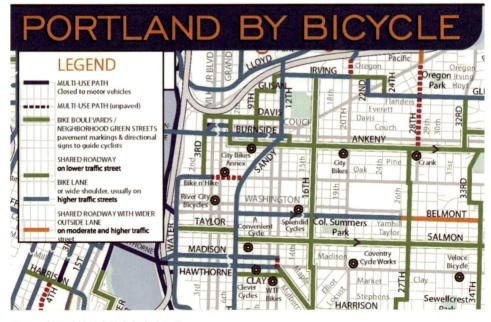

图13 美国波特兰市的自行车路网图

◆ 浅蓝色线是机动车流量大，但有自行车道或硬路肩的道路；橙色线是机动车流量适中或偏大，但最外侧车道较宽的共享道路。

自行车骑行改善计划

自行车骑行条件的改善计划有一些共同的基础步骤：

1）排查既有硬件条件。

2）检查自行车停放问题。

3）研判社区教育和行为影响措施等问题。

4）研判本地政府上下各层面的系统性自行车友好政策。

硬件改善计划应解决整个社区的骑行物理条件、障碍和不便因素，并充分利用既有自行车友好设施。改善计划的重点包括由路内和路外自行车设施形成的通行网络梳理，以及标注问题点（如排水栅的更换、桥梁接缝或交叉口信号配时）；改进既有的不符合标准或年久失修的自行车道，以及完善标志标线等控制设施，见图14。实际改进应基于既有条件的清单和公共投入。实际改善计划还应该满足路内和路外的自行车道维护需求，并制定政策，协调不同机构和辖区间的维护工作。

图14 标志标线是自行车骑行条件的一个重要保障要素

硬件改善计划应该确定自行车停放设施的地点。一般而言，应该在所有主要交通热点地区，以及中转站和公交车站考虑自行车停放需求，以鼓励多模式换乘出行。对骑行人的教育计划和可持续资源，也应该是计划重点，包括本地政府的管理机制建设。

选择自行车道类型的考虑要素

在确定适当的自行车道类型、位置和实施优先级时,需要考虑很多因素,见图15。除以下准则外,美国联邦公路管理局在1994年出版的《为使用自行车选择道路设计方案》(Selecting Roadway Design Treatments to Accommodate Bicycles)中为设施选择提供了指导。

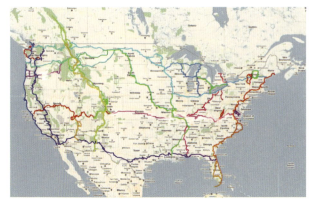

图15 美国探险骑行协会提供的骑行路径图(Adventure Cycling Association)

- 用路人技能水平:如前所述,有关骑行人部分,应考虑使用设施的骑行人的类型、技能水平和偏好。学校、公园和居民区附近的设施可能吸引的是只有基本技能的成年骑行人和未成年骑行人,而不是具有高级技能或有经验的骑行人。
- 机动车泊位:占路泊车的密度和周转率影响着骑行人的安全(开车门和车辆驶离泊位时很危险)。斜向泊位和垂直泊位与自行车设施难以兼容,因为受限的视距容易导致机动车和自行车事故,应尽量避免采用这类设计。
- 障碍:在一些地方,地形原因导致了骑行障碍,比如河流、铁道、快速路或其他阻碍。在这种情况下,提供穿越设施往往可以提高自行车使用量。
- 减少事故:减少甚至完全避免自行车事故(包括自行车与机动车的事故、自行车之间的事故、自行车与行人的事故、单车事故)始终是重要任务。在任何时候，无论是改善计划还是新项目，都应该分析潜在的安全威胁并予以解决。

◆ 直线路径：尤其对于"功利性"（Utilitarian）骑行，即非休闲类骑行，比如通勤或办事，交通热点之间的线路应该尽可能保持直线形，以为骑行人提供最大便利，吸引更多人使用自行车设施。

◆ 便捷性：在为自行车道选址时，需要考虑骑行可达的频繁性和便利性，特别是居住区。同时要考虑应急车辆、维护和服务车辆的适当可达性。其他一些交通热点，比如教育机构、办公楼、购物中心、公园和博物馆等，也应该评估骑行可达性问题。

◆ 美观：设施的景观效果也很重要，特别是以休闲为首要目的时。树木在夏天可以为骑行人提供遮挡和阴凉，还能降低一些风阻。

◆ 人身安全：需要考虑针对骑行人的刑事犯罪威胁，特别是在僻静的共用通道、自行车停放场所等地发生盗窃和伤害的风险。

◆ 中途停车：骑行人对保持骑行势头的连续性有强烈愿望，这与骑行需要耗费更多体力加速到一定程度才能平稳前进有关。如果骑行人被迫频繁地停下后再启动，可能就不会再选择这条路径，或干脆违反交通控制设施传递的规则。

◆ 冲突：不同类型的自行车道有不同的冲突。道路上的自行车道会导致机动车与自行车冲突。共享通道会导致骑行人、行人、使用滑板/轮滑者和跑步者的冲突。公路或专用通道的交叉口也是机动车与自行车的冲突点。

◆ 维护：道路设施在设计时就要考虑维护的简便性，这样能提高道路的安全性和使用量。为本地自行车道制订一套维护计划是最基本的工作。

◆ 路面质量：能吸引骑行人并使其满意的自行车道应该是平坦的，没有沟坎和坑洞，没有其他不规则的凸出物。各种设备和排水井盖最好在自行车道以外，如果无法避免地处于车道内，则应该进行平整化处理。如果从铁道口穿越，则需要做特殊处理，以保证自行车安全通行。

- 货车和公交车等大型车辆交通流：这些车辆的宽度和速度会对骑行人造成影响。沿自行车道设置的公交车停靠站也会因停靠和上下车问题给骑行人带来安全隐患，这些位置的路面状况也更容易恶化。
- 交通流量和速度：在决定自行车道类型和道路宽度时，必须考虑机动车流量和速度。以骑行为通勤或主要出行方式的人，往往会使用主干道，以尽量减少延误并确保长途行程的连续性。在改善自行车道和骑行路网时，首选流量更大且满足所有车型宽度需求的道路。如果不具备上述条件，则考虑那些相邻的平行道路，尽量减少停顿并符合其他骑行路径条件。对平行道路进行的调整，要注意不能引发机动车被迫改道。尽管很多经验不足的骑行人愿意在交通流量小的地方骑行，但要记住，人们的首选路线会随着技能水平的变化而改变。
- 桥梁：桥梁是骑行人跨越障碍的重要设施。但有些设施禁止骑行人使用，或不支持骑行人使用。最常见的是在连接路段（尤其是还紧邻陡坡时）使用一些设施压缩道路宽度，导致无法骑行，典型的压缩方式是使用各种形式的矮栏杆阻碍骑行转弯。
- 交叉口条件：在交叉口，自行车事故比例高于路段。设计车道时，应该选择尽可能减少跨越道路的方式，或在交叉口采取相应的安全设计，减少跨越冲突。高流量平面交叉口和二次过街的设计，应该时刻谨记骑行人需求，以确定最佳的过街处置方案。
- 成本/资金：自行车道方案的选择通常会涉及成本考量。资金量也会影响可选择性。缺乏资金不能成为糟糕设计或糟糕工程的借口。实施自行车道规划应该考虑长期的养护安排和能力。当资金有限时，重点应该放在低成本改善方案上，比如着力于建设停车设施、移除骑行障碍和道路质量提升。方案选择应该尽可能考虑围绕骑行人需求并物尽其用。
- 国家和本地法规与条例：自行车项目必须遵守法规和条例。自行车道的设置方式不能鼓励或要求骑行人违反相关法规和条例。

骑行人和驾驶人教育计划

骑行人和驾驶人教育计划是构建安全和持续成长的自行车运输系统的重要组成部分。在设置自行车道的过程中，设计者应该关注骑行人的教育途径和方式方法，特别是交通控制设施的重要作用。教育计划可以诠释和纠正很多关于骑行与驾驶的错误认知，鼓励各年龄组的人谨慎且合法地骑行，提升骑行技能，提高安全意识，减少交通事故。安全教育，可以是多机构协调开展的，包括交警、学校、图书馆、自行车俱乐部、公园和休闲场所。就骑行安全教育而言，主要有四个受众群体，针对每一个群体的教育重点可以是持续不断讲解事故和伤害原因，讲解遵守骑行规则的重要性，讲解识别交通标志标线的重要性。下列信息和技能是需要不断强调的。

未成年骑行人

- ◆ 如何骑直线不左右摇摆。
- ◆ 进入路口或要穿越道路时停车、观察和避让的重要性。
- ◆ 与交通流顺行而不是逆行的重要性（在道路右侧骑行）。
- ◆ 在左转弯或要启动前进时如何观察后方来车的情况。
- ◆ 使用头盔的重要性。
- ◆ 使用手势的重要性（图16）。

图16　西方国家普遍使用的骑车人手势，告诉后面的人自己的下一步操作，避免意外

- ◆ 认识和理解交通控制设施的含义（图17、图18）。
- ◆ 穿越交叉口的方法。

图17　让骑车人下车推行的标志　　　图18　设在路口让骑行人减速的警告标志

未成年骑行人的父母

- ◆ 不同年龄段需要培养的自行车安全骑行意识。
- ◆ 交通事故的常见原因。
- ◆ 与交通流顺行而不是逆行的重要性（在道路右侧骑行）。
- ◆ 专用道路口的视距问题。
- ◆ 头盔对自己和孩子的重要性。
- ◆ 做好示范的重要性。

成年骑行人

- ◆ 自行车是车辆，应该遵守交通法规。
- ◆ 与交通流顺行而不是逆行的重要性（在道路右侧骑行）。
- ◆ 头盔的重要性。
- ◆ 夜间使用灯光和反光设备的重要性。
- ◆ 使用手势的重要性。
- ◆ 礼貌对待其他道路使用者的重要性，包括其他骑行人、机动车驾驶人和行人。

◆ 认识和理解交通控制设施的含义。

机动车驾驶人

◆ 自行车也是车辆，拥有使用道路的法律权利。

◆ 与骑行人分享道路的技能（图19）。

◆ 不适当的转弯操作会威胁骑行人的安全（不要抢在骑行人前面转弯）。

◆ 礼貌对待其他道路使用者的重要性，包括骑行人和行人。

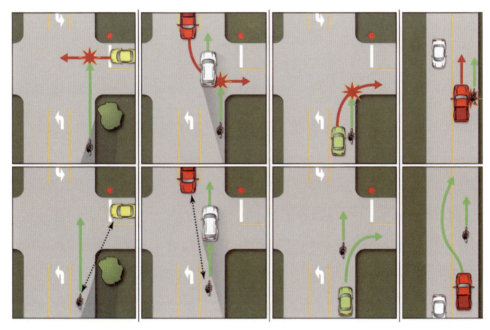

图19　最常见的机动车与自行车事故类型示意，上面一行是事故类型，下面一行是对应的谨慎骑行方法，关键是确保视距充分和能被发现

04 低速电动车管理考验行政智慧

关于低速电动车在社会治安管理和交通安全管理中所引起的烦恼，已经不是新话题了。笔者尝试从经济、安全和管理智慧的角度，提出一些观点，以图抛砖引玉。

旺盛的生命力来自客观需求

针对低速电动车的抨击和压制由来已久，但为什么越压制数量越多呢？很简单，因为有客观需求。

中国人现在的交通出行还是以满足通勤需求为主。所谓通勤需求，就是人们赖以维持生计的、每天有规律的交通出行需要。当低速电动车出行被人们视为维持生计的重要方法时，对低速电动车的需求就是永远无法压制的，除非我们能提供更经济的替代方案。

同样，对低速电动车产业界而言，在滞后的技术标准，以及松散的、认知尚未统一的执法监管体系面前，迎合人们的需求也是市场经济的规律使然。需旺而供盛，其结果自然是"野火烧不尽，春风吹又生"。

低速电动车使用并不是管理难题的本源

低速电动车导致交通事故高发、低速电动车导致交通秩序混乱、低速电动车导致社会治安联防难度加大……使用低速电动车似乎就是"原罪"。按道理说,政府出台的低速电动车管理政策一定是为老百姓好的,但为什么老百姓既不理解也不买账呢?因为在我们制定这些政策时,忽视了低速电动车的优点。沿着这个思路再去看,如果让老百姓觉得低速电动车给日常出行带来的坏处多于好处,是不是这种出行方式就会慢慢自行消亡?

接下来,我们审视道路交通安全通行条件时会发现,我们的路网其实并不鼓励慢行交通(这里使用"慢行交通"一词,是因为社会上和行业内流行使用,但笔者并不支持这一用法,笔者更愿意使用"轻型交通"一词,因为这类交通形式的速度并不一定慢,但与机动车交通相比,载具重量一定是更轻的),并不鼓励步行和换乘,甚至机动车出行也是常态化的拥堵和低效。这就无怪乎很多人要去选择低速电动车了,进一步的,低速电动车也越来越不"低速"。

换个角度思考,如果我们能建立专门的低速电动车管理体系,打造适宜低速电动车出行的专用路网,是否有可能减少一部分机动车出行呢?是否可以让一座城市的居民通过更廉价、更高效的方式完成通勤呢?在众多的城市管理对策里,难道我们就找不到一项能将低速电动车的使用科学、安全、有效地管理起来,去迎合人们的客观需要?

就笔者观察到的我国大部分城市道路的断面和宽度,只要认真做调查和研究,完善交通组织方案,是完全有条件利用既有道路资源为低速电动车提供专用车道和路网的。如果我们努力沿着这个方向去探索,也许有一天就会惊喜地发现,在很多情况下,低速电动车是可以替代小客车出行的。

低速电动车国家标准发展滞后

站在制定国家标准的视角，面对低速电动车这样的事物，树立正确的理念是至关重要的。在笔者看来，低速电动车标准需要两项硬性规则。

第一是环保。此事涉及国计民生，没有讨价还价的余地。我们应该建立低速电动车用蓄电池尺寸、规格和充电方式的统一标准，做到所有低速电动车通用共享。这不仅有利于提高低速电动车的使用效率，还能大幅减少重复生产和资源浪费。在保护环境的同时，也有利于从能耗的角度对低速电动车的速度进行强制管控。

第二是安全。这包括速度、质量、被动照明体系。低速电动车的速度控制不住，就是监管力量不作为，没有什么其他理由。至于质量，这是导致低速电动车滥用和恶性交通事故的又一大原因，如果能根据功能和使用特点来发展低速电动车出行，在大原则不变的前提下（环保和速度）制定相关规则和标准，这个问题是不难解决的。比如，日本的低速电动车都是结构轻巧的电助力自行车形式，这样的设计安全性更好。只要国家有强制要求，既迎合了老百姓的通勤需求，又可以提高安全性，何乐而不为呢？

关于被动照明，笔者专门走访过一些低速电动车生产企业，发现很多产品出于省电目的，都采用了临时停车自动断电设计。然而，低速电动车停车时，其实是最需要让机动车驾驶人看到它的时候。因此，在低速电动车的被动照明上，我们不妨参照联合国和欧盟的车身反光标识标准，做一些硬性的、与时俱进的规定，比如在车身四周都配置高规格反光膜型反光标识，通过这样的低成本方式来减少低速电动车的被动型事故。

低速电动车的注册与管理

过去，大多数人认为低速电动车的数量庞大、单车费用低，就会导致作为财产注册的难度很大，给行政机关带来莫大的资源压力。这其实是关于行政管理智慧的话题，以现有的技术，已经可以用高效且低成本的方式建立起低速电动车数据管理平台，在一辆车的消费链顶端和末端，用几秒时间就能完成所有注册登记任务，为实施有效的社会管理提供基础技术平台。总之，低速电动车的身份管理不是想象中的那么难，只要技术手段跟得上，就能迎刃而解。

道路交通安全是系统工程，铁路警察各管一段的思维模式，在今天的汽车化社会里已经举步维艰。我们不仅需要博大的胸怀和高屋建瓴的眼界，更需要脚踏实地的态度和关注细节的智慧与本领，相信针对低速电动车的管理对策，一定会走上正轨。

05 荷兰应对电动自行车和老年代步车出行需求的策略

我国在非机动车分类上相对粗放，将"电动自行车"也归为非机动车范畴，这导致了很多问题。非机动车，顾名思义，就是依靠非机械动力，比如人力或畜力驱动的车辆，在运动特点上与能持续、稳定输出动力的机动车完全不同。实际上，大多数国家会将我国的"电动自行车"归为轻型机动车（Light Motor Vehicle）范畴，因为道路交通管理主要是控制交通流的运动，将有着相同运动能力和特征的交通流放在同一个空间里进行管控，这是交通工程和交通管理措施的重要策略。

早在100多年前，欧美国家就已经出现了小型内燃机驱动的滑板车、摩托车等所谓轻型机动车，并且在最初三四十年里大都不要求驾驶人有驾驶执照就可以上路。近些年，随着蓄电池技术的发展，电动滑板车和电动摩托车成为新潮流，越来越多的人开始使用这类机动灵活、补能方便的交通工具。同时，很多国家和地区的交通安全也因此遇到了新挑战。

在荷兰，一个人均自行车保有量高达1.3辆的自行车国度，体积上与自行车相仿，又拥有持续动力的轻型机动车，自然会受到不少人的青睐。面对这个群体的出行需求，即使拥有数十年打造自行车专用路网的经验，荷兰政府也承受着很大的安全压力。2015年12月，荷兰汽车协会（ANWB），一家有着百年历史，脱胎于自行车俱乐部的汽车组织，提出了一套全新的道路安全管理策略，对用路人群和车型进行了再分类，以指导制定后续相关策略和交通工程规划设计，本文摘译了部分内容。

用路人分六类

首先，根据用路人的运动能力、运动速度和基本特征，提出了全新的用路人群分类方式。

行人：步行者，包括健康人群、行走有障碍和困难的人群等，运动速度不超过10公里/时。

自行车：包括所有人力脚踏驱动的车，自行车、三轮车、电动助力自行车，跑步锻炼的人也归为这一类，运动速度不超过20公里/时，宽度不超过1.5米，重量在35千克以下。

轻型机动车：各种轻型机械动力车辆，包括轻型摩托车、电动滑板车，形似微型汽车的代步车等，赛用公路自行车也归为这一类，运动速度不超过30公里/时，宽度不超过1.5米，重量在350千克以下。

小型机动车：所有重量在3.5吨以下，宽度小于2米的汽车，包括小型客车和小型货车，限速50公里/时。

大型机动车：大型客车和大型货车。

轨道车辆：在固定轨道上行驶的大型机动车，运动轨迹可预测是其最大特点。

城市道路空间分四种

根据上述用路人分类方式，提出四种城市道路空间。

步行空间：限速10公里/时，以行人为主，自行车在这里也是"客人"身份，要遵守限速规则。

骑行空间：限速20公里/时，包括跑步者。有时骑行和步行可以混在一起，但更多的是有分道设置。在这种空间里，自行车有优先权，允许轻型机动车和小型机动车以"客人"身份驶入，但要使用指定空间，按标志标线的指示行事，完全避让自行车，不能抢行和超越自行车。

轻型机动车空间：限速30公里/时，轻型机动车的行驶空间，自行车也可以使用，允许小型机动车以"客人"身份驶入，但要完全避让轻型机动车和自行车。在这种空间里，有为行人划定的空间，比如路侧行人步道和横向过街通道等。

机动车空间：限速50公里/时，专门为机动车在城市里设置的行驶空间，其他用路人只可以在划定的区域使用，且须遵守相关规则。

图1所示为荷兰的自行车、轻型机动车禁令标志和指示标志。标志含义是：自行车和轻型机动车混行道路结束，接下来是轻型机动车禁行区，并有摄像监控执法，管控时间为2010年至2018年1月1日（估计是路段施工所致）。

图2所示为荷兰国家标志标准中介绍的自行车和轻型机动车指示标志。

图1　荷兰的自行车、轻型机动车禁令标志和指示标志

自行车道　　　　自行车道终点　　　自行车和轻型机动车道　　　自行车和轻型机动车道终点

图2　荷兰国家标志标准中介绍的自行车和轻型机动车指示标志

图3所示为荷兰的两类机动车牌照，左图所示蓝色牌照用于限速25公里/时的轻型电动摩托车，右图所示黄色牌照用于限速45公里/时的轻型燃油摩托车（包括具有相同运动能力的电动摩托车、四轮电动车等）。驾驶这两类机动车都需要考取最低级别驾驶执照，最低申请年龄是16岁。牌照的颜色与路上的管理标志和传统习惯有对应关系。

图3 荷兰的两类机动车牌照

我国在国家标准GB5768.2—2022《道路交通标志和标线 第2部分：道路交通标志》中已经明确了"电动自行车"标识，但轻型机动车驾驶执照和差异化牌照管理尚未全面实现，专用路网构建也尚未形成规模，应该说还有很多功课是可以做的。

理想之路

第九章

停车管理

01 从停车方向思考交通管理优化空间

笔者的一位朋友在中美两地生活,他问过笔者这样一个问题:"为什么中国的停车场总要求倒进停车位呢?比如在宾馆和超市的停车场,保安都会要求我这样做,这很不人性化啊!"这显然是一个独特且耐人寻味的看待问题的视角。

"倒车入库"习惯的由来

在我国的驾驶人考试中,有专门的"倒车入库"科目。但凡学过开车的人,都知道"揉库"是最难的,特别是在用"大解放""130轻卡""北京吉普"当教练车的年代,"揉库"难倒了很多学员。对于力量小和动作协调能力弱的人,在脚踩离合器踏板、手把方向盘的情况下,通过后视镜寻找参照物是相当困难的。用专业术语讲,就是驾驶任务难度过高。选择倒进停车位,往往是为了方便在离开时快速进入行驶路线。"倒车入库"习惯的形成,与我国早期的专业驾驶员大多源于军事单位有很大关系。在军事单位中,收车是相对放松的状态,而出车必须适应紧急状态的需求,车头朝向停车位外显然更便于快速出勤。然而,这一习惯和"要求"延续至今,在百姓日常出行中就引发了很多问题。

停车方向与驾驶任务难度

从驾驶任务难度上讲，驾驶人操作车辆从大空间进入小空间，显然比从小空间进入大空间要困难。这时，是面对着小空间操作容易，还是背对着小空间操作容易呢？当然是面对着操作容易。而从小空间进大空间时，驾驶任务难度整体降低了，倒车就成了不那么具有挑战性的操作任务。对绝大多数普通驾驶人而言，特别是体能相对较差的女性驾驶人、老年驾驶人，先面对停车位操作车辆驶入，再倒车驶出停车位，显然是更合理的选择。只要自身状况和环境条件都不反常，驶入和驶出操作过程中有一两次车身姿态调整通常就足够了。这是难易平衡的选择。如果是斜向布置的停车位，操作还会更容易些。反观"倒车入库"，即使是"老司机"可能也要经过多次车身姿态调整才能顺顺当当地完成"入库"。各路视频媒体平台上，驾驶人多次尝试都无法成功倒车入库的素材比比皆是，被迫下车找"外援"的也不在少数。"倒车入库"就属于难上加难的选择，耽误时间不说，还会因此消耗大量燃油，产生不必要的尾气排放。

停车方式的经济与环境账

停车这个看似简单的问题，其实反映了我们在交通管理上仍然存在着很大的需要优化的空间，特别是对驾驶任务难度与需求的控制思路。我国的汽车保有量在2018年就已经超过2亿辆，驾驶人规模达到4.76亿人。粗算一下，如果为了"倒车入库"，每辆汽车的发动机每天要多运转2分钟（按每天2次停车，每次1分钟计算），仅仅停车就要耗费4亿分钟。"倒车入库"时的汽车处于低速行驶状态，驾驶人要频繁进行制动、转向操作，这会产生大量机械损耗和尾气排放。如果一辆汽车的使用寿命是10年，按每辆车每年出行300天计算，为了"倒车入库"，每辆车会增加6000分钟的无效行驶时间，并产生相应的尾气排放、燃油消耗和机械损耗。如果去一个地方办事，点对点行驶耗费了20分钟，而仅"倒车入库"就耗费了2分钟，就相当于产生了10%的交通延误。我们的4.76亿驾驶人，为了通过"倒车入库"考试，如果人均培训时间是2小时，就会耗费约10亿小时！

可以想象，随着汽车保有量的不断增加，以及人口老龄化趋势的加剧，"倒车入库"这种难上加难的停车方式所导致的消耗和浪费，将会成为一个非常严重的问题。

为有效解决这一问题，我们应该考虑逐步改变停车习惯，除一些特殊情况外（比如停车位外的车道过窄，有时只能使用倒车模式进入泊位），为节省时间，减少能源消耗和尾气排放，要鼓励正向驶入停车位。同时，在停车位的设置上，应该尽量增加斜向停车位。即使是占路停车位，也要考虑预留一些角度，使驾驶人能驾车快速正向入位。这样看似损失了一些道路行车空间，却可能大幅减少准备"入位"车辆的占路时间和干扰交通流的时间，同时缓解停放车辆首尾相连导致的停车位尺寸不足问题。

02 从路侧停车管理审视城市服务水平

路侧停车这项城市服务细节，在很大程度上影响着城市居民的消费能力和消费意愿。

在我国很多城市，路侧停车管理可谓"简单粗暴"：不考虑时间、不考虑商业和居民需求及活动特征，就大范围、长距离地全天候、全线路禁止路侧停车。有些城市为强化执法管理效果，还大范围使用黄色路缘石，设置高密度监控系统，由此减小了沿途客流量，增大了交通流量，导致很多路侧商业单位陷入经营困境，同时给沿途居民和其他用路人带来了不便（图1）。

出于保障交通流顺畅和路侧骑行安全等目的，在一些特定路段，比如停

图1 黄色路缘石是流行于我国很多城市的一种全线禁止路侧停车的管理方法

车可能阻挡交叉口视距、自行车流量大、可能形成交通流瓶颈的路段，禁止路侧停车或限制临时停车是非常有必要的。

然而，禁止路侧停车措施不应该极端、广泛地无差别使用，必须考虑大多数人的步行能力，考虑老、幼、病、残、孕等特殊人群的需求，考虑负重出行和上落客需求，考虑商业单位装卸货需求。特别是在非高峰时段、非必要路段、车道空间大量闲置路段、有大量临时停车需求路段，不能简单地一刀切，禁止任何形式的路侧停车和临时停车。

城市路侧停车管理措施，应该像人们的生活一样丰富多彩。每一条道路，每一个路段，都应该根据交通走廊、沿线和片区的具体需求，考虑交通流特征、用路人需求和日常出行规律，有针对性地制定路侧停车管理措施。

图2是美国加州圣地亚哥市的路缘石色彩规则，辅以不同说明标志，传达了不同的路侧停车规则。以下简要介绍美国的路侧停车管理规则，供国内城市参考借鉴。

图2　美国加州圣地亚哥市交通局公示的路缘石色彩规则

路缘石色彩规则

红色路缘石：示意任何时间都不得在路侧停车。

黄色路缘石：示意此处为商业装卸货区，停车时间通常不得超过30分钟，一般搭配黄底黑字说明标志。

绿色路缘石：示意此处为限时停车区，一般搭配白底绿字说明标志，提示驾驶人允许停车的时间等信息，通常不得超过30分钟，见图3。在餐饮店密集的街区，会提示非就餐停车时间不得超过30分钟，就餐停车时间不得超过2小时。

白色路缘石：示意此处为客车上落客区，停车时间通常不得超过10分钟。

蓝色路缘石：示意此处为残障人士专用停车区，一般搭配蓝底白字说明标志，通常全天候仅限残障人士使用，见图4。

图3 绿色路缘石示意此处为限时停车区，标志提示文字意为"限时10分钟，仅限病患下车"

图4 蓝色路缘石或蓝色反光凸起路标（道钉）示意此处为残障人士专用停车区，标志提示文字意为"残障人士专用，违者最低罚款250美元"

图5~图13是西雅图市的彩色路缘石和相应说明标志指示含义。

图5 与白色路缘石搭配，指示临时上客停车区，通常紧临住宅或商业单位。仅限人员快速上车，不包括装卸货物。白底黑字部分意为"仅限上客，限时3分钟，早7时至晚7时，周日和节假日不限"，白底红字部分意为"违停拖车"，下附拖车查询电话

图6 与白色路缘石搭配，指示警用车辆专用停车区

图7 与白色路缘石搭配，指示消防车辆专用停车区

图8 与黄色路缘石搭配，指示通用装卸货区，也可上落客，私人乘用车、商用客货车等均可临时停靠。黄底黑字部分意为"仅限卸货和上落客，限时30分钟，早7时至晚6时，周日和节假日不限"，白底红字部分意为"违停拖车"，下附拖车查询电话

图9　与黄色路缘石搭配，指示货车专用装货区。黄底黑字部分意为"仅限货车装货，限时30分钟，早7时至晚6时，周日和节假日不限"，白底红字部分意为"违停拖车"，下附拖车查询电话

图10　与黄色路缘石搭配，指示商用车辆或许可车辆专用装货区，通常只设置在忙碌的街道上，服务于商业活动。黄底黑字部分意为"仅限商用车辆或许可车辆装货，限时30分钟，须使用计价表，有许可除外"，下附许可咨询电话，白底红字部分意为"违停拖车"，下附拖车查询电话

图11　与黄色路缘石搭配，指示出租车专用临时停车区，出租车可在此候客

图12　与红色路缘石搭配，指示禁止停车区，临时停靠也不允许，违规在此停车会遭拖车或扣押等处罚

图13 与黄红相间路缘石搭配，指示公交车专用停靠区，禁止其他车辆停放或临时停靠，违规在此停车会遭拖车或扣押等处罚

由于道路设计通常以高峰期饱和交通能力为准，道路能力在很多时段都处于"过剩状态"，特别是非高峰时段和非工作日（只有景区是工作日车流量小）。非高峰时段的出行，大部分不以通勤为目的，存在大量临时停车需求。如果能根据路侧单位特征和用路人行为需求，制定临时停车规则并设置相应设施，则会大幅改善人们的用路体验和出行效率，减少交通流量，惠及沿途商业单位和住宅区。

03 完美的停车场布局设计

商场、写字楼、住宅停车场，以及路侧停车位的布局设计，不仅涉及空间利用率，还涉及人们的出行安全和通行效率。杂乱无章的停车场布局，在给人们带来糟糕使用体验和安全隐患的同时，还会成为物业管理的噩梦。英国索尔福德大学（University of Salford）教授大卫·珀西（David Percy）经过数学计算发现了一些简单的策略，可以减少停车操作导致的时间延误，并提高停车场的空间利用率。

珀西的研究表明，每一个完美的停车场都有一些考究的数学元素，包括停车位的角度、交通流的方向，以及建筑物的形状。高效的停车场拥有一些共性设计理念，即推崇单向交通流和斜向停车的对角线交错空间布局，而不是双向交通流和垂直停车的方格化空间布局。对一个大型停车场而言，相比采用方格化空间布局（图1），45度角交错空间布局能使运转效率提升23%（图2）。

相比方格化空间布局，45度角交错空间布局能提高停车速度，缓解停车场中的拥堵和延误。使用方格化空间布局停车位时，驾驶人进出停车位时必须将行车方向调整90度，这需要较宽的甬道来满足转弯操作需求。进行大角度转弯操作时，如果没有合适的轨迹参照物，驾驶人就要耗费较长时间来调

图1 方格化空间布局停车场

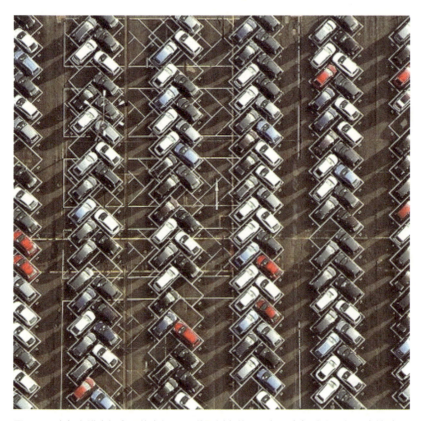

图2 45度角交错空间布局停车场，甬道两侧车位开口都面向驾驶人，便于直接驶入

整车辆位置。这不仅会降低停车位的周转率，还会耽误驾驶人的时间，增加燃油消耗和尾气排放。而使用对角线交错空间布局停车位时，由于停车位斜向正对驾驶人，驾驶人不需要过多调整行车方向即可进出，甬道宽度只须满足单向行车需求，使单位面积能规划更多停车位，见图3。

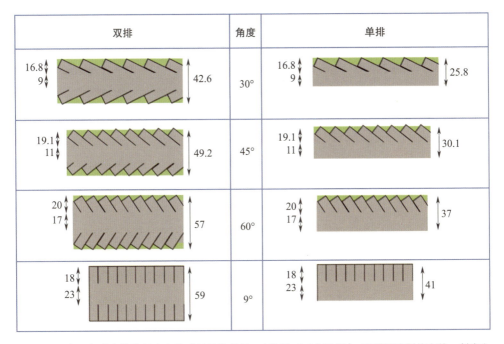

图3　不同布置角度车位的基本参数（单位为英尺，1英尺=0.3048米），即使是路侧停车位，斜向入位的难度也相对较低，有助于提高停车效率

需要注意的是，停车位要具有足够的宽度，便于驾乘人员进出车辆，并允许驾车直接驶入，而不必为担心侵犯相邻车位而进行多次方向调整。

停车场内采用单流向设计，有利于将交通流引导至同一方向，减少交通冲突，保障停车场运转顺畅，对场外交通流也能起到优化作用。此外，与双向交通流相比，单向交通流所需车道更窄，能节省更多空间用于停车，并为行人提供更安全舒适的步行条件。

出口和甬道的设计也会影响停车场的运转效率和质量，见图4。出口数量至少应该与入口数量相等，而甬道应该确保没有"断头"情况。

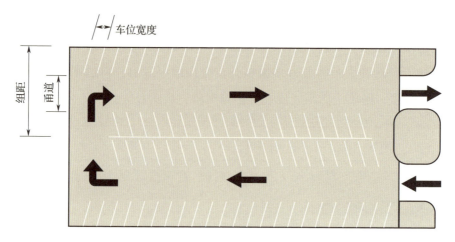

图4　停车场甬道

对于新建停车场，设计之初就要考虑停车位布局。对于既有停车场，可以考虑通过重新施划标线的方式来优化布局。按照珀西教授的说法，如果从零开始建设一座停车场，那么最理想的方案就是采用螺旋形设计，只设置一个入口和一个出口，形成单向交通流，这能为驾驶人和行人提供相对安全的条件，并有效利用每一寸可用空间，而且造形也相当美观，见图5。

如果停车场空间有限，可以组合配置倒车停车位和正向停车位。图6是一种倒车入位指示标志，对于特定停车位和特殊交通流向控制都有一定帮助。

停车场布局优化，看似是小事，但从总量上看，如果能让每次停车节省30秒，全国1亿驾驶人每天停一次车就能节省5000万分钟，由此减少的能耗、尾气排放和人力资源浪费都将是巨大的。

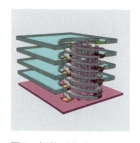  

图5　螺旋形车库　　　　图6　倒车入泊位的标志

第十章

道路货运管理

01 左侧快车道保护和货车专用道使用规则

多车道道路的建设目的，是提高运能和通行效率。但在这样的道路上，如果一辆低速行驶的车（特别是大型货车）占据了左侧快车道，就会形成阻碍，影响其他车辆的流畅行驶。频繁变换车道和加减速，既容易引发交通安全事故，也容易导致道路运力下降，形成拥堵。因此，正确选择行车道，不仅是驾驶人的任务，更是交通工程师和道路运输系统管理者的职责。而保障行车道选择规则的贯彻，需要在交通法规和标志标线上双管齐下。本文摘译了美国各州有关左侧快车道保护和货车专用道的使用规则，供读者参考。

在美国，道路交通安全领域的基本法是《统一车辆法》（Uniform Vehicle Code，UVC），规定了一系列基础的车辆登记和道路行驶制度与规则。各州在UVC的基础上，都制定了适用于本州的车辆法。在这些州的车辆法中，大多没有禁止货车进入左侧快车道的条款，但都以某种方式对使用左侧快车道进行了约束。有些州则明确禁止大型货车使用左侧快车道，有些州则只允许在某些情况下使用。各州针对"货车"的概念释义也不尽相同，一些州是以车轴数量为认定依据，另一些州则以重量或车身形式为认定依据。此外，有些州规定所有车辆除非在超车时，否则一律不得在左侧快车道行驶。值得注意的是，不仅针对大型货车，大多数州规定，如果车速低于正常或法规速度，则必须在右侧车道上行驶，除非超车或合法左转。所有州都明确了违反这些法规将面临的处罚形式和内容。

更进一步，有些州并没有在全州范围内禁止货车使用左侧快车道，但地方政府可能在某些道路和高速公路上实施类似限制，货车驾驶人必须遵守任何限制车道的交通管制措施。此外，由于各州都在不断地重新评估，这些法规随时可能发生变化。

表1列出了与车道限制相关的法规内容、适用对象以及处罚方式（不包括庭审等费用）。

表1　与车道限制相关的法规

	法规内容	适用对象	处罚方式
阿拉巴马州	如果行驶速度低于正常车流速度，则必须在右侧车道上行驶，除非要超越另一辆车或左转	所有车辆	第1次触犯：最高100美元罚款或10天监禁 1年内第2次触犯：最高200美元罚款和/或30天监禁 1年内第3次或更多次触犯：最高500美元罚款和3个月监禁
阿拉斯加州	如果行驶速度比限速低，则必须在右侧车道上行驶，除非要超越另一辆车或左转	所有车辆	最高300美元罚款
亚利桑那州	如果行驶速度低于正常车流速度，则必须在右侧车道上行驶，除非要超越另一辆车或左转 某些重量超过26000磅的车辆（如果拖车则超过6000磅），如果地方政府指定使用特定车道，则必须使用特定车道	所有车辆	最高250美元罚款
阿肯色州	禁止在指定的六车道州际公路上使用最左侧车道 禁止所有车辆阻碍多车道道路最左侧车道的交通	2轴及以上的车辆	最高100美元罚款

（续）

	法规内容	适用对象	处罚方式
加利福尼亚州	必须使用标志指定的车道；如果没有指定车道，则必须使用右侧车道；如果有4条或以上车道，则可以使用右侧第二条车道；超车时，必须使用指定车道，紧邻最右侧车道的第二条车道，或右侧车道	汽车运输车；3轴及以上的货车、拖拉机	第1次触犯：最高100美元罚款 1年内第2次触犯：最高200美元罚款 1年内第3次触犯：最高250美元罚款
科罗拉多州	如果行驶速度低于正常车流速度，则必须在右侧车道上行驶，除非要超越另一辆车或左转 不得使用限速为65英里/时的超车道，除非要超越另一辆车或左转	所有车辆	最高100美元罚款
康涅狄格州	禁止在有2条以上车道的指定公路上使用最左侧车道；所有行驶速度低于正常车流速度的车辆，除非要超越另一辆车或左转，否则必须使用右侧车道	商业登记车辆（货运车辆）、客车、拖车或校车	88美元罚款
特拉华州	如果行驶速度低于正常车流速度，则必须使用右侧车道，除非要超越另一辆车或左转	所有车辆	第1次触犯：25~75美元罚款 12个月内的后续触犯：57.50~95美元罚款
哥伦比亚特区（首都）	无		
佛罗里达州	如果行驶速度低于正常车流速度，则必须使用右侧车道，除非要超越另一辆车或左转 如果被以更高速度行驶的车辆从后方超越，则不可继续使用最左侧车道	所有车辆	60美元罚款
佐治亚州	货车必须使用指定车道；如果没有指定车道，而且有2或3条车道，则货车不得使用最左侧车道，除非要超越另一辆车或左转	有6个以上车轮的车辆，客车和拖车除外	因地点而异

（续）

	法规内容	适用对象	处罚方式
夏威夷州	如果行驶速度低于正常车流速度，则必须在右侧车道行驶，除非要超越另一辆车或左转 在火奴鲁鲁，行驶速度不得低于限速5英里/时	所有车辆	第1次触犯：最高200美元罚款 1年内第2次触犯：最高300美元罚款 1年内第3次触犯：最高500美元罚款
爱达荷州	如果行驶速度低于正常车流速度，则必须在右侧车道行驶，除非要超越另一辆车或左转	所有车辆	最高300美元罚款
伊利诺伊州	不得在左侧车道行驶，要超越另一辆车等情况除外	所有车辆	因地点而异，最高1000美元罚款
印第安纳州	在州际公路上，必须使用最右侧车道（如果是3条或以上车道的道路，则使用靠右侧的2条车道），除要超车、驶入或驶离公路、躲避特定危险等情况	货车、集装箱式货车、各式拖车、半挂车等	如果对处罚有争议，则最高500美元罚款
艾奥瓦州	如果行驶速度低于正常车流速度，则必须在右侧车道行驶，除非要超越另一辆车或左转	所有车辆	100美元罚款
堪萨斯州	不得在左侧车道行驶，除非要超越另一辆车或左转	所有车辆	75美元罚款
肯塔基州	在限速高于65英里/时的4车道及以上、路口很少的公路上，不允许使用最左侧车道，除非要超车、避让驶入公路的车辆、遇到危险情况时	所有车辆	20~100美元罚款
路易斯安那州	除左转、超车、右侧车道拥堵情况外，不得使用左侧车道；不得妨碍另一辆车在左侧车道行驶	所有车辆	第1次触犯：最高175美元罚款或至多30天监禁 后续的触犯：最高500美元罚款或至多90天监禁
缅因州	在接入口少、限速高于65英里/时的道路上，必须使用右侧车道，除非要超越另一辆车	所有车辆	25~500美元罚款 如果没有争议，则罚款137美元

（续）

	法规内容	适用对象	处罚方式
马里兰州	如果行驶速度低于正常车流速度，或低于限速10英里/时，则必须使用右侧车道，除非要超越另一辆车或左转	所有车辆	最高500美元罚款
马萨诸塞州	必须使用最右侧车道；可使用左侧相邻车道超车；除紧急情况外，不得使用其他车道 所有车辆必须保持在右侧行驶，除非要超越另一辆车或左转	重2.5吨及以上的商用车辆，用于运输货物和商品	最高100美元罚款
密歇根州	在有3条及以上车道的高速公路上，必须使用2条右侧车道，左转或存在特殊危险的地方除外	总重超过10000磅的货车、拖拉机，或拖车或半挂车的组合	最高250美元罚款
明尼苏达州	如果行驶速度低于正常车流速度，则必须在右侧车道行驶，但超车、左转或有指定车道情况除外	所有车辆	最高300美元罚款
密西西比州	如果行驶速度低于正常车流速度，则必须在右侧车道行驶，除非超越另一辆车或左转	所有车辆	最高100美元罚款
密苏里州	在所有3车道及以上的州际公路、高速公路或城市快速路上，均不得使用左侧车道	重48000磅以上的货车，超过8位乘员的客车，不包括区间公交车和专用多乘员车道	因地点而异
蒙大拿州	如果行驶速度低于正常车流速度，则必须在右侧车道行驶，除非要超越另一辆车或左转	所有车辆	第1次触犯：10~100美元罚款 1年内第2次触犯：25~200美元罚款 1年内第3次触犯：50~500美元罚款
内布拉斯加州	如果行驶速度低于正常车流速度，则必须在右侧车道行驶，除非要超越另一辆车或左转	所有车辆	第1次触犯：最高100美元罚款 1年内第2次触犯：最高200美元罚款 1年内第3次触犯：最高300美元罚款

（续）

	法规内容	适用对象	处罚方式
内华达州	如果行驶速度过低，妨碍后方车辆前进，则必须在右侧车道行驶 在有接入限制的高速公路上，如果会被更快的车辆超越，则不得在最左侧车道行驶（适用例外）	所有车辆	第1次触犯：50美元罚款 第2次触犯：100美元罚款 第3次触犯：250美元罚款
新罕布什尔州	如果行驶速度低于正常车流速度，则必须在右侧车道行驶，除非要超越另一辆车或左转	所有车辆	最高1000美元罚款 第1次触犯：62美元罚款 第2次触犯：124美元罚款
新泽西州	在有3条及以上车道的道路上，不得在最左侧车道行驶，除非是要左转前、驶入或驶离道路的1英里距离内，或有其他紧急情况	登记总重超过10000磅的货车	50~200美元罚款，或最高15天监禁，或两者并罚
新墨西哥州	如果行驶速度低于正常车流速度，则必须在右侧车道行驶，除非要超越另一辆车或左转	所有车辆	最高10美元罚款
纽约州	如果行驶速度低于正常车流速度，则必须在右侧车道行驶，除非要超越另一辆车或左转；必须使用交通控制设施指定的车道	所有车辆	第1次触犯：最高150美元罚款或15天监禁 18个月内第2次触犯：最高300美元罚款或至多45天监禁 18个月内超过2次触犯：最高450美元罚款或至多90天监禁
北卡罗来纳州	在左侧车道行驶时不得低于限速，低于限速时不得影响交通流，除非要左转	所有车辆	最高100美元罚款
北达科他州	如果行驶速度低于正常车流速度，则必须在右侧车道行驶，除非要超越另一辆车或左转	所有车辆	20美元罚款
俄亥俄州	如果行驶速度低于通行和合法的交通速度，则必须在右侧车道行驶，除超车、左转或继续跟随行驶外 必须保持在右侧车道行驶，除非在州际道路系统中至少有3条车道的高速公路上超车	所有车辆和无轨电车	罚款视情况而定

（续）

	法规内容	适用对象	处罚方式
俄克拉何马州	如果行驶速度低于正常车流速度，则必须在右侧车道行驶，除非要超越另一辆车或左转 除超车或维持安全交通状况外，不得在至少有4条车道的道路的左侧车道行驶	所有车辆	5~500美元罚款或至多10天监禁
俄勒冈州	在2条及以上车道的道路上，必须使用右侧车道，除非要超车（在不干扰其他车辆的情况下）、左转、避险、规避合流车辆，或遵守现场交通控制设施的指示	任何露营房车、拖挂车、登记总重10000磅及以上的车辆	针对个人最高1000美元罚款，针对公司最高2000美元罚款
宾夕法尼亚州	不得在有接入限制的有3条及以上车道的公路上使用最左侧车道，除非要左转	车体或载货后总重超过10000磅的车辆	25美元罚款
罗得岛州	如果行驶速度低于正常车流速度，则必须在右侧车道行驶，除非要超越另一辆车或左转	所有车辆	85美元罚款
南卡罗来纳州	如果行驶速度低于正常车流速度，则必须在右侧车道行驶，除非要超越另一辆车或左转	所有车辆	罚款视情况而定
南达科他州	在驾车缓慢行驶时，除超车外，必须尽可能靠近公路右侧行驶 必须遵守慢行车道指示标志	所有车辆	最高500美元罚款，或至多30天监禁，或两者兼罚
田纳西州	如果行驶速度低于正常车流速度，则必须在右侧车道行驶，除非要超越另一辆车或左转 除超车外，必须遵守公路标志关于货车、牵引车和半挂车使用特定车道的限制	所有车辆	最高50美元罚款，至多30天监禁，或两者兼罚 违反标志限制：最高50美元罚款

（续）

	法规内容	适用对象	处罚方式
得克萨斯州	如果行驶速度低于正常车流速度，则必须在右侧车道行驶，除非要超越另一辆车或左转 必须遵守交通控制设施有关将某些车辆限制在特定车道上的要求，除非要超越另一辆车	所有车辆	1~200美元罚款
犹他州	不得使用至少有3条车道的高速公路的左侧车道，除非左转、驶出、避让合流交通、应对紧急情况，或遵循标志指示	拖曳挂车或半挂车；总重12001磅或以上的车辆	最高750美元罚款（企业、协会和政府机构最高1000美元罚款）
佛蒙特州	如果行驶速度低于正常车流速度，则必须在右侧车道行驶，除非要超越另一辆车或左转	所有车辆	最高1000美元罚款
弗吉尼亚州	不得在任何公布的限速65英里/时以上、有2条以上车道的州际公路的左侧车道行驶 无论限速情况如何，都不得在第八规划区内的州际公路或81号州际公路的左侧车道行驶 在2条以内车道的州际公路上，如果行驶速度低于15英里/时，或低于限速超过15英里/时，则必须在右侧车道行驶，要左转时除外	商用车、公交车、校车，或在州际公路上开展维修或建筑工程的车辆除外	最高750美元罚款
华盛顿州	不得使用有3条及以上车道的限制接入型道路的左侧车道，除非要左转 不得使用双车道道路的左侧车道，除非要超车、以高于交通流的速度行驶、避让合流车辆、左转或驶出	总重超过10000磅的车辆	最高250美元罚款

（续）

	法规内容	适用对象	处罚方式
西弗吉尼亚州	如果行驶速度低于正常车流速度，则必须在右侧车道行驶，除非要超越另一辆车或左转	所有车辆	第1次触犯：最高100美元罚款 1年内第2次触犯：最高200美元罚款 超过2次触犯：最高500美元罚款
威斯康星州	在3条及以上车道的公路上，必须在右侧车道行驶，除超车、左转、掉头或服从标识指示 如果行驶速度低于正常车流速度，则必须在右侧车道行驶，超车、左转、掉头或继续行驶等情况除外	所有车辆	30~300美元罚款
怀俄明州	如果行驶速度低于正常车流速度，则必须在右侧车道行驶，除非要超越另一辆车或左转 在有接入控制的公路上，不得长时间占用左侧车道行驶，不得妨碍以合法速度行驶的交通流	所有车辆	最高750美元罚款

由表1可见，"如果行驶速度低于正常车流速度，则必须使用右侧车道，除非要超越另一辆车或左转"是最普遍的要求，而且为保证有效实施，都配有罚款甚至监禁等处罚措施。这种强势的道路使用规则，是保障重要通道高效运转的基础。除美国外，很多国家和地区都有类似的行车道使用规则，这是由交通流基本技术和安全理论决定的。我国已经是世界第二大汽车运输国，研究建立类似的行车道使用规则和法律保障体系迫在眉睫。

02 货车道路安全通行条件保护建议

道路汽车运输，已经成为我国国民经济不可或缺的重要组成部分。重载车辆的大型货物运输安全，不仅关系到民生安全，还关系到国民经济的运转效率，以及商品内销和出口时的成本竞争力。其中蕴含的经济和生命价值，都应该得到重视和维护。

就交通管理而言，在大型货物道路运输问题上，有两个基本要素，即线路和时间。但这种事往往只发生在超宽、超重和超高、不移除沿途交通管理设施就无法通行的情况下，在日常的道路运输中，其实有很多大型货车，虽然没有超宽、超重和超高，但反倒更容易出现速度错误、线路错误、安全事故等问题。针对大型货物的道路运输问题，我们有必要制订一套专门的道路安全通行条件保护方案。

专线计划和规则警示

重载货车的车体宽且高，起步慢、制动慢、转向慢，在通行线路和时间上，有必要进行一定的规则限制和引导。在美国的很多地方性道路设计规范中，甚至要求如果允许未装防抱死制动系统（ABS）的货车行驶，则必须考虑更长的停车视距设计指标。

无论在城市道路还是在公路上，依照区域特点，都应该对重载货车设置专门的通行线路、通行规则、时间规则。这种货运路网不仅应该告知全国的运输企业和货运车主，还应该在沿途重要节点进行具有提前量的强化警示和告知，并配合使用限高、限宽设施。应该采用全区域性的、预告加引导型的指示信息。在社会车辆和非机动车稠密区域，要尽量避免重载货车的混行。

在时间规则上，要考虑在接壤时间段的大型货车泊车问题。有些地方，大型货车为等待放行时间都停放在高速公路路侧，甚至占据1~2条行车道。这种乱象与时间规则制定不科学有很大关系，比如京藏高速（G6）北京至八达岭段，就有禁止货车在下午2点前驶入的限制规则，但相交的京新高速（G7）却没有相关限制，因此在下午2点前，有时就会有大量货车拥堵在京新高速去往京藏高速的路段上，形成数百米的"钢铁长龙"，造成浪费和延误。其实，如果在相交道路上配合设定限行规则，将相互的限制时间协调起来，并充分提前设置警示标志，告知临时泊车等候的区域和方式，这个问题是不难解决的，毕竟不是所有车都能卡着时间点跑到限行路段。前序路段的限制和引导，是必要的效率优化配置。

重载货车通行线路的安全重点

鉴于货车的运行特点，被超车是一种非常普遍的安全威胁，弯道、下坡道等则是典型的安全隐患。根据这些特点，在货运线路上，对一些敏感点段应该实施有针对性的限制措施，重点放在限高、限重、控制车距、禁止变道、减少急转弯上。比如在城市快速路的出口前路段、上坡和下坡路段、弯道前、辅路进主路的接入路段等，都应该强化行车道保护措施，遏制小型机动车突然超车后并道导致的重载货车紧急制动、紧急转向避让等行为。同时，要严格限制重载货车借道超车的范围和频率，只在特定路段和距离里，提供有限制的超车条件，比如根据本地路网条件，特别是视距条件，每隔3~5公里或更长的距离提供一个允许货车超车的路段，利用标志标线等控制措施做好明确的告知、引导和约束，在其他非开放路段严格禁止货车超车。

在一些对高度、重量、宽度敏感的路段，要提前设置充分的限制设施，将危险排除在路段之外。在对速度敏感的路段，特别是人口稠密的路段，要加强限速措施的科学性，通过压缩机动车道宽度、增加标志标线的视觉干预效果、提前多次警示等积极引导方式，促使驾驶人主动减速。

目前，在货运线路方面容易被忽视的是全天候全路况的视认性问题。货车驾驶人的驾驶位距离车灯较远，导致其对龙门架和悬臂标志视认困难。以往，很多国家要求在相关道路上对过顶标志进行额外照明，以弥补车灯照明不足的问题。伴随大角度反光膜的出现，外置照明装置被逐步取代。但在我国，这一领域还没有得到充分重视，在设计方面，很少有设计师会关注观测角度的问题，导致很多货车驾驶人被迫使用远光灯照亮标志。

全路况的视认性安全隐患，在高速公路上是比较突出的。大型货车对视距的阻挡，导致小客车驾驶人无法有效发现标志上的指示信息，进而错过合理的变道路段，形成急转向、倒车等安全威胁。在有大型货车的路段，应该在道路双侧和门架层次上，对引导信息进行重复设置，避免遗漏导致的驾驶错误和事故。

监控设备的联网预警

智能交通的口号喊了很多年，但每每发生重载货车事故时，却很少见到监控设备发挥有效预防作用，仅仅能部分作为事故过程记录。其实无论是危化品车辆还是重载货车，只要出现在辖区内，就应该由监控系统首先向巡逻力量发出警示信号。同时，系统应该能根据以往的事故记录判断出事故高发时间点段，并且有进一步的巡逻资源投放到对应道路的上游，以提高对安全通行的保障力度。对于特别敏感车型要实施动态监控和动态显示屏警告，这也是有效的安全警示措施。

03 重视职业货车司机的收入情况与发展趋势

本文成文较早，因此所录数据距今已有四五年，尽管如此，其观察视角和揭示的趋势，依旧具有参考价值。

交通运输部发布的《2017年交通运输行业发展统计公报》显示，2017年全年，我国公路货物运输总量为368.69亿吨，货物周转量为66771.52亿吨·公里。据此可以估算出，我国年度平均单车货运周转量约为48.8万吨·公里，大约是发达国家水平的25%。截至2017年年末，我国拥有载货汽车1368.62万辆，是世界上货车保有量最大的国家。相关统计数据显示，我国货车司机的数量已超过3000万人，他们承载着全国76%的货运量。

然而，我国的货车运输安全问题依然严峻。与此同时，货车司机窘困的生存状态和艰辛的工作环境，也越来越多地揭示出来，引人唏嘘。在一个庞大的经济社会中，这些现象都是紧密关联的，反映的是一种本质的经济健康状态，揭示的一方面是快速发展的市场需求，另一方面是人力、装备、基础设施在供给水平方面的发展压力。在这个供需双方的结合点，生存着的是广大货车司机。因此，研究货车司机群体的各种状态，从人员数量，到培训质量和安全运行水平，再到收入情况，就可能发现很多重要的经济元素与趋势。根据有关统计，我国有77%的货车是私人购买后自带车加入运营的，就优化营商环境而言，又怎么可能脱离货运行业呢？

2018年3月，美国货车联盟（American Truck Association，ATA）发布了一份货车司机收入情况调查报告。报告显示，随着公路货运需求的攀升以及持续的职业司机短缺，货车司机的收入水平有了明显提升。该报告调查了超过10万名货车司机的数据，发现由于货运市场需求增加和职业司机短缺，货运公司不得不大幅增加司机工资和其他福利待遇，以留住那些有经验和安全记录良好的司机。

该报告显示，全美货车司机的平均年薪超过53000美元，相比2013年提高了7000美元，增幅达15%。一家私人货车公司的司机年收入在过去5年里，由73000美元提高到86000美元，增幅达18%。除增加薪资外，货运公司还会提供丰厚的奖金、分红来吸引和留住司机。根据ATA的调查，货运公司的年度奖金有时高达数千美元，还会额外提供假期、健康保险和养老保险等。这些迹象都指向了同一个问题，就是职业司机的短缺和工作的艰辛，也揭示了经济强劲增长后的劳动力供给难题。

与美国的货车司机相比，我国的货车司机收入水平明显偏低。中文互联网数据中心199IT刊载的《2016年中国货车司机大数据》报告显示，我国货车司机的平均月薪仅6000元人民币，不及外卖员、快递员，而后者，显然在职业技能和安全培训的投入上要少得多，这就形成了明显的人力资源培育的投入与产出倒挂，也是导致公路货运事故多、效率差的一个重要原因。

那么，关心甚至利用政策强制维护货车司机的薪资水平，有什么积极意义呢？除了提高劳动人民的生活质量和获得感外，对可持续发展的经济社会而言，其意义也是多方面且巨大的。因为我们这个时代需要更高效、更安全的公路货运。

据《2016年中国货车司机大数据》统计，"与行业平均水平相比，驾驶行为最好的货车司机每千公里可节省燃油30升，一年约为3285升，用来发电能够供1个北京市民使用12年半。倘若中国1500万辆货车全部由这样的优秀司机驾驶，一年节省的柴油可供北京市民8年的生活用电量！油耗大约占公路运输物流成本的26%，是所有成本构成中最高的。对于各大物流公司来说，如何降低油耗永远是车队管理的重中之重。"

在交通安全方面，货车司机的驾驶能力更需要重视。有关资料显示，2016年，全国共发生货车责任道路交通事故5.04万起，造成2.5万人死亡、4.68万人受伤，分别占汽车责任事故总量的30.5%、48.23%和27.81%。而这个比例远远超过汽车总量中货车所占的比例。

今天，摆在交通强国梦面前的，是数以千万计的生活窘迫、入不敷出、职业技能训练不足、面临多重风险的货车司机。要打造良好的交通安全环境和高效率的货运体系，货车司机的技能水平和安全驾驶意识，是需要产业界以职业的态度做悉心投入与持续呵护的。如果货车司机的薪资水平长期在低位徘徊，我们怎么可能期盼一个更加健康且安全的货运市场，期盼一个更加安全的道路交通环境呢？

"问渠那得清如许，为有源头活水来。"在发达国家，有不少为防止市场恶性竞争和逆淘汰制定的监督机制，比如在德国，政府会专门针对那些亏损企业加强监督和检查，道理很简单，亏损企业是最有可能铤而走险、牺牲公共利益赚取不义之财的。试想，一个入不敷出的货车司机，驾驶着装有数十吨货物的货车在路上疲于奔命，对自己和他人的健康和安全威胁会有多大？因此，为了有更安全的道路交通环境与健康的经济社会，我们要更积极地关注货车司机这个职业群体的待遇、培训和生存状态，在限时强制休息之外，要利用最低薪酬、最低里程报价等行政干预机制，对低门槛的货车司机从业状态进行强制提升，以确保公路货运行业不堕入低价竞争的恶性循环，保护国之动脉的健康运行。

后　记

交通流如水，是一个朴素的观点，更是一个睿智的发现！自古以来，城市的形成与发展都离不开水。而"城市"二字的本意，就是有基础设施的交易场所，这些基础设施的任务是拱卫与运送，进而服务营商。人流、车流、物流聚集的地方，必定是财富汇聚之地。

交通流承载的是社会的财富与活力，其数量和质量是由构成交通流的各种移动单元的通达能力，也就是运动的自由度、安全性和效率决定的。拒绝交通流、无法产生交通流和无法留住交通流的地方，都不可能有良好的营商环境和经济条件。而要吸引、产生和留住交通流，没有理想的道路是不可能的，这正是本书取名"理想之路"的初衷。

希望本书能揭示这样一个基本道理：道路的建设期是有限的，而使用期几乎是无限的；在使用道路的过程中，交通流将渐进式地改变道路周边的环境，为沿途和远方的人们带来持续的财富、便利和各种冲击；道路周边环境的改变是一个长期持续的过程，应对这些改变的唯一方法是不断地为新出现的交通流特征和需求提供更优化的工程支持与管理规则，这是真正的路漫漫，其"修"远兮。要获得理想之路，就必须不断地上下求索。所幸，对我们这些后来者而言，一个巨大的优势是有机会回望历史，因为在先驱者走向未来的路上，有我们正在寻找的石头……

推荐阅读

笔者将自学过程中涉猎的一些书籍和文献罗列在此，既为向作者致敬，也为供有志之士参考研读：

1. 《统一交通控制设施手册》(*Manual on Uniform Traffic Control Devices*, MUTCD)
2. 《主要乡村公路上与速度、驾驶人和车辆有关的事故研究》(*Accidents on Main Rural Highways Related to Speed, Driver and Vehicle*, David Solomon, 1964, Safety Research Branch, Traffic System Research Division, Department of Commerce, Bureau of Public Roads, US)
3. 《公路通行能力手册》(*Highway Capacity Manual*, HCM)
4. 《公路和城市道路几何设计规范》(*A Policy on Geometric Design of Highways and Streets*, AASHTO)
5. 《限速方法与实践信息大全》(*Methods and Practices for Setting Speed Limits: An Informational Report*, FHWA, 4/2012)
6. 《道路接入管理手册》(*Access Management Manual*, January 2013, Alabama Department of Transportation)
7. 《俄勒冈州道路接入管理标准》(*Access Management Standards of Oregan*, OREGAN DOT,US)
8. 《主干道交通静化措施实践指南》(*Traffic Calming on Trunk Roads: a Practical Guide*)

9. 《认识你的交通标志》(*Know Your Traffic Signs*,Department for Transport,UK)

10. 《低成本本地道路安全解决方案》(*Low Cost Local Road Safety Solutions*,ATSSA,2006)

11. 《北爱尔兰道路法规》(*The Highway Code for Northern Ireland*,Department for Infrastructure,UK)

12. 《道路交通安全基础设施之人因指南》(*Human Factor Guidelines for Safer Road Infrastructures*,PIARC,World Road Association)

13. 《交通事故统计体系国会报告》(*Report to Congress, NHTSA's Crash Data Collection Programs*,DOT HS 811 337,April 2010 U.S.Department of Transportation,National Highway Traffic Safety Administration)

14. 《机动车碰撞事故的经济与社会影响》(*The Economic and Societal Impact of Motor Vehicle Crashes*,DOT HS 812 013,May 2015,NHTSA,National Highway Traffic Safety Administration,DOT,US)

15. 《碰撞报告样本系统简介》(*Crash Report Sampling System*,National Highway Traffic Safety Administration,National Center for Statistics and Analysis,Data Reporting and Information Division)

16. 《密苏里州全境标线和轮廓标的成本效益评估报告》(*Benefit/Cost Evaluation of MoDOT's Total Striping and Delineation System*,Missouri Department of Transportation)

17. 《高架标志夜间视认性指南(2016)》(*Guidelines for Nighttime Visibility of Overhead Signs*,2016,NCHRP Report 828,National Cooperative Highway Research Program,US)

18. 《凸起路标使用指南》(*Guidelines for the Use of Raised Pavement Markers*,September 1998,U.S. Department of Transportation,Federal Highway Administration)

19. 《道路表现监控系统的道路能力计算方法简述》(*Simplified Highway*

Capacity Calculation Method for the Highway Performance Monitoring System，2017，Richard Margiotta and Scott Washburn，Federal Highway Administration Office，Department of Transportation）

20. 《交叉口控制评估技术》(*Intersection Control Evaluation*，2007，Mn/DOT）

21. 《人因评判：交叉口、速度管理、行人和非机动车、视认性》(*Human Factors Literature Reviews on Intersections*，*Speed Management*，*Pedestrians and Bicyclists*，*and Visibility*，FHWA-HRT-06-034）

22. 《纽约货车路径管理与减少社区影响研究》(*New York City Truck Route Management and Community Impact Reduction Study*，2007，DOT of New York）

23. 《用于公路安全分析的交通事故成本》(*Crash Costs for Highway Safety Analysis*，FHWA）

24. 《生命统计价值报告：经济与政治》(*The Value of a Statistical Life: Economics and Politics*）

25. 《经济评估用出行时间计算指南》(*The Value of Travel Time Savings: Departmental Guidance for Conducting Economic Evaluations Revision*，DOT, US）

26. 《交通标志最低逆反射水平要求的终结报告》(*Final Report*：*Updated Minimum Retroreflectivity Levels for Traffic Signs*，FHWA-RD-03-081）

27. 《交通事件临时管控手册》(*Traffic Incident Management Handbook*，FHWA）

28. 《高速公路管理运行指南 v2.0》(*Managed Motorways Operational Guidance v2.0*，June 2010）

29. 《高速公路多用途路肩概念和运行方法》(*Managed Motorways-Dynamic Hard Shoulder Concept of Operations*，to accompany IAN 111/09，Highways Agency）

30. 《智慧高速公路运行概念》(*Smart Motorways Concept of Operations*, IAN 161/15)

31. 《将儿童纳入道路使用的社会契约》(*Bringing Children into the Social Contract of Road Use: Final Report*, University of Sussex, April 2003, Department for Transport: London)

32. 《重型货车驾驶员手册》(*Heavy Vehicle Driver Handbook*)

33. 《自行车设施发展指南》(*Guide for the Development of Bicycle Facilities*, 1999, AASHTO)

34. 《自行车友好设计手册》(*Handbook for Cycle-Friendly Design*, Sustrans, UK)

35. 《欧盟国际危险物资道路运输协议》(*European Agreement Concerning the International Carriage of Dangerous Goods by Road*)

36. 《应急车辆视认性和显著性研究》(*Emergency Vehicle Visibility and Conspicuity Study*, Department of Homeland Security, U.S.Fire Administration)

最后，我要特别感谢为本书一些技术问题提供耐心指导的旅美华人交通工程师梁康之先生、帮助编辑处理本书图片的王德林先生，以及为本书出版提供莫大帮助的王新玲女士。